U0671930

浙江文化印记

大禹文化

刘家思 等 著

浙江人民出版社

图书在版编目（CIP）数据

大禹文化 / 刘家思等著. -- 杭州 ： 浙江人民出版
社，2025.5. --（浙江文化印记）. -- ISBN 978-7
-213-11839-5

Ⅰ．K827=1

中国国家版本馆CIP数据核字第2024QE9886号

大禹文化

刘家思　等著

出版发行：浙江人民出版社（杭州市环城北路177号　邮编　310006）
　　　　　市场部电话：(0571)85061682　85176516
责任编辑：诸舒鹏　金将将
责任校对：姚建国
责任印务：程　琳
封面设计：厉　琳
电脑制版：杭州兴邦电子印务有限公司
印　　刷：杭州富春印务有限公司
开　　本：880毫米×1230毫米　1/32　　印　　张：9
字　　数：206.6千字　　　　　　　　插　　页：2
版　　次：2025年5月第1版　　　　　印　　次：2025年5月第1次印刷
书　　号：ISBN 978-7-213-11839-5
定　　价：68.00元

如发现印装质量问题，影响阅读，请与市场部联系调换。

"浙江文化研究工程成果文库"总序

习近平

　　有人将文化比作一条来自老祖宗而又流向未来的河，这是说文化的传统，通过纵向传承和横向传递，生生不息地影响和引领着人们的生存与发展；有人说文化是人类的思想、智慧、信仰、情感和生活的载体、方式和方法，这是将文化作为人们代代相传的生活方式的整体。我们说，文化为群体生活提供规范、方式与环境，文化通过传承为社会进步发挥基础作用，文化会促进或制约经济乃至整个社会的发展。文化的力量，已经深深熔铸在民族的生命力、创造力和凝聚力之中。

　　在人类文化演化的进程中，各种文化都在其内部生成众多的元素、层次与类型，由此决定了文化的多样性与复杂性。

　　中国文化的博大精深，来源于其内部生成的多姿多彩；中国文化的历久弥新，取决于其变迁过程中各种元素、层次、类型在内容和结构上通过碰撞、解构、融合而产生的革故鼎新的强大动力。

　　中国土地广袤、疆域辽阔，不同区域间因自然环境、经济环境、社会环境等诸多方面的差异，建构了不同的区域文化。区域文化如同百川归海，共同汇聚成中国文化的大传统，这种大传统如同春风化雨，渗透于各种区域文化之中。在这个过程中，区域文化如同清溪山泉潺潺不息，在中国文化的共同价值取向下，以自己的独特个性支撑着、引领着本地经济社会的发展。

从区域文化入手，对一地文化的历史与现状展开全面、系统、扎实、有序的研究，一方面可以借此梳理和弘扬当地的历史传统和文化资源，繁荣和丰富当代的先进文化建设活动，规划和指导未来的文化发展蓝图，增强文化软实力，为全面建设小康社会、加快推进社会主义现代化提供思想保证、精神动力、智力支持和舆论力量；另一方面，这也是深入了解中国文化、研究中国文化、发展中国文化、创新中国文化的重要途径之一。如今，区域文化研究日益受到各地重视，成为我国文化研究走向深入的一个重要标志。我们今天实施浙江文化研究工程，其目的和意义也在于此。

千百年来，浙江人民积淀和传承了一个底蕴深厚的文化传统。这种文化传统的独特性，正在于它令人惊叹的富于创造力的智慧和力量。

浙江文化中富于创造力的基因，早早地出现在其历史的源头。在浙江新石器时代最为著名的跨湖桥、河姆渡、马家浜和良渚的考古文化中，浙江先民们都以不同凡响的作为，在中华民族的文明之源留下了创造和进步的印记。

浙江人民在与时俱进的历史轨迹上一路走来，秉承富于创造力的文化传统，这深深地融汇在一代代浙江人民的血液中，体现在浙江人民的行为上，也在浙江历史上众多杰出人物身上得到充分展示。从大禹的因势利导、敬业治水，到勾践的卧薪尝胆、励精图治；从钱氏的保境安民、纳土归宋，到胡则的为官一任、造福一方；从岳飞、于谦的精忠报国、清白一生，到方孝孺、张苍水的刚正不阿、以身殉国；从沈括的博学多识、精研深究，到竺可桢的科学救国、求是一生；无论是陈亮、叶适的经世致用，还是黄宗羲的工商皆本；无论是王充、王阳明的批判、自觉，还是龚自珍、蔡元培的开明、开放，等等，都展示了浙江深厚的文化底蕴，凝聚了浙江人民求真务实的创造精神。

代代相传的文化创造的作为和精神，从观念、态度、行为方式和价值取向上，孕育、形成和发展了渊源有自的浙江地域文化传统和与时俱进的浙江文化精神，她滋育着浙江的生命力、催生着浙江的凝聚力、激发着浙江的创造力、培植着浙江的竞争力，激励着浙江人民永不自满、永不停息，在各个不同的历史时期不断地超越自我、创业奋进。

悠久深厚、意韵丰富的浙江文化传统，是历史赐予我们的宝贵财富，也是我们开拓未来的丰富资源和不竭动力。党的十六大以来推进浙江新发展的实践，使我们越来越深刻地认识到，与国家实施改革开放大政方针相伴随的浙江经济社会持续快速健康发展的深层原因，就在于浙江深厚的文化底蕴和文化传统与当今时代精神的有机结合，就在于发展先进生产力与发展先进文化的有机结合。今后一个时期浙江能否在全面建设小康社会、加快社会主义现代化建设进程中继续走在前列，很大程度上取决于我们对文化力量的深刻认识、对发展先进文化的高度自觉和对加快建设文化大省的工作力度。我们应该看到，文化的力量最终可以转化为物质的力量，文化的软实力最终可以转化为经济的硬实力。文化要素是综合竞争力的核心要素，文化资源是经济社会发展的重要资源，文化素质是领导者和劳动者的首要素质。因此，研究浙江文化的历史与现状，增强文化软实力，为浙江的现代化建设服务，是浙江人民的共同事业，也是浙江各级党委、政府的重要使命和责任。

2005年7月召开的中共浙江省委十一届八次全会，作出《关于加快建设文化大省的决定》，提出要从增强先进文化凝聚力、解放和发展生产力、增强社会公共服务能力入手，大力实施文明素质工程、文化精品工程、文化研究工程、文化保护工程、文化产业促进工程、文化阵地工程、文化传播工程、文化人才工程等"八项工程"，实施科教兴国和人才强国战略，加快建设教育、科技、卫生、体育等"四个强省"。作为文化建设"八项工程"之一的文化研究工程，其任务就是系统研究浙江文化的历史成就和当代发展，深入挖掘浙江文化底蕴、研究浙江现象、总结浙江经验、指导浙江未来的发展。

浙江文化研究工程将重点研究"今、古、人、文"四个方面，即围绕浙江当代发展问题研究、浙江历史文化专题研究、浙江名人研究、浙江历史文献整理四大板块，开展系统研究，出版系列丛书。在研究内容上，深入挖掘浙江文化底蕴，系统梳理和分析浙江历史文化的内部结构、变化规律和地域特色，坚持和发展浙江精神；研究浙江文化与其他地域文化的异同，厘清浙江文化在中国文化中的地位和相互影响的关系；围绕浙江生动的当代实践，深入解读浙江现象，总结浙江经验，指导浙江发展。在研究力量上，通过课题组织、出版资助、重点研究基地建设、加强省内外大院名校合作、整合各地各部门力量等途径，形成上下联动、学界互动的整体合力。在成果运用上，注重研究成果的学术价值和应用价值，充分发挥其认识世界、传承文明、创新理论、咨政育人、服务社会的重要作用。

我们希望通过实施浙江文化研究工程，努力用浙江历史教育浙江人民、用浙江文化熏陶浙江人民、用浙江精神鼓舞浙江人民、用浙江经验引领浙江人民，进一步激发浙江人民的无穷智慧和伟大创造能力，推动浙江实现又快又好发展。

今天，我们踏着来自历史的河流，受着一方百姓的期许，理应负起使命，至诚奉献，让我们的文化绵延不绝，让我们的创造生生不息。

2006 年 5 月 30 日于杭州

目录

引 言

大禹文化：浙江精神的重要渊源

中国历史悠久，大约在200万年以前，就有原始人类生活在此。就浙江而言，安吉境内大约45万年前就有了远古人类活动，浙西山地大约在10多万年前就有人类活动。大约4000—10000年前，在如今的浙江地域内，人类活动很多。从上山文化遗址、小黄山文化遗址、跨湖桥文化遗址、河姆渡文化遗址、崧泽文化遗址、良渚文化遗址来看，这里不仅有人类活动，还有辉煌灿烂的原始文化，这丰富了中国远古文明的历史形态，展现了中华文明多源一体的发展格局。自有历史记载以来，浙江大地长存的一座座文化丰碑，便成了中华文明重要的历史印记。

马克思告诉我们："任何人类历史的第一个前提无疑是有生命的个人的存在。"人民群众是历史的创造者。在历史的发展进程中，涌现出了许多品质优秀、信念坚定、与人民同呼吸共命运的代表人物。他们与人民群众结伴而行，推动着历史的进步，在历史发展中发挥了重要的作用。马克思指出："每一个社会时代都需要有自己的伟大人物，如果没有这样的人物，就要创造出这样的人物来。"然而，我们不需要人为地创造。综观中华民族的伟大历史，任何时代都不乏伟大的人物，他们成为各个历史时代的人民的代表和精神模范。这正是中国历经五千多年的传承发展，依然是世界上唯一没有被中断、摧毁和消亡的文明古国，屹立于世界民族之林的重要原因。

大禹就是中华文明浙江印记的重要标志人物。据史书记载，也据遂公盨等文物考古证明，大禹不仅是人类历史上治水成功的英雄，是继炎、黄之后又一位重要的人文始祖，也是人类文明重要的开创者。他以治理洪水为先导，最后建立了夏朝，成为中华民族的立国始祖。

根据《干在实处　勇立潮头——习近平浙江足迹》记载，2006年3月28日，时任中共浙江省委书记、浙江省人大常委会主任习近平在为公祭大禹陵专门发的贺信中指出：公祭大禹陵是一件十分有意义的事情。大禹以其疏导洪患的卓越功勋而赢得后世景仰。其人其事其精神，展示了浙江的文化魅力，是浙江精神的重要渊源。公祭大禹陵对于坚持以爱国主义为核心的民族精神和以改革创新为核心的时代精神，对于弘扬与时俱进的浙江精神，对于加快建设文化大省，都是有益的。

因此，学习大禹文华，弘扬大禹精神，对于应对百年未有之历史变局、推进中国现代化建设具有重大意义。

一、辨别大禹的历史与神话

时至今日，我们研究大禹文化，首先必须端正思想意识，辨别历史的大禹与神话的大禹。大禹是中华民族的伟大英雄，以自己伟大的人生实践奠定了中华文明的重要基础。至今，其治水英雄故事家喻户晓。这是历史的大禹，无可置疑。但是，由于历史久远，对于大禹建立夏朝、开创中华民族的国家体制，并不是所有的人都有认知；对于由他孕育并形成的中华文明的基本形态与体系，更不是所有人都能理解和把握。尽管从秦始皇到唐太宗，从毛泽东、周恩来到习近平总书记，都认定大禹是历史人物；尽管从孔子到孟子，从司马迁到翦伯赞，都对大禹做了真实的历史记述；尽管从王国维到郭沫若再到夏商周断代工程的研究专家，都从文物考古学视角证明了夏代和大禹的历史真实性，但是至今还有不少人认为大禹只是神话人物，否认其作为历史人物的真实性。因此，在研究大禹文化时，我们必须辨别历史的大禹与神话的大禹。这就需要弄清历史和神话两个概念，以便更好地认识大禹、研究大禹、理解研究大禹文化的价值。当然，对于历史与神话这两个概念，中外学界已经有不少探讨和论述，这里仅对其基本内涵进行扼要阐释，做一些基本的辨别。

1. 神话。这是我们研究大禹时首先碰到的一个概念。神话，是近代引进的外来词，在希腊语中，"神话"（Mrthos）的本义为寓言。如今，国内外对于神话的解释有各种不同的表述，归纳起来主要有如下四种观点：（1）"环境创造"理想说；（2）"远古史话"记录说；（3）"神灵怪异"传奇说；（4）"文学叙事"形态说。尽管对于神话的解释不同，但其基本指向是一致的：神话是想象的虚构；神话主体是神性的、单一的；神话反映的环境都是困厄的、恶劣的；神话是人类对自身起源的混沌追忆。在科学不发达的远古时代，人类对自身历史浑然无知，便编织了口耳相传的神话，试图对各种自然景象加以阐释。因此，神话传说总是神奇而瑰丽，具有感人的魅力，能够将人们带入充满梦幻和智慧的境界中。神话虽不是一种真实的记忆，后世无法找到其历史真实存在过的证据，但是神话之中不排除留有人类走过的历史道路的印痕。作为古人对人类社会与宇宙自然的原始探索和阐释，神话传说既反映了人类幼年时期的混沌与虚幻状态，也显示了人类对自身历史的自我想象，不能排除神话表述中有人类历史的痕迹。

2. 历史。什么是历史？这也是研究大禹文化时必须理解的一个概念。这个词包含着多种含义，无论外国人的解释还是中国人的解释，都有很多义项。《牛津大词典》中的"History"有9种解释，《韦伯斯特大辞典》有6种解释，《汉语大词典》和《现代汉语词典》各有4种解释。我们无须一一列举，虽然表述各有差异，但其基本内涵是一致的，主要包含这三个方面：（1）历史是人类过去发生的演变过程与真实存在。（2）历史是被记述、被书写的，是对人类社会过去历史的记载。（3）历史是一门学问，是历史学，是一种记载和解释过去时间、活动和人物的知识体系。综合起来看，历史具有如下四个特点：（1）历史是已经发生了的客观事实，不可虚构，具有客观性；（2）历史书写具有目的性、主观性、差异性和创造性，主流书写重视时代的正向性；（3）历史人物总是呈现人性的复杂性，历史人物的书写往往能够被神话化；（4）历史的叙述拥有多种话语系统。这四个特点，显示了历史与神话的区别及其联系。

至今，历史的叙述有三个话语系统，对于远古历史的研究日益走向历史的现场和接近客观真实性。在文字产生之前，历史叙述是口耳相传的。在这个话语系统中，因为叙述者的态度与立场，会有一些想象的夸张与变异，因此历史的神话化往往在所难免。在这种情形下，历史叙述与神话传说就有了密切的联系。所以，神话"是认识人类思想的历史和发展规律的一种手段"，但神话不能等同于历史。随着文字的产生、运用与推广，历史的叙述就在口耳相传的话语系统之外有了文献书写与记载的话语系统，这就使历史的叙述更加及时，也能赋予历史叙述更强的真实性和客观性。随着科学技术的发展和考古学的兴起，历史的叙述又拥有了文物考古学的话语系统，对于混沌不清的远古历史，又可以通过考古发掘、文物品鉴和金文石刻的辨认来解说。通常，对历史事实的认定主要依据历史文献的书写系统，只要有清晰的文献记载，就能认定历史的基本状态；如果口耳相传的话语系统与其达成了一致，其历史的真实性就可得到确定。如果文物考古学话语系统能够与前两者遥相呼应，那么其历史的真实状况就更能得到确定。完全靠想象虚构的神话很难有文物考古成果支撑。只有历史的神话，才能找到考古成果依据。这样，历史与神话的概念就非常明晰了。

当我们把握了上述两个概念之后，对于大禹是神还是历史人物的问题就不言而喻了。大禹在历史叙述的三个话语系统中都已经有比较充分的互证关系，著名的考古学家李伯谦先生认为，从三个话语系统的对应关系来看，大禹是一个真实的历史人物。我们从《尚书》《竹书纪年》等历史文献对大禹的立体性记载，从秦公簋、齐侯钟、举方鼎、遂公盨的铭文记载来看，生动的大禹形象与单一的神话人物迥然有别，所以怀疑大禹作为历史人物的真实性是缺乏底气的。应该说，大禹在后来被神话了。董楚平先生指出："人们常问：禹是人还是神？答曰：既是人，又是神，上古时代的伟人，都被后人神化，无一例外。提这问题的人，其本意是：历史上究竟有没有禹这个人。对这个问题，回答应该是肯定的，因为这有《尚书》《史记》等权威史书为证，要推翻这个历史人物的客观存在，不能想当然，而必须拿出至少与《尚书》《史记》等同权威的证据。就现有资料言，禹作为一个真实的历史人物是难以否定的。但是，在先秦两汉典籍里，禹被大大地神话了。"这个论断是客观的。

二、远古洪患与禹之兴起

大禹，姓姒，名文命，又称夏禹、戎禹，亦称夏后氏。据《尚书》和《史记》等典籍的记载，禹的兴起，与远古时期的洪水泛滥有密切关系。大禹治水成功标志着大禹开始走到历史的前台。

尧舜时期，洪灾严重。《尚书》载："汤汤洪水方割，荡荡怀山襄陵，浩浩滔天。"可见当时洪灾的严重状况：天下洪水汹涌，泛滥成灾，包围了高山，冲上了山冈，弥漫天地，浩浩荡荡，势不可当。因为灾情严重，民众深受其害。2016年，吴庆龙在《科学》杂志上发表论文，论述了上古时期的洪灾情况。因此，治水是上古时期最大的民生工程。然而，洪水总是治理不好。《竹书纪年》载，黄帝"五十年秋七月庚申，凤鸟至，帝祭于洛水"。就是说，黄帝在称帝第50年的秋天七月庚申日，凤凰来临的祥瑞吉兆之时，在洛水举行祭祀。此举应该与治水不无关系。尧帝时期，先后派去治理洪水的有三个人：

一是共工。尧帝"十九年，命共工治河"。这是尧帝时最早派大臣去治水的记载。但是，共工并没有治理好洪水。为什么呢？据《尚书·尧典》载，尧帝曾与大臣们讨论谁能接替他的位子，驩兜推荐共工，说共工能聚集众力成就事功。但尧帝不认可，说共工"静言庸违，象恭滔天"，意思是说，他就会讲好话，行为却很怪诞，表面上恭恭敬敬的，其实很轻慢，根本就不信天命。这里，实际上指出了共工的缺陷：不仅夸夸其谈，做事不踏实，而且为人傲慢，自以为是，总是不听别人的意见，违背规律。这应该是共工治水失败的重要原因。因为没有治理好洪水，所以尧帝"五十三年祭于洛"。尧帝在洛水举行祭祀，意在祈求保佑。后来尧帝处罚了共工，把他流放到幽州。

二是鲧。尧帝"六十一年，命崇伯鲧治河"。这是尧帝第二次派大臣去治水，但是鲧治水9年都没有成功。尧帝"六十九年，黜崇伯鲧"。就是说，因治水不成功，就罢免了鲧的官职。鲧治水为什么不能成功呢？据《尚书·尧典》载，尧帝曾与四岳（四方诸侯之长）商量派谁去治理洪水，四岳都推荐鲧去，可是尧帝说："咈哉，方命圮族。"意思是，鲧脾气不好，既不听从尧帝的命令，也不能尊重自然规律做事，还不善于团结民众齐心协力做事。但四岳力荐让鲧先去试试，尧帝才让他去，要求他忠于职守，认真治水。可是，鲧在治水中以堵为主，方法不得当，又没有亲和力和感召力，治水9年，没有成功，被罢免了职务，还被治罪，"殛鲧于羽山"。有的说是被流放在羽山，有的说是在羽山被杀。

三是禹。尧帝"七十五年，司空禹治河"。这是尧帝第三次派大臣专门去治理洪水。尧帝先后派共工和鲧治水都不成功，两人都被治罪。然而，洪水肆虐，民众哀叹，愁苦不堪，尧帝心里很着急，可四方官员和身边近臣都不敢去，无人可派。《尚书·尧典》载，尧帝问谁能担当治水这一重任时，四岳一致推荐大禹，实际上是除了大禹其他人都不敢去。于是，尧帝只好命令大禹去治水。《吴越春秋》的记载透露了历史叙述中某种潜存的信息："舜与四岳举鲧之子高密。四岳谓禹曰：'舜以治水无功，举尔嗣，考之勋。'禹曰：'俞，小子敢悉考绩，以统天意。惟委而已。'"可见，舜与四方长官推荐鲧的儿子大禹去治水，是因为鲧治水无功，所以有意推荐他的儿子大禹去收拾烂摊子，将来要考核他治水的功绩。自然，他治水成功了，就一切好办了；如果他也没有成功，其结局就会与鲧一样被治罪。显然，大禹治水是没有选择余地的。对舜而言，派大禹去治水也有无人可派的无奈。由此，可以看到当时环境的险恶。

大禹是如何治水的呢？

第一步是统一思想，调动四方力量合力治水。《竹书纪年》载，大禹在尧帝七十五年担任司空负责治水后，便于"七十六年，司空伐曹魏之戎，克之"。为什么要打这一仗呢？《吕氏春秋·召类》说得很明白："禹攻曹、魏、屈、骜，以行其教。"此时大禹推行何"教"？自然不能排除是去推行那种命运与共合力治水的方略。大禹打赢了这一仗，为他组织力量治水，排除了干扰，创造了成功的条件。

第二步是组织调查研究，科学规划治水。大禹受命治水，除了统一认识、集中力量之外，还非常重视调研和规划，制定了科学的治水方案。《尚书·禹贡》载："禹敷土，随山刊木，奠高山大川。"意思是禹划分土地的疆界，在经过的山上砍削树木，插上木桩，作为标志，以高山大川确定分界线。这是大禹治水时的规划工作。《淮南子·地形训》载："禹乃使太章步自东极，至于西极，二亿三万三千五百里七十五步。使竖亥步自北极，至于南极，二亿三万三千五百里七十五步。"即大禹派两个大臣去步量距离，也就是到各地去测量，这无疑是进行调查研究和科学规划。这为他形成以疏导为主的治水方法以及九州一体的治水方案做了准备。

第三步是全力治水。《尚书·皋陶谟》载，禹曰："予决九川、距四海，浚畎浍距川。"意思是，他带领人民疏通九州的河流，使水流入大海，疏浚田间大小不同的沟洫，使地面的水能够流到河里。在治水时，大禹特别注意安排好民众的生活。他和益一起给老百姓生鲜食物。对于缺少粮食的地方，他就从粮食充足的地方调来粮食，解决了缺粮地区老百姓的吃饭问题。这样，民心稳定了，治水就能有序推进，国家也安定了。在治水中，大禹身体力行，以身作则。《尚书·皋陶谟》载，为了不耽误治水，他娶涂山氏后第四天就与之分别了。儿子启出生，他也没有在家。正是这样全力以赴，率先垂范，才终于取得了治水的成功。

会稽山大禹像（金伟国摄）

第四步是边治水边完善管理机构。大禹为确保治水大业的最后成功，完善了组织机构，强化了地方行政管理。《尚书·皋陶谟》载，大禹治水，"弼成五服，至于五千，州十有二师。外薄四海，咸建五长"。意思是，大禹在治水中辅佐舜帝将天下分成五个不同等级的服役区域，范围一直到距离王城五千里远的地方；把全国划分为12个州，每州设立州长；将疆域扩大到四海，并加强对诸侯部落的管理，每五个诸侯部落设立一个君长，让他们领导各方，建立功业。这样，大禹在治水过程中就聚集了力量，统一了方向，为治水取得成功提供了保障，也为建立夏朝奠定了基础。

大禹治水成功后，得到了舜帝的嘉奖，也赢得了大家的认可。在《尚书·尧典》中，舜帝说："迪朕德，时乃功惟叙。"意思是说民众能遵从德教，是大禹带领民众治水的功劳，是大禹德政影响的结果。在《尚书·大禹谟》中，舜帝又说："俞！地平天成，六府三事允治，万世永赖，时乃功。"意思是说，水灾治理好了，万物成长起来了，六府三事都做好了，千秋万代永远有了依赖，这是你（大禹）的功劳。就连经常给大禹启示的皋陶也说要"师汝昌言"，即要学习借鉴他的良言。因此，在舜帝要选一个能够统帅百官、辅佐他治理国家的人时，四方诸侯都推荐大禹。舜帝就让大禹担任这个职务，并告诫他再接再厉做好这项工作。《尚书·大禹谟》载，舜帝三十三年时，要禅让帝位给大禹。大禹以自己的德行不能胜任为由推辞。舜帝赞扬大禹："降水儆予，成允成功，惟汝贤。克勤于邦，克俭于家，不自满假，惟汝贤。汝惟不矜，天下莫与汝争能。汝惟不伐，天下莫与汝争功。予懋乃德，嘉乃丕绩，天之历数在汝躬，汝终陟元后。"意思是说，当时洪水汹涌泛滥，使他很担忧，大禹奉命治水，实现了诺言，取得了成功，数他最贤能。大禹勤劳为国，俭朴持家，不自高自大，数他最贤能。大禹不骄傲，天下无人能与他争贤能；不夸耀自己的功劳，天下无人能和他争功勋。上天褒扬他的美德，嘉奖他的大功，逐个数来，帝王之职就该落在大禹身上，大禹就该是下一代君主，最终要登上帝王元首之位。

三、禹之治国与禹之思想

大禹是舜帝非常信任的人，也是他用心栽培的接班人。据《竹书纪年》记载，舜在尧帝七十三年春正月受命继承帝位，七十五年派大禹治水，八十六年即让大禹入觐赞用玄圭，九十七年又派他巡狩十二州；舜即天子位后十四年，"命禹代虞事"，十五年"命夏后有事于太室"，三十二年"命夏后总师"，三十三年春正月"夏后受命于神宗"，继承帝位。大禹即帝位后如何治国呢？其治国方略在《尚书·大禹谟》《尚书·五子之歌》和《尚书·洪范》等篇中都有记载，尤其集中体现在《尚书·洪范》之中。在这篇文章中，周武王问箕子治国之道，箕子把上天赐给大禹九章大法一事讲给周武王听。实际上，这是大禹自己确定的治国大政方针。尧舜禹时期总是突出天人合一、替天行道的理念，以显示统治者的权威性。归纳起来，主要有如下几个方面：

1. 顶层设计，做好规划。箕子告诉周武王，大禹治国抓住了九个方面："初一曰五行，次二曰敬用五事，次三曰农用八政，次四曰协用五纪，次五曰建用皇极，次六曰乂用三德，次七曰明用稽疑，次八曰念用庶征，次九曰向用五福，威用六极。"意思是第一条是掌握五行；第二条是恭敬地做好五事；第三条是努力做好八种政务；第四条是恰当运用五种记时方法；第五条是建立至高无上的统治原则；第六条是推行三种治理国家的方式；第七条是运用占卜来观察并决断疑难问题；第八条是用心思考各种征兆；第九条是用五福奖励有功者，用六极惩戒违纪犯罪者，使他们感到畏惧。这九个方面，实际上是一个治国大纲，系统地阐述了治理国家的基本原则、方法和措施。可见，大禹治国时，很重视顶层设计，做好规划。

2. 思想引领，统一行动。《尚书·洪范》载，大禹治国的第一件事就是强调五行观念。大禹不仅指出五行就是水、火、木、金、土，而且告诉人们："水曰润下，火曰炎上，木曰曲直，金曰从革，土爰稼穑。润下作咸，炎上作苦，曲直作酸，从革作辛，稼穑作甘。”意思是水向下面润湿，火向上面燃烧，木可以弯曲伸直，金属可以加工成不同的形状，土可以种植庄稼。向下湿润的水产生咸味，向上燃烧的火产生苦味，可曲可直的木产生酸味，可改变形状的金属产生辣味，可种植庄稼的土产生甜味。实际上，大禹在这里强调的是思想引领工作，引导全国上下认识和熟悉五行的运行情况，要求重视五行观念，遵从自然规律。思想是行动的指南，用合适的思想理论来武装民众、统一认识，便于规范治国理政行为。他突出强调五行观念，实际上是从思想上引领、统一和规范施政的基本规则和基本方法。他又从时间上入手。《尚书·洪范》第四点就提出了这一措施：“四、五纪：一曰岁，二曰月，三曰日，四曰星辰，五曰历数。”意思是，要掌握和运用好年月日的计时方法、星辰的运行规律以及岁时节候的次序。于是，他又颁布了历法。《竹书纪年》载，大禹称帝后就“颁夏时于邦国”。学术界认为大禹颁布的是《夏小正》，目的是让民众掌握岁月更替、时节变化，从而协调政事，引导农业生产和社会活动。

3. 任贤使能，突出操行。大禹立国后，设置职官制度，重视选用官员，《尚书·皋陶谟》载，大禹为舜之大臣时，不仅提出“知人则哲，能官人”的鲜明观点，而且提出了“惟帝时举”的大胆想法，认为知人善用才是有智慧的人，才能用人得当，因此主张举用贤能。大禹称帝后，就提出了用人办法，这就是《尚书·洪范》第二条记载的“五事”和第六条记载的“三德”。这不仅是对国王的要求，也是对各级官员的基本要求。所谓“五事”就是貌、言、视、听、思，指明“貌曰恭，言曰从，视曰明，听曰聪，思曰睿。恭作肃，从作义，明作哲，聪作谋，睿作圣”。意思是，执政者容貌要端庄，态度要恭敬；言语要正确，让人可以遵从；调研时要明察，处理问题要是非分明；应当善于听取意见；思考问题应通达，解决问题该睿智。所谓"三德"就是正直、刚克、柔克，指明要选拔那些能够端正人的曲邪使其正直、以刚强创立功业以及以和柔办好事情的官员，指出："平康正直，强弗友刚克，燮友柔克。沉潜刚克，高明柔克。"即在世道平安时，就要去端正人的曲邪使其正直；在世道强横不顺时，就要用强硬的手段对付它；在世道和顺时，就要用和柔的政策治理它。如果发现深藏隐伏的阴谋，就要用强硬的手段来对付；高明的君子则用和柔的办法去安抚。可见，态度恭敬、言论正当、观察明白、听闻聪敏、思考睿智以及具备正直、刚克、柔克的素质，是大禹选拔官员的重要要求。所有这些，都突出了品德操行。大禹重视划分各级官员的职权范围以避免越权妄为，指出："惟辟作福，惟辟作威，惟辟玉食；臣无有作福作威玉食。臣之有作福作威玉食，其害于而家，凶于而国。"只有君主才有权赐给臣民幸福，只有君主才可以惩罚人，只有天子才可以享受美食，臣子不可以。如果臣子随意可以赐给他人幸福、施行刑罚、享受美食，就会伤害家室、危害邦国。同时，大禹推行赏罚制度，鼓励官员忠于职守。《尚书·益稷》载，大禹对舜帝提出要做到"明庶以功，车服以庸"，那么"谁敢不让，谁敢不应"？意思是，实事求是考核官员的功德，并根据功德大小，分别赐予车马服装，予以表彰，那么谁敢不互相谦让，谁敢在言辞应对时不恭敬地据实汇报呢？因此，大禹非常重视巡狩地方，会见诸侯，论功封赏。

4. 德为善政，政在养民。敬民、养民、安民是大禹治国的最高宗旨。《尚书·大禹谟》记载了大禹曾对舜帝提出"德惟善政，德为善政，政在养民"的善政观和养民理念，《尚书·皋陶谟》记载了大禹对舜帝提出"安民则惠，黎民怀之"的安民理念，《尚书·五子之歌》记载了大禹在教育子孙时提出的"民可近，不可下，民为邦本，本固邦宁"的敬民理念。这是大禹执政的出发点，也是落脚点。大禹如何落实这一理念呢？他提出"九功惟叙，九叙惟歌"，即"水、火、金、木、土、谷惟修；正德、利用、厚生惟和"的策略。《尚书·洪范》载，大禹提出了"八政"："一曰食，二曰货，三曰祀，四曰司空，五曰司徒，六曰司寇，七曰宾，八曰师。"意即要努力施行八种政务，即农业生产、工商贸易、祭祀天地、居住交通、民众教化、社会治安、接待朝见以及军事。可以说，"九功""八政"是大禹执政的具体措施。在"八政"中，大禹尤其重视农业生产，将它置于首位。他深知生产搞不好的危害。他说："民无食也，则我弗能使也；功成而不利于民，我弗能劝也。"（贾谊：《新书·修政语上》）意思是，如果不能让民众的衣食无忧，不能给民众切身的实际利益，民众就不会顺从统治，统治者就没有公信力。因此，大禹非常重视生产的时节要求，注意休养生息。他发布禁令："春三月，山林不登斧，以成草木之长；夏三月，川泽不入网罟，以成鱼鳖之长；且以并农力执，成男女之功。"（《逸周书·大聚》）规定采伐和渔猎的时间，是为了可持续地发展生产，使民众更长久地获得丰富的生活资料。他指出："中不容利，民乃外次。"（《逸周书·文传》引《夏箴》）意思是一个国家如果不能提供民生利益，民众就会外出谋生。显然，大禹是中国历史上将善政养民作为执政最高目标的引领者。

5. 建设国家标志，树立君主威严。大禹登位后建立夏朝，立即构建国家形象，建立国家标志，树立君主威严，建立至高无上的统治规则，转变部落联盟时期各自为政的松散状态。《尚书·洪范》载，大禹提出了"皇建有其极"的要求，也就是君主要建立至高无上的统治法则。这是他治水得来的经验教训。大禹建立夏朝后，最先解决的就是这个问题。一方面，他建立国家标志，树立国家形象，另一方面构建君主最高威严，便于统领全国。一是铸造九鼎。他将鼎安放于九州，显示了君主威严和国家形象。二是建造世室。即建造观天、议事、祭祀的场所。三是确定国都。大禹定都地点，有阳城、安邑、阳翟、平阳、晋阳和陶寺等不同说法。国都是国家政治中心，也是权力中心，是一个国家的象征，不管定在哪里，都极其重要。四是建立至高无上的君权原则，强化统治。《尚书·洪范》载，大禹提出了"敛时五福，用敷锡厥庶民"的举措，就是把"五福"集中起来，普遍赏赐给臣民。所谓"五福"，即《尚书·洪范》第九的内容："一曰寿，二曰富，三曰康宁，四曰攸好德，五曰考终命。"就是五种幸福的事：一是长寿，二是富贵，三是康乐安宁，四是遵行美德，五是年老善终。臣民拥有了五福，就会遵守和拥护最高的君权法则。为了维护至高无上的君权，他还要求臣民不能私结朋党，各级官员也不能狼狈为奸，只能把自己建立的法则看作最高法则。他告诫道，凡是有谋略、有作为、有操守的臣民，就要常常惦记录用他们。对于行为不合最高法则，却没有犯罪的人，都应该接受他们。他说，如果没有偏私，不结朋党，王道就会宽广；不结朋党，没有偏私，王道就会平坦；不违反王道，不偏离法则，王道就会正直。他指出，为君者团结遵守最高法则的人，臣民就将归附建立最高法则的君王。所以说，对以上陈述的最高法则，要宣扬教导，要作为经常遵从的法令来执行。于是，大禹主张用"六极"惩戒违法乱纪者。所谓"六极"，即《尚书·洪范》中第九方面的内容："六极：一曰凶短折，二曰疾，三曰忧，四曰贫，五曰恶，六曰弱。"就是六种不幸的事：一是早死夭折，二是多疾病，三是忧愁，四是贫穷，五是邪恶，六是愚懦。这些举措有效地建构了国家形象，增强了民众的国家意识。

6. 深思庶征，占卜稽疑。国家事务纷繁复杂，如何应变，如何处理，关系到国家的安定、民众的幸福安康。《尚书·洪范》记载了大禹的处理办法，就是"深思庶征，占卜稽疑"。所谓"深思庶征"，就是书中第八方面的内容，即"庶征：曰雨，曰旸，曰燠，曰寒，曰风，曰时。五者来备，各以其叙，庶草蕃庑。一极备，凶；一极无，凶"。就是说，各种征兆：一是下雨，一是天晴，一是暖和，一是寒冷，一是刮风。假如一年中这五种现象齐备，又都能根据它们的时序发生的话，百草就会生长茂盛。如果其中一种现象过甚，就会有凶灾；如果一种现象都没有，也会有凶灾。同时还指出了君王美好行为的征兆：君王办事肃敬，雨水就按时降落；君王政治清明，阳光就按时出现；君王明智，天气就温暖适宜；君王有谋略，天气就寒冷适当；君王通达事理，风就调和顺时。因此，当各种征兆出现，就要对此作出分析和思考，并就此调整策略。所谓"占卜稽疑"，是书中第七方面的内容，即"稽疑：择建立卜筮人，乃命卜筮：曰雨，曰霁，曰蒙，曰驿，曰克，曰贞，曰悔，凡七。卜五，占用二，衍忒。立时人作卜筮，三人占，则从二人之言。汝则有大疑，谋及乃心，谋及卿士，谋及庶人，谋及卜筮"。意思是，决断疑难的方法是选择善于卜筮的人，命令他们卜筮。卜筮的兆形有像下雨的，有像雨后初晴云气在上的，有像雾气迷蒙的，有像阴阳二气络绎不绝的，有像阴阳二气相互侵犯的。卦象有的叫贞，有的叫悔，一共七种。卜占用前五种，筮占用后两种。对

于卦爻的意义，要认真加以研究，弄清所有变化。任用这些人卜
筮，三个人占卜，就信从两个人的相同判断。如果有重大的疑难问
题，首先自己用心思考，然后再和卿士商量，再后和民众商量，最
后问卜筮。同时还指出了卜筮兆形和卦象的吉凶情况。告诉人们，
如果龟卜和筮占的结果都与人的意愿相违背，安静守常就吉利，有
所作为就凶险。大禹一直认为君王的行动要慎重。《尚书·皋陶谟》
载，大禹对舜帝说："帝，慎乃在位。"又说："安汝止，惟几惟
康。"就是要帝王谨慎地对待自己的职位，要安于本职，并常从坏
处着想，就能做到平安。

　　大禹治国显示了先进的政治理念和丰富的政治智慧，以强烈的
国家意识和王权观念把握着治国理政的方向，强力实施养民、安
民、敬民的德政、善政，以德为先，以民为重，创造了长治久安的
太平盛世，实现了地平天成的和乐景象。

四、禹巡大越与浙江文化兴起

　　大禹作为中华文明浙江印记的代表人物，推动了远古浙江社会
的进步和文化的发展。这是他多次巡越所开启的。据《竹书纪年》
《史记·夏本纪》《水经注》的记载，大禹称帝之后，前后三次巡狩
到会稽（绍兴），扩大了绍兴的影响力，开启了会稽（绍兴）文化
的新时代，扩大了浙江文化的影响力。

　　学术界一直存在"中原中心论"，持论者往往忽视中华文明历
史起源多元并存的历史现象，甚至有人认为大禹建都于阳城等地，
夏文化是以中原为中心，大禹治水也是治理黄河，他的行迹应该在
中原、在北方，不会到浙江。因此，大禹巡狩会稽山只能是传说，
是一种神话。这种认识忽视了人类历史动态前进的特点，是静态的

历史观和文化观所造成的结果。我们认为，人类是活动的、不断进步的，社会是运动的、不断发展的。随着人类不断交往和互鉴，民族之间的相互融合与彼此促进，乃至同化，也是客观存在的。因此，民族文化的动态景象也是相互影响和发展的。大禹时期，随着科技的进步，民族之间的交流和互鉴，文化的碰撞和发展，得到日益深化。大禹给舜帝汇报时就说全国十二个州的州长都能服从领导，遵循职守，取得功绩，就说明了这一点。我们只要能够认识文献典籍中记载的大禹巡视江南，来到会稽（绍兴）的可能性，也许就能解答其真实性问题。美国历史学家悉尼·胡克指出："凡是承认人们确实能够创造自己的历史的历史哲学，也都得把它本身跟当时的各种条件联系起来。它要广泛地估计到，某一时期，人们进行活动的各种条件的比重，他们的思想、计划和目的的比重。这些思想、计划、目的扎根在复杂的各种条件之中，但是它们从已经提了出来的改造条件，使其更符合人类愿望的计划中，取得意义。"我们认为，就当时的历史条件看，文献记载大禹多次来到古越大地，是不应该被否定的。

1. 古越民族与夏民族有联系。历史研究成果表明，古越人与夏民族比较早就有联系。司马迁在《史记·越王勾践世家》中就明确论述了勾践为大禹的后裔。他说："越王勾践，其先禹之苗裔，而夏后帝少康之庶子也。封于会稽以奉守禹之祀，文身断发，披草莱而邑焉。"郭沫若在《中国古代社会研究》中也专门对"夏禹的问题"进行了研究。他针对顾颉刚所编著的《古史辨》第一册明确指出："照我的考察是：（一）殷周之前中国当得有先住民族存在，（二）此先住民族当得是夏民族，（三）禹当得是夏民族传说中的神人，（四）此夏民族与古匈奴族当有密切的关系。"这是他对齐侯镈、钟以及秦公簋的铭文进行研究后得出的结论。他说："在春秋时代一般人信念中，确认商之前有夏，而禹为夏之先祖。"他还指出："是夏民族当为中原之先住民族。然自遭殷人驱逐以后，这个民族有一部分朝北方迁徒了。"并且指出"有一部分逃往南方"，并认同《史记·越王勾践世家》的说法。陈桥驿则对远古的於越姒姓与河南的有崇以及姒姓的有莘的关系进行过探讨。他认为，在距今6000年时，卷转虫海侵达到高峰，这时宁绍平原从西边的会稽山北麓起，向东延伸到四明山北麓，成了一片浅海，造成古越族的生存环境恶化，迫使他们大规模外迁至长江中下游一带，并散居于其他地方，形成了众多的部落分支，所以有"百越"之称。所谓的"南越""西瓯""骆越""山越"等，都是古越人。他们从事渔猎、农耕，都有断发文身的习俗。在这种情形下，宁绍平原的越族居民，有可能经江淮迁徒河南，进入江淮地区的越族居民也有可能再次迁徒到相邻的河南境内。显然，古越民族与夏民族的这种联系，为大禹南下提供了可能性。

2. 禹承尧制的制度使然。大禹治国，传承尧舜制度，扬其长而避其短，有所创新和发展。根据文献记载，尧舜时期在行政管理上有两项制度是非常通行而有效的。一是会议。这是一种比较通行的行政议事制度，在《尚书·尧典》中，记载了很多尧帝与四岳的会议，包括商谈治水的人选、推荐提拔官员、任命地方官等，充分体现了民主议事的特点，对于社会治理起了不可替代的作用。二是巡狩制。巡狩制与会议制是紧密联系的。尧帝时期推行巡狩制。在《尚书·尧典》中，记载了"五载一巡狩，群后四朝。敷奏以言，明试以功，车服以庸"。意思是，天子五年巡狩一次。每当巡狩之年，四方诸侯按照巡狩到四方的地点去朝见天子，奏告政事，然后

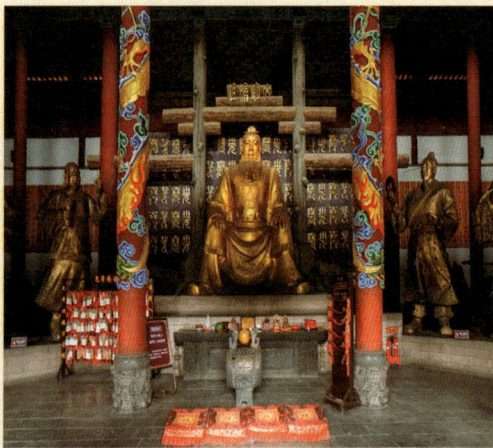

尧帝像（金伟国摄）

天子根据所言认真考察其得失，按功劳来赏赐车马冠服。据《竹书纪年》记载，尧帝"五年初巡狩四岳"，即尧帝称帝五年后就巡狩四方官员。该书又载尧帝"七十四年虞舜初巡狩四岳"，即尧帝七十四年时，舜第一次巡狩四方官员。《尚书·尧典》还记载，舜正月继承帝位之后，便立即对东、西、南、北四方展开巡狩："二月，东巡狩，至于岱宗，柴。望秩于山川，肆觐东后。""五月，南巡狩，至于南岳，如岱礼。""八月，西巡狩，至于西岳，如初。""十有一月，朔巡狩，至于北岳，如西礼。"意思是这一年的二月，舜帝巡狩考察东边，到了东岳泰山，用焚燎积柴的祭礼祭祀，用望祭之术祭祀山川，然后接受了东方诸侯们的觐见；五月，舜帝又到南边巡狩考察，到了南岳衡山，一如到泰山一样，举行了巡狩大礼；八月，舜帝向西巡狩考察，到了西岳华山，也像最初到泰山一样，举行了巡狩之礼；十一月，舜帝又向北方巡狩考察，到了北岳恒山，又像到西岳华山一样，举行了巡狩大礼。由此可见，舜帝越过了黄河和长江天险，不辞辛苦地到地方巡狩。尧舜时期的巡狩制在管理中发挥了重要作用。大禹继承了这种制度，他南下会稽巡狩，接见诸侯，是可能的。

　　3. 古越文明对大禹的吸引力。为什么大禹前后至少三次莅临

古越大地视察？原因在哪？应该说，一个重要的原因是古越文明的
先进。远古先民开创了浙江八千年甚至一万余年的历史。考古学成
果早已告诉我们，浦江上山文化距今大约 11000—8500 年，嵊州小
黄山文化距今大约 10000—8000 年，萧山跨湖桥文化距今大约
8000—7000 年，余姚河姆渡文化距今大约 7000—5800 年，马家浜
文化距今大约 7000—6000 年、良渚文化距今大约 5300—4000 年。
在新石器时代，百越先民显示了很强的发明创造力，他们制造的石
器、陶器、纺织器、丝绸、玉器、服饰、医药、干栏建筑与聚居村
落等，展现了辉煌的文化。尤其是百越先民很早就饲养家畜和人工
栽培水稻。这里不仅是中国迄今发现最早，也是世界上目前发现最
古老的人工栽培水稻的区域。河姆渡文化被认为是早期稻作农业的
典型代表，河姆渡人被认为是最早的耜耕农业者。他们不仅有木
制、骨制和石制的稻作农业工具以及简朴实用的日用生活器皿，还
制备、创造了水乡定居生活的各种设备和条件，并有祭祀活动和信
物，尤其有崇拜太阳的祭祀。到了良渚文化中晚期的大禹时代，良
渚先民已经对水稻田有了比较先进而细致的规划，水稻田已有明确
的道路系统和灌溉系统，充分显示了古越大地文明和社会生产力的
先进性。大禹以民生为重，对农业生产十分重视。他治水时，就让
后稷教民稼穑，播种百谷。古越大地这种先进的农耕文明，无疑对
大禹具有吸引力，为大禹巡越提供了可能性。

　　4. 科学技术创造了条件。科学技术的进步推动了生产力的发
展，改善了人类的交往条件，扩大了人类的活动区域，提高了人类
交流的水平和速度。大禹时期，百越先民拥有了水上交通工具——
独木舟，具备了跨江闯海的条件，使大禹巡越有了可能。江南尤其
古越的造船技术很早就已成熟。跨湖桥文化遗址发掘出了迄今中国

最早的独木舟及其木桨。该独木舟全长5.6米，最宽处有53厘米，厚2—3厘米，由马尾松制作而成。经碳十四测定和树轮矫正后的年代约距今8000—7500年，考古专家依据古船所在地层即第九文化层的年代，推断出独木舟的"年龄"约为7600—7700岁。

河姆渡文化遗址出土了六把雕花木桨和一件舟形陶器，时间距今约7000年，专家据此推断独木舟形成于8000年前或更早的长江中下游和滨海地区，而且"根据河姆渡人制木工艺水平和对机械原理的理解水平（从木构榫接技术中可知），不只是用木筏或独木舟，可能制造有木板结构的较大的船体，航行水中、聚落和部落之间，畅通无阻，甚至远航到近海岛屿和更远的地方去。河姆渡人是古越人的先驱，他们是潜水的能手，潜水捕鱼为其文化特点之一"。茅山文化遗址位于杭州市临平区临平街道上环桥社区的良渚文化考古遗址中，也发现一条距今5000年的独木舟，全长约7.35米，最宽处0.45米。这表明，当时这里的水上交通是没有问题的。

大禹时期，独木舟作为水上交通工具已经比较通行，很多地方都相继发掘出土了独木舟。2010—2015年，河南省息县淮河边上发掘出土了6艘独木舟。其中，2015年8—9月出土于息县孙庙乡月儿湾村祝小庄南淮河河滩的5号舟，通长8.30米、通宽0.55米、通高0.40米。根据碳十四检测，其年代是夏朝，时间约在前2070—前1600年之间。同年10—11月，出土于息县八里岔乡小围孜村破楼组西650米竹竿河的6号舟，船体材质为樟树，通长13.7米、通宽0.85米、通高0.55米。根据碳十四检测，其年代是夏朝，时间约在前2070—前1600年之间。

这表明，大禹时期，渡江跨海的舟船工具有基本保障。在《尚书·皋陶谟》中，大禹说他治水时"予乘四载，随山刊木"，就是说他用了四种交通工具，即旱路坐车，水路乘船，泥路用橇，山路用檋。银雀山出土的汉代竹简《孙膑兵法·十问》中的"禹作舟车，以变象之"，为大禹的说法提供了佐证。这表明大禹时期，舟车已普遍运用，这为大禹南巡提供了条件。

5. 夏王朝统一的必要。尧舜时期，中华大地是一个部落联邦同盟体，组织形式是松散的，部落之间各自为政，号令并不统一，相互之间还因利益冲突而战争不断，不利于社会发展和民众生活。大禹称帝之后，致力于建立统一的夏朝。根据良渚文化遗址考古成果可知，江南早已是一个政治整体，但夏朝尚处松散游离状态。大禹要建设一个安定统一的国家，必须解决部落联盟松散的问题。这也正是中原政局稳定后，大禹便到各地巡狩考察的主要原因。一度文明先进、社会发达的百越民族此时尚处边缘状态，大禹雄心壮志，要使九州一体，百越民族是关键。从国家管理来说，能够将一个社会发展很先进的地方驾驭住，就可为国家的统一稳定奠定基础。因此，大禹到九州之一的扬州南部镇山会稽山巡狩，会见诸侯，考核诸侯，就有了必然性。根据文献记载，大禹不仅亲自来到江南，而且多次巡视大越，上涂山，大会诸侯，封禅天地，阐明自己的治国理念。防风氏不听号令，挑战王权，制造矛盾，大禹便立即将他斩杀，以儆效尤，从此天下都归属大禹统治了。大禹巡视大越，实际是建立夏朝的根本要求，是国家意志的彰显。所以，关于大禹到绍兴巡狩，在会稽山会诸侯，其历史叙事方式可以是"神话"和"传说"，但对这种潜在的可能性和必然性不能如傅斯年所说的"以不知为不有"，怀疑文献记载，臆断大禹没有到过绍兴。虽然至今除大禹陵之外，没有其他直接证明大禹巡越的考古学成果，但随着历史研究的深入和考古工作的深入，也许不久的将来，会在文献与传说之外，找到更为直接的证据。

美国学者悉尼·胡克在《历史中的英雄》中提出了"事变创造性人物"的概念，这些人物的"智慧、意志和性格的种种卓越能力"，对于社会历史的发展往往具有重大的推动力。大禹就是这样的历史人物，他在治理洪水的过程中显示了卓越能力和崇高精神，形成了治国理政的思想，创造了盖世的历史功勋，推动了中华文明的进步。文献记载，他多次来到会稽巡狩，完成了几件关系国计民生的大事，促进了浙江文化和社会的发展。

一是确立与巩固了大禹在全国的核心地位。从历史文献记载中，我们可以看到，大禹继承帝位一开始并没有受到一致拥护，如何统一南方各地诸侯，是他面临的一大考验。我们从《吴越春秋》等历史记载中可以窥视到这一点。大禹在会稽（绍兴）召集大会，诸侯部落的首领都来了，自然就确立了大禹的核心地位。

二是地方官员的考核制度建立起来了。中国官员的考核制度，从大禹最初向舜帝提出建议，到作为制度实施，从文献记载来说，最初是在会稽（绍兴）落实的。

三是引导人民健康生活。大禹在会稽（绍兴）造井示民，引导民众喝井水，实际上是引导民众健康饮食、健康生活的重要举措。因为井水水质不以季节更替而改变，也不容易受到自然污染，比如在洪水泛滥的时期，地表水常常是污浊的，不卫生，有损健康，而井水不会有大的变化。

四是建立了严格的司法制度。防风氏迟到，就被大禹毅然诛杀，即显示了大禹的权威性，也表明夏朝严格的司法制度至此已经建立并实施。

五是建立了社会伦理规范。大禹引导会稽（绍兴）民众设计门户，使民众从散居走向家居，建立了以家庭为基本生活单位的社会伦理规范。

六是建立了公平交易的生产经营规范。大禹在会稽（绍兴）平斗斛，开始使用度量衡，为民众之间生产资料和生活物品的交换确立了标准与原则。

七是开创了自由恋爱的先例。大禹之前，帝王的婚姻都是指定的，是包办婚姻。例如，舜帝的婚姻就是尧帝给他定下来的。然而，大禹遇到了涂山氏，便与之相爱了，并与之结婚，自此才有了自由恋爱的记载，有了自由婚姻的先例，男女双方可为自己的理想而自愿走到一起。

八是确立了简葬惠民的丧葬规则。《墨子》载："禹葬会稽，衣衾三领，桐棺三寸。"《越绝书》载，大禹"因病亡死，葬会稽，苇椁桐棺，穿圹七尺，上无漏泄，下无即水；坛高三尺，土阶三等，延袤一亩"。这是很简朴的。先秦时期，对于丧葬仪式非常重视，大禹在尧帝和舜帝去世时，均守孝三年，以致形容枯槁。大禹南巡，在会稽（绍兴）病逝，逝世之前嘱咐葬在会稽（绍兴），并对棺椁用料、圹深、坟高、用地等都做了交代，从而在历史上率先开启了薄葬厚生的风尚。这是丧葬制度简化的肇始。

可以说，大禹巡越，实现了他的理想，展现了他的美德，表现了他的伟大精神，也开启了古越大地文化的新时代，推进了社会文明的进步，成为浙江文化的重要源头。

中华民族有着璀璨的深厚的文化底蕴和五千多年文明史，形成了伟大的民族精神和自身的价值体系，这种文化基因支撑着中华民族行稳致远，屹立于民族之林。文化总是以突出的事物与典型的人物来彰显和标志，大禹就是这样的标志。他不仅是上古时期中华民族的一个治水英雄，使中华民族结束了原始洪荒时代，而且是中华民族的立国始祖，使中华文明从氏族社会走向了奴隶制社会，结束了中国原始部落联盟的松散状态。大禹不仅建构了中华文明中政治、经济、宗教、社会教化等核心要素和基本形态，而且建构了人类生存和发展的基本精神维度与价值取向，成为中华文明伟大的缔造者之一。以往许多历史研究成果都已经做了深刻的论证。郭沫若主编的《中国史稿》说："……公元前21世纪，或者稍前一些，我国历史上的第一个朝代——夏朝建立了，这便是我国奴隶社会开端的标志。……夏朝从禹开始，到桀灭亡，共传14世，17王，400多年。"范文澜所著的《中国通史简编》也说尧、舜、禹是部落联盟解体前最后的三大酋长。舜继尧位，禹继舜位，"禹在位时，众举皋陶（偃姓、夷族）作继位人。皋陶死，又举皋陶子伯益作继位人"。这是"远古遗留下来的史实，大致可信"。他又引"春秋时人说，如果没有禹治水，我们这些地方只有鱼，哪里还有人呢？"翦伯赞主编的《中国史纲要》也说："根据《竹书纪年》的记载，夏王朝自禹至桀，共为十七君，历时四百七十一年。……古代的氏族制被国家所替代了，这种巨大的社会变革，在夏启时就初步实现了。"《中国史纲要》说："夏，原来是一个部落联盟的名字，以后才成为王朝的称号。据《史记·夏本纪》所载，这个部落联盟是由夏后氏、有扈氏等十二个姒姓的氏族部落组成的。"《中国史稿》也认为"夏部落是由十多个大小近亲部落发展而来的。和夏部落结为联盟的还有它的一些远亲氏族部落，以及东夷人的一些氏族部落"。可见，大禹其人其事是毋庸置疑的。

大禹文化是中华优秀传统文化的重要代表，大禹精神是中华民族精神和核心价值观的集中体现。大禹文化流传至今，存在着多种形态，展示了大禹文化的博大精深和强劲的生命力。从传承的物质形态和记述的主观立场来说，主要有口述记忆形态、史书记载形态、文物铭文形态、史迹考古遗存形态、民俗风情形态、文学叙事形态和艺术呈现形态等。这些形态相互印证和补充，展现了大禹文化的丰富性，显示了大禹精神的光辉。自古以来，大禹文化不仅在中华大地上代代相传，而且在东亚诸国甚至东南亚国家都影响深广。无论是在东北亚的日本、朝鲜、韩国，还是在东南亚的越南等国，都被广泛接受和宣扬。可以说，大禹已经成为东方的精神之神，润泽着东方世界。研究和传播大禹文化，学习和弘扬大禹精神，对于培育和践行中国特色社会主义核心价值观具有重要意义，是建构理想社会、推动人类进步的强大精神力量。

第一章

禹之家世和历史贡献

在源远流长的中华文明发展过程中，大禹治水的事迹家喻户晓。大禹创立了夏朝，后来其子启继承了王位，由此开启"夏传子，家天下"的历史。但是，对于大禹出生地、家世、生平等细节问题，大多数人或人云亦云，或粗知大意。在中国现代考古学蓬勃发展一百年后的今天，我们有条件从更微观更精准的视角来审视大禹一生的主要事迹。并且，在此基础上对大禹的历史功绩有更科学的评价和更深刻的认识。

第一节　大禹家世

对于大禹，不仅先秦典籍有记载，遂公盨、举方鼎、秦公簋、齐侯钟以及上博简上的文字也有记载，当代的考古发掘也有了相关的成果，能佐证这一点。据《史记·夏本纪》记载："夏禹，名曰文命。"几千年来，关于大禹的出生地和家世，人们讨论比较多的是"禹兴于羌""禹之父曰鲧""禹娶涂山氏"等话题。这些话题涉及大禹的出生地、族属、联姻部族等。

一、禹兴于羌

关于大禹出生地和成长地，历史上有很多记载。如《史记·六国年表》记载："夫作事者必于东南，收功实者常于西北。故禹兴于西羌，汤起于亳，周之王也以丰镐伐殷。"裴骃《史记集解》记载："皇甫谧曰：'孟子称禹生石纽，西夷人也。传曰：禹生自西羌，是也。'"《尚书正义》载："禹名文命，西夷人也。"《帝王世纪》载："伯禹夏后氏，姓姒也，生于石纽……长于西夷。"关于"禹兴于西羌"或"长于西夷"的诸多说法，今天更多被用来证明大禹的出生地在川北，因为今天的羌族聚居区主要在川北地区。

但是，写这句话的作者，比如司马迁，他是汉代人，他所说的

"西羌"，并不限于今天的川北地区，而是一个广泛的地理概念。《后汉书》卷八十七《西羌传》第七十七云："河关之西南羌地是也。滨于赐支，至乎河首，绵地千里。"河关属金城郡，即现在的兰州市，也就是说，汉代的西羌主要分布在兰州以西以南的广阔地带。同时还说羌地"南接蜀汉"，且"西北接鄯善、车师诸国"，自然也包括川北，且向西到今天的新疆吐鲁番市鄯善县等地，范围已经很大，涵盖了马家窑文化分布区域。

"川北说"的主要问题在于，川北地区没有发现夏文化遗址。近些年来的川西马家窑文化的发现表明，川北地区在夏纪年开始前后受到来自甘青地区马家窑文化的影响，或许与马家窑文化先民同源。川北地区的羌族，应为夏的遗民。他们保留了有关大禹的集体记忆，并祭祀大禹至今。当地有很多与大禹有关的地点和传说，都是羌人祖祖辈辈口耳相传的集体记忆。马家窑文化能在时间和文化面貌上与夏文化对接，这应该是真正"禹兴于西羌"的根源。

今天，多数学者认为以河南省偃师区二里头遗址为中心的二里头文化是夏文化。但是，二里头文化中夏文化的绝对纪年上限已经进入夏的中期，能与其对接且早于二里头文化的应该是晋南的陶寺文化中期。陶寺文化发掘出陶寺城址、陶寺墓地、观象台遗迹、扁壶朱书文字、彩绘龙盘、铜铃等。陶寺文化早期对应尧舜时期，中期为夏文化早朝，正好符合尧、舜、禹的文献记载。陶寺文化中期与早期属于异质文化，双方差异较大。陶寺文化中期，有彩陶、花边罐、箍状附加堆纹、绿松石、铜铃等，既可以和二里头文化对接，又与马家窑文化相近。陶寺城址平面呈圆角长方形，由早期小城、中期大城和中期小城三部分组成，呈现一个大城套小城的格局。小城里面还有宏伟的宫殿，显示出此处居住者的等级是最高的。由此可以判定，当时已形成了国家，而气势宏大的陶寺城址就是王都，也即帝尧建都地平阳之所在。因此，一些研究成果认为，陶寺也是大禹继位的都城所在地。

马家窑文化结束时，恰好在夏纪年开始的年代，且马家窑文化又明显存在诸多与二里头文化相似的特征，比如红陶、彩陶、花边罐、绿松石、箍状附加堆纹等。中原地区进入龙山时代后，原本属于仰韶文化的红陶就被灰陶全面取代了。二里头文化时间在龙山时代结束后，但在其地层里竟然又出现了红陶。马家窑文化的彩陶丰富、绚烂，种类和数量都很多。二里头文化的彩陶虽然比例不及马家窑文化多，却保留了马家窑文化常见的花边罐习俗。箍状附加堆纹也是马家窑文化和二里头文化共同的特征。马家窑文化发现的绿松石，呈现被广泛使用的特征，而二里头文化的绿松石则显示出级别高的特征。

然而，二里头文化并非早期夏文化，而是已经进入夏纪年中晚期，中间存在一段巨大的缺环，而能填补这个缺环的就是陶寺文化中期。二里头文化上承新砦文化，但新砦文化也不是由河南龙山文化直接发展而来的，而是与晋南夏县的东下冯文化更为接近，与陶寺文化中期也更为接近。陶

陶寺文化早期大墓中的彩绘龙盘

寺文化中期有明显的大一统特征，较早期的多元化特征显得更为一元化，并且陶寺文化中期的彩陶、漆器、绿松石、花边罐等都与同时代的马家窑文化有很多相似之处。马家窑文化在黄河上游迅速衰落的时间，恰好在陶寺文化中期开始的年代，也是夏纪年开始的年代。也就是说，很可能生活在黄河上游的一支史前部族，因为受到邀请赴黄河下游治理洪水而整体东迁，最终成了夏代的主人。

大禹是夏代的开创者，因此大禹出生的年代就可以理解为夏代开始的年代再向前推几十年。从文献中很难考证夏代开始的确切时间。但是按照一般的说法，周载祀 800 年，商载祀 600 年，夏载祀 400 年，这样加起来，夏、商、周一共 1800 年，秦统一六国在公元前 221 年，由此逆推，夏代开始的纪年就应该在公元前 2100 年至前 2000 年。

20 世纪 90 年代开始的"夏商周断代工程"，通过天文历法加文献记载，把公元前 1046 年确定为武王伐纣之年，向前推 600 年，得出商代开始于约公元前 1600 年，再按照古本《竹书纪年》夏代历时 471 年的说法，得出夏代大致开始于公元前 2070 年。这一说法虽然疑点很多，但目前较为被学术界接受。如果公元前 2070 年是禹传位给启的时间，那么大禹出生的年代应该在公元前 2100 年前后。我们姑且以公元前 2100 年作为参考年份考察大禹的出生。

关于大禹的出生，在文献中，还有与"禹生石纽"相类似的说法。一是"禹生于石坳"。《帝王世纪》曰："伯禹夏后氏，姒姓也。父鲧妻修己，见流星贯昴，梦接感，又吞神珠薏苡胸拆而生禹于石坳。"又载："禹，六月六生于石纽。（广柔）县有石纽邑。"就是说，大禹是六月初六出生在"石坳"这个地方的。二是禹生于昆石。《巢子》曰："禹产于昆石，启生于石。"就是说，大禹出生于一块像鱼一样的大石头，也可以理解为禹父鲧化为巨石，禹从鲧石中出。"禹生石纽"的说法流传更广。除西晋皇甫谧的《帝王世纪》外，西晋崇州人常璩的《华阳国志》、南北朝郦道元的《水经注》以及《唐书·地理志》《舆地广记》《四川通志》等文献都有类似的记载。

二、禹之家世

大禹的家世非常清楚。《史记·夏本纪》记载："禹之父曰鲧，鲧之父曰帝颛顼，颛顼之父曰昌意，昌意之父曰黄帝。禹者，黄帝之玄孙而帝颛顼之孙也。禹之曾大父昌意及父鲧皆不得在帝位，为人臣。"大禹的父亲叫作鲧，鲧的父亲叫颛顼，颛顼的父亲叫昌意，昌意的父亲叫黄帝。所以，大禹是黄帝的玄孙、颛顼帝的孙子。但是大禹的曾祖父昌意和父亲鲧没有得到帝位，都只是当时的大臣。《史记》不仅是司马迁的著述，更是汉代的官修史书，编写者肩负着构建汉民族的民族共同体意识的责任。因此无论在本纪还是世家中，都把各个家族的源头往炎黄上追溯。

根据《史记》的记载，鲧是黄帝的曾孙，是颛顼帝的儿子。据今本《竹书纪年》记载，颛顼帝登位30年时，鲧出生了，这时颛顼帝已经50岁。但是在另一些典籍中，其身世记载不同。如《山海经·海内经》中说："黄帝生骆明，骆明生白马，白马是为鲧。"就是说鲧是白马，是黄帝的孙子，鲧的父亲是骆明，不是颛顼帝。尽管典籍之间记述有差异，但都认定鲧是大禹的父亲。

鲧是尧帝时代的大臣，被封为"崇伯"。所以，历史上又叫"崇伯鲧"或"有崇伯鲧"。"崇"是一个地名，即崇山，是鲧的封地。这个封地到底在什么地方，有多种说法。据《国语·周语上》

记载，韦昭注释，崇山即现在河南省登封市的嵩山。此外，还有一些不同说法。有的说是山西省的霍太山；有的说在陕西省祁县东部；有的说在广西壮族自治区凌云县与西林县一带；有的说在湖南省的大庸县，即现在的张家界市澧阳街道；有的说是山西省襄汾县、翼城县之间的狄山，即现在的塔儿山。

根据今本《竹书纪年》的记载，尧帝六十一年，因洪水灾害严重，尧帝派鲧治水，但9年未成功，于是在尧帝六十九年罢黜了伯鲧的官职。《尚书》和《史记》也有相似的记载，且明确记载了"殛鲧于羽山"。应该说，鲧在洪水泛滥的原始时期，也是一位有能力、有担当、有地位的人物。因为尧帝曾派共工去治水，没有成功，在与四方首领商量再派谁去时，大家都推荐鲧。尽管尧对鲧不放心，但因没有其他合适的人选，最终还是起用了鲧。鲧没有推脱，只是由于采用了堵塞的方法，最终没能治理好洪水，才被罢黜治罪。

关于大禹的母亲，古代典籍中有不同的记载。一说是修己。今本《竹书纪年》载："母曰修己，出行，见流星贯昴，梦接意感，既而吞神珠。修己背剖，而生禹于石纽，虎鼻大口，两耳参镂，首戴钩钤，胸有玉斗，足文履己，故名文命。"就是说，大禹的母亲叫修己，怀孕和分娩时都带有传奇色彩，说她是在名叫石纽的地方剖开自己的背才生了大禹。二说是女嬉。《吴越春秋·越王无余外传第六》则说："鲧娶有莘氏之女，名曰女嬉。年壮未孳。嬉于砥山得薏苡而吞之，意若为人所感，因而妊孕，剖胁而产高密，家于西羌，地曰石纽。石纽在蜀西川也。"这里说大禹的母亲叫女嬉，是有莘氏的女儿。她年岁很大了，在砥山游玩时采得一穗薏苡，吃了后，觉得好像被人触动了一下，于是怀了孕，剖腹生下了大禹，取名叫高密，家住西羌，地名叫石纽。石纽在四川的西部。显然，也带有传奇色彩。三说是女狄。《绎史》卷十一注引《遁甲开山图》中记载："女狄暮汲水，得石子如珠，爱而吞之，有娠，十四月生子。及长，能知泉源，代父鲧理水。"这里是说，大禹的母亲是女狄，她去打水时看到亮如宝珠的石子非常喜爱，就将石子吃了下去，于是怀孕了，十四个月后生了大禹。因此，大禹长大后通晓地理水文，后来代替父亲鲧去治理洪水。

关于大禹的出生，还有"鲧复生禹"的说法。《山海经·海内经》中记载："鲧窃帝之息壤以堙洪水，不待帝命。帝命祝融杀鲧于羽郊。鲧复生禹。"《归藏·启筮》中也说："鲧死三岁不腐，剖之以吴刀，是以出禹。"这些文献记载，都认为鲧被杀死后生了大禹，带有很强烈的神话色彩，是一种主观性的想象。

三、禹娶涂山氏

大禹受命治水，四处奔波，全力治理水患，也没顾得上成家。然而，大禹治水时面对的是全流域的洪水，单靠夏族一支力量无法完成任务，必须成立治水联盟，团结华夏民族所有能团结的力量，齐心协力，才可能治理洪水。而在这个联盟构建的过程中，大禹做了两件重要的事情：一是娶涂山氏，二是会诸侯于涂山。禹会诸侯于涂山应在娶涂山氏之后，因为大禹治水的时候曾"三过家门而不入"。这两者都与涂山有关，因此关于涂山的地望就是一个首先要解决的问题。

涂的本字是"余"，三点水是它当时所处的环境特征，"涂"与"余""徐""梌"有同源关系。甲骨文里"余"字写作"仐"，是巢居的象征。余族应当是居住于长江下游与淮河流域之间的一个古

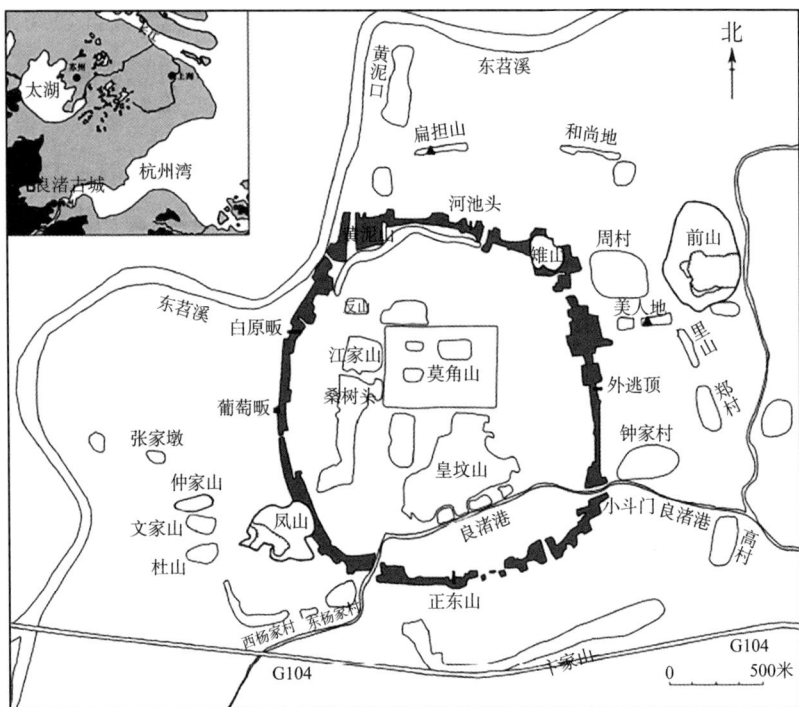

良渚古城外廓的结构示意图

老民族。甲骨文中的"京""亳""林""宋"等字都是巢居形式的反映，从字源上讲都与"余"同源。李修松认为，"徐""涂"二字可以通转，"徐"和"舒"也是通的，他们都是居住在江淮一带的皋陶氏，鸟图腾崇拜，有巢居的渊源。他们迁徙以后，把"余"或者"涂"或者"徐"，一路携带，所经之处，留下诸多名作"涂山"的地方。所以，今天浙江省绍兴市、安徽省当涂县、安徽省蚌埠市、重庆市巫山县、河南省嵩县都有涂山。

关于大禹娶涂山氏为妻，文献多有记载。《尚书·皋陶谟》记载了大禹自己的说法："予娶涂山，辛壬癸甲。"他娶涂山氏为妻，新婚时在家只有四天。《吕氏春秋·音初》也有记载：

> 禹行功，见涂山之女，禹未之遇而巡省南土。涂山氏之女
> 乃令其妾候禹于涂山之阳。女乃作歌，歌曰："候人兮猗！"实
> 始作为南音。周公及召公取风焉，以为《周南》《召南》。

大禹忙于巡视治水，途中遇见涂山氏的女儿，还没有来得及和她举行结婚典礼就又到南方巡视去了。于是，涂山氏的女儿就让她的侍女到涂山南面等候大禹归来。涂山氏自己创作了一首歌曲，唱道："等候人啊！"意思是等候一个人的时间是多么漫长啊。这是南方音乐的开始。周公和召公时，采诗官曾在那里采风，那里的诗歌就是《周南》《召南》。《候人歌》是中国第一首爱情歌曲，也可以说是中国第一首爱情诗歌。《吴越春秋·越王无余外传第六》记载得更加详细：

> 禹三十未娶，行到涂山，恐时之暮，失其度制，乃辞云：
> "吾娶也，必有应矣。"乃有九尾白狐造于禹。禹曰："白者，
> 吾之服也。其九尾者，王之证也。涂山之歌曰：'绥绥白狐，
> 九尾庞庞。我家嘉夷，来宾为王。成家成室，我造彼昌。天人
> 之际，于兹则行。'明矣哉！"禹因娶涂山，谓之女娇。

大禹忙于治水，到30岁了还没有娶妻。他治水到涂山，担心再不结婚会违反当时应有的礼制，就祷告说："我要娶妻了，一定会有先兆的。"于是有一只九条尾巴的白狐来到大禹跟前。大禹就说："白色是我衣服的颜色，九条尾巴是我为王的象征。涂山有这

样的歌谣，说：'舒徐自得的白狐狸啊，九条尾巴蓬蓬庞庞，我家有婚姻喜庆的好事啊，你来做上宾就会成为君王。你要娶妻成家啊，我嫁到谁家，谁家就会昌盛兴旺。在这天意和人心相一致的时候，你要立即行动，切莫彷徨。'这歌说得多明白啊！"于是，大禹在涂山娶妻，妻子名叫女娇。

然而，还有一些历史典籍中记载，大禹妻子涂山氏的名字叫"女娲"。《帝王世纪》中载："禹始纳涂山氏女，曰女娲，合婚于台桑，有白狐九尾之瑞至，是为攸女。"雷学淇校辑本《世本·帝系》说："禹娶涂山氏之子，谓之女娲，是生启。"王谟辑本《世本·夏世系》也说："禹取涂山氏女，名女娲，生启。"显然，大禹之妻涂山氏，也叫女娲。

这个涂山究竟在哪里呢？《越绝书》为辑录战国人著作而成，在其《记地传》中记载了古越时期的名山，其中云："涂山者，禹

绍兴市柯桥区西扆山下的大禹广场

所娶妻之山也，去县五十里。"这是文献中第一次明确记载涂山的确切地点。显然，在东汉建武二十八年（52）之前，涂山在会稽，是没有争议的。

然而，大约 70 年后，该说法就有了争议。东汉建光元年（121），许慎在《说文解字》云："盇，会稽山。一曰九江当盇也……"出现了第二种观点——九江当涂说。争议开始出现。魏晋之际，皇甫谧（215—282）在《帝王世纪第三》中载："禹会涂山，扬州之域。当涂县有禹聚。"文中没有明说涂山在哪里。然而，杜预（222—285）注的《左传》中说涂山"在寿春县东北"。说者曰："今濠州也。"从此又出现了第三种观点——濠州说。到东晋时，蜀郡江原人常璩在晋穆帝永和四年至永和十年（348—354）撰写《华阳国志》时说，"禹娶于涂山"的"涂山"为"今江州涂山也"。于是便出现了第四种观点——江州说。唐朝苏鹗的《苏鹗演义》引《文字音义》说："盇山，古国名，夏禹娶之，今宣州当涂县也。"因此又出现了第五种观点——宣州当涂说。到唐代形成了更多说法，至今还有陕西石泉说、河南石泉说、河南开封说、山西夏县说、山西太原说、山东诸城说、山东泰山说、湖北武汉说、湖南攸县说、湖南衡山说、江西九江说，争议不断扩大。詹子庆首先排除了当涂说，并以董楚平《〈国语〉"防风氏"笺证》一文认为古会稽在山东的观点，否定会稽说，同时否定了渝州说和嵩县三涂山说，并认为濠州说比较可靠，即今安徽怀远的当涂山。

但是，朱桂元在《浙江学刊》发表的《会稽涂山考》，不仅考证了涂山在绍兴，而且考证了涂山就是安昌古镇的西扆山。盛鸿郎撰写《涂山考》，从山名来历、涂山诸寺来历、涂山方位、御碑以及禹会乡建制等 7 个方面，论证了绍兴市柯桥区安昌镇的西扆山即涂山。唐嘉弘、张建华认为："在众多的争论之中，将会稽涂山定在今浙江绍兴市最为合情合理。"刘家思在《大禹治水统摄下的女娲——涂山氏原型的融合与变形》中，也从"古籍记载""江浙考古文化"和"古音遗存态"等三个方面进一步作了论证。这里，我们还想从良渚文化的考古成果来深入说明这一点。

良渚文化族属可能是禹所娶之涂山氏。良渚文化存在于大约公元前3300—前2100年，其结束时间刚好是夏纪年开始的时间。为什么说涂山族应该就是这个长江下游、环太湖地区的良渚文化呢？首先，良渚文化有同时期最大的城址，有成熟的等级社会和辉煌灿烂的文化，基本可以确认，在公元前2100年以前的1000年里，这里曾经有一个强大的古国存在。其次，良渚遗址有成熟的大型水利设施，城内外有壕沟体系。良渚水利工程"是目前发现的现存我国上古时期时间最早、规模最大、技术含量最高的水利工程遗址之一"。在这种情况下，大禹要组织治水联盟首先就要联合善于治水的良渚古国，而最好的联合手段就是联姻。再次，良渚的玉器文化非常发达，不仅数量多，而且种类全，制作工艺精湛，表明了良渚社会的等级分化与分工明确，生产力水平很高。其中，很多玉器如玉琮上刻画的"神徽"是良渚部族鸟图腾崇拜的象征，这与涂山氏的涂（即余）在甲骨文中的巢居形象相互印证。最后，良渚文化结束的时间刚好是夏纪年开始的时间，可能良渚文化不是在原地衰亡了，而是向北迁徙了。考古发现的其向北迁徙的痕迹，是其与中原文明融合发展的过程的痕迹。良渚文化最终落脚中原，以豫西嵩县、登封市和三涂山为中心。这个北迁的部族最有可能是涂山氏，因为该部族向北迁徙路线沿途与涂山有关的地名，或许正是涂山氏迁徙的痕迹。

第二节　大禹辅政

　　大禹是尧、舜两代的臣子。他辅佐尧帝和舜帝时格外用心，十分勤勉，成就了盖世之功。他闻名于世的，首先是他辅佐尧舜的出色表现。那么，大禹作为人臣，辅助尧舜，做出了哪些贡献呢？

一、受命治水

　　在帝尧的时代，中原地区乃至华夏大地长期发生全流域洪水。《尚书·尧典》载："汤汤洪水方割，荡荡怀山襄陵，浩浩滔天。"《尚书·益稷》："洪水滔天，浩浩怀山襄陵，下民昏垫。"《诗经·商颂·长发》："洪水芒芒，禹敷下土方。"洪水泛滥，民众饱受其害。因此，尧帝曾先后派共工和崇伯鲧去治水。今本《竹书纪年》载，帝尧陶唐氏"十九年，共工治河"，"六十一年，命崇伯鲧治河"。《尚书·尧典》也有记载。但两人治水都未能成功，尧帝一筹莫展。他再次征求四岳即四方首领意见时，四岳都推荐大禹去治水，这在《尚书》和今本《竹书纪年》中都有记载。经过大禹13年艰苦卓绝的治理，洪水终于退去，九州形成，华夏大地重新焕发生机。大禹治水，吸取了以往共工和鲧治水失败的经验教训。屈原在《天问》中指出："纂就前绪，遂成考功。"这就说明了这一点。

具体来说包括三个方面：

一是在方法上改变了共工和鲧治水以堵为主的方法。大禹采取以疏导为主，因地制宜灵活运用的方法，确保了治水的成功。《国语·周语下》载："昔共工弃此道也，虞于湛乐，淫失其身，欲壅防百川，堕高堙庳，以害天下。皇天弗福，庶民弗助，祸乱并兴，共工用灭。"《尚书·洪范》载："鲧堙洪水，汩陈其五行。"《山海经·海内经》也说："洪水滔天，鲧窃帝之息壤以堙洪水，不待帝命，帝令祝融杀鲧于羽郊。"显然，共工和夏鲧治水，在方法上都是以堵为主，这是他们失败的重要原因。

二是在工程上改变了共工和鲧局部治水的策略，采取了九州一体的系统的治水方略。根据赵逵夫的研究，共工治水只是从本部落居住状况出发，在两山之间的河流筑堤堵水，使水位升高后改道流向其他地方，为本部落获利，但这种局部治水的方法，对下游部落构成了威胁。夏鲧吸取了共工治水的教训，运用了修筑城郭来抵御洪水的办法。《世本·作篇》载："鲧作城郭。"《吕氏春秋·君守》载："夏鲧作城。"高诱注："鲧，禹父也，筑作城郭。"《初学记》卷二十四《城郭》引《吴越春秋》曰："鲧筑城以卫君，造郭以守民，此城郭之始也。尧听四岳之言，用鲧修水。鲧曰：'帝遭天灾，厥黎不康。'乃筑城造郭，以为固国。"鲧从其部落处在平原这一特点出发采用筑城御水的办法，但这也是从局部出发的办法，其他部落有意见。《淮南子·原道训》载："夏鲧作三仞之城，诸侯背之，海外有狡心。"因此，鲧也没有完成治水大业。于是，大禹治水采取了统一规划，不断推进的策略；其中最重要的是"禹划九州"，就是将全国划分为冀、兖、青、徐、杨、荆、豫、梁、雍等九个州，协同治水。

三是在思想行动上突破了共工和鲧治水时部落间思想分歧、力量分散、行动不一的局限，千方百计调动各部落的力量共同治水。《山海经·海内经》告诉我们，鲧是因为以息壤堵水不成而被治罪的。根据王子今的研究，"息壤"就是新石器时期的夯土技术，所谓"土自长息无限，故可以塞洪水"。文献和传说中都提到，息壤可以生长、可以增高。但是，鲧为什么会失败呢？除了方法有问题，还在于诸部落各自为政，导致号令无法统一。龙山文化的重大特征就是部落之间各自为政。无论文献记载还是考古发掘，都反映出龙山文化时期没有一个统一的龙山民族或者王朝。龙山文化的不同类型各行其是，不仅文化面貌不同，而且礼法制度也不同。当洪水来临时，各部落首先想到的是自保，当然就不会有全流域视野的疏导行洪。部落之间各自为政，只求自保，难以从根本上解决洪水问题。大禹很明白，要取得治水的成功，必须打破各自为政、只求自保的局面，解决号令不统一的问题。因此，大禹采取了两个举措。

第一个措施，打击不听号令的部落。今本《竹书纪年》记载，大禹在尧帝七十五年受命治水后，并没有匆忙地去治水，而是于尧帝七十六年先"伐曹魏之戎，克之"。《吕氏春秋·召类篇》载："禹攻打曹魏、屈骜、有扈，以行其教。"也就是说，大禹先后攻打了曹魏、屈骜、有扈等几个部落，并将他们打败了，清除了阻力，为全域治水成功，奠定了基础。

第二个措施，与涂山氏结婚。在绍兴，一直流传着大禹与涂山氏的美好故事。不仅有涂山，还有古老的涂山寺。既流传着《候人歌》的美好故事，还流传着涂山氏给治水的夏禹送饭发现他变成黄熊的传说。大禹通过与涂山氏结婚，以联姻方式来团结治水力量，组织统一的治水共同体。从嵊州崇仁、甘霖的石器时代考古遗址到小黄山遗址，从萧山的跨湖桥遗址到余姚的河姆渡文化遗址，再到余杭的良渚文化考古遗址，大量的考古发掘成果表明，早在大禹治水之前，江南不仅有常住民在此生息，而且摆脱了部落之间封闭松散的组织状态，形成了号令统一的国家组织。虽然这个国家叫什么名称，目前还没有确认，但它是影响大禹统一治水的关键。一方面，国家形成了权力指挥系统，没有获得权力集团的认可，要统一调度民众力量治水会有困难；另一方面，国家机器能形成统一号令，快速调集民众力量，一旦获得权力集团认可，就能形成合力，推进治水进程。无论是考古学成果还是历史研究成果都表明，涂山氏部落的女性很有权力，地位很高。大禹治水途中娶涂山氏为妻，便能够争取到这个国家共同来治水。良渚文化成熟的水利工程遗址昭示，这个未知名的国家可能是大禹治水的盟友甚至是主力军。二者合作的形式应该是联姻，即禹娶涂山氏。

《尚书·禹贡》载，大禹"导河积石，至于龙门"。意思是大禹疏导黄河，先从青海和甘肃交界的积石山开始，一直疏通到陕西的龙门山。从马家窑文化到陶寺文化，再到二里头文化，它们之间存在的考古学上的联系，可以谨慎地推出大禹治水从积石山到龙门的可能性轨迹。东下冯遗址，被称为二里头文化东下冯类型。东下冯从第四期开始，到第五期、第六期均发现狗骨架，正是夏人养狗习俗的反映。商代有犬戎，犬戎正是退到西北部的夏的遗民。因此，我们有理由认为，这块以夏墟为名的土地，或许的确是夏人曾经驻足的地方。因此，大禹进入中原的路线，大致应该是从甘青地区的马家窑经山西夏县，在治水成功以后进入陶寺地区执掌天下。这在文献上符合"大禹导河积石，至于龙门"的记载。积石，即今天甘肃临夏的积石山县。龙门，即今天陕西韩城与山西河津之间的龙门县，挨着襄汾与夏县。所以《禹贡》记载大禹"导河积石，至于龙门"，是真实地记录了大禹进入中原的治水路线。

大禹在治水过程中，因地制宜，综合运用了多种方法，主要有四种：

一是勘测。就是对洪水区进行实地勘测与全面考察。《尚书·禹贡》："禹敷土，随山刊木，奠高山大川。"大禹治水时，顺着山势开辟道路，砍削树木作为标记，进行实地勘察。《史记·夏本纪》载，大禹治水"左准绳，右规矩"，就是说大禹治水非常重视测量。"准绳"是用来测量直线的，"规矩"是用来测量方圆的。

二是疏导。这是大禹治水运用的主要方法。《尚书·禹贡》在叙述大禹治水时，使用"导"多达11次："导岍及岐""导嶓冢至于荆山""导弱水""导黑水""导河积石""嶓冢导漾""岷山导江""导沇水""导淮自桐柏""导渭自鸟鼠同穴""导洛自熊耳"。这表明大禹治水多采取疏导的方法。

三是堵塞。堵塞原本就是一种行之有效的治水方法，大禹治水也采用过堵塞的方法。《淮南子·地形》载："禹乃以息土填洪水，以为名山。""息土"就是"息壤"。《庄子·天下》载："墨子称道曰：'昔禹之湮洪水，决江河而通四夷九州也，名山三百，支川三千，小者无数。'"于此可见，大禹治水是堵与疏并用。遂公盨铭文记载大禹治水"堕山濬川"，即堵与疏并用。

四是钟水。就是让小水流聚集起来成为一片大的水域，类似于现在的水塘、水库。《国语·周语下》载，大禹"钟水丰物""陂鄣九泽"，明确告诉我们，大禹治水时使用了就水做塘、修筑水库的方法。"钟水"可以灌溉周围的田地，发展农业生产，从而实现

"丰物"。"陂鄣九泽"是指筑堤保护九州沼泽，本质上也是"钟水"。"钟水"是一种因地制宜的治水方法，能够化有害为有利，体现了大禹的治水智慧。

大禹治水将疏、堵、钟、障相结合，最有创新特色的是疏导。后人总结大禹治水成功的原因，认为很重要的一点就是使用了疏导的方法。疏导作为一种治水方法后来上升为一种工作方法，具有普遍的应用价值。司马迁《史记·太史公自序》对大禹治水的成功给予了很高的评价："维禹之功，九州攸同。光唐虞际，德流苗裔。"意思是大禹治水之功，九州同享其成，光耀唐虞之际，恩德流传后世。

二、禹划九州

大禹在建立治水联盟以后，最重要的就是制定治水路线和具体分工，这两个大问题都通过划分九州来完成。《左传·襄公四年》云："芒芒禹迹，画为九州，经启九道。"根据《尚书·禹贡》记载，大禹将全国划分为冀州、兖州、青州、徐州、扬州、荆州、豫州、梁州、雍州等9个区域，以此进行治理。其大致范围如下：

冀州。《尚书·禹贡》首先提到冀州。《史记·夏本纪》载："禹行自冀州始。"这是说大禹治水是从冀州开始的。冀州是尧、舜的宅都之地。冀州包括今山西全省、河北省西北部、河南省北部以及辽宁省西部一带。

兖州。《尚书·禹贡》载："济、河惟兖州。"意思是济水与黄河之间，是兖州。兖州大致包括今山东省西部、河北省东南部与河南省东北部。

青州。《尚书·禹贡》载："海岱惟青州。"意思是渤海和泰山之间，是青州。青州大致包括今山东省及辽宁省辽河以东。

徐州。《尚书·禹贡》载："海岱及淮惟徐州。"意思是东起大海，北到泰山，南至淮河，是徐州。徐州包括今山东省南部、江苏省北部与安徽省北部。

扬州。《尚书·禹贡》载："淮海惟扬州。"意思是北至淮河，南至大海，是扬州。扬州包括今浙江省、江西省、福建省、广东省全境，江苏省、安徽省、河南省南部与湖北省东部。

荆州。《尚书·禹贡》载："荆及衡阳惟荆州。"意思是从荆山到衡山南面，是荆州。荆州包括今湖北省中南部、湖南省中北部、四川省和贵州省的一部分。

豫州。《尚书·禹贡》载："荆河惟豫州。"意思是荆山到黄河之间，是豫州。豫州包括今河南省黄河以南、湖北省北部以及山东省西南部与安徽省西北部。

梁州。《尚书·禹贡》载："华阳、黑水惟梁州。"意思是华山南面至黑水，是梁州。梁州包括今四川省东部、陕西省南部与甘肃省南部。

雍州。《尚书·禹贡》载："黑水、西河惟雍州。"意思是从黑水到西河，是雍州。雍州大致包括今陕西省中部、北部与甘肃省大部分区域。

我们要注意，其他文献中所载的九州，所列名称不一。楚竹书《容成氏》所载九州为：夹州、涂州、竞州、莒州、蓏州、荆州、阳州、叙州、虘州。《周礼·夏官·职方氏》所载九州为：扬州、荆州、豫州、青州、兖州、雍州、幽州、冀州、并州。《尔雅·释地》所载九州为：冀州、豫州、雍州、荆州、扬州、兖州、徐州、幽州、营州。《吕氏春秋·有始览》所载九州为：豫州、冀州、兖州、青州、徐州、扬州、荆州、雍州、幽州。其中，对后世影响最大的还是《禹贡》所载九州。《史记·夏本纪》所述九州就采自《禹贡》，而《汉书·地理志》所述九州又采自《史记·夏本纪》。

关于大禹治水的路线，大多数典籍文献的记载都源于《禹贡》，从冀州开始。这是周人根据夏族后裔的传说撰写的历史文献。《禹贡》中起到重要划界作用的河流是江、河、淮、济，这四水又被称为"四渎"。在公元前2000年前后，黄河起到划界作用的部分，大都是南北纵流的。《禹贡》注释中说："当时的黄河从今山西省的西境（西河），经过河南省的北部（南河），沿着太行山转到河北省的东北境（东河），周匝三面，像个口袋似的。那时人们称这个地方为两河之间，这个区域唤作冀州。"此时济水是横流的，淮水也是横流的。江水在居住集中地区也是南北纵流的，故古人先有"江东""江西"的称谓，"江南""江北"则是"衣冠南渡"以后的事情了。这样，江、河、淮、济就大致勾画出一个"井"形。"井"像一个没有边框的九宫格，这九个格子就是九州的最初雏形。

大禹按照九州的模式治理洪水，其次序是东、南、中、西、北。这背后隐含的理念差异，正是夏启伐有扈氏的原因。夏启伐有扈氏所列的罪状是"威侮五行、怠弃三正"，这里的"三

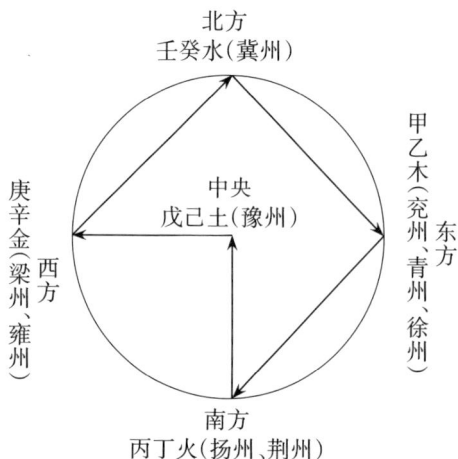

北方
壬癸水（冀州）

中央
戊己土（豫州）

甲乙木（兖州、青州、徐州）东方

庚辛金（梁州、雍州）西方

南方
丙丁火（扬州、荆州）

十天干相生图（大禹治水路线图）

正"指的就是以日、月、星为根据的太阳历。夏人用阳历，而有扈氏弃用太阳历，恢复使用火星历。太阳历有10个月，而大火星历是12个月，分别对应中国古代文化里的两个重要概念，天干和地支。天干为甲、乙、丙、丁、戊、己、庚、辛、壬、癸，称为"十天干"，地支为子、丑、寅、卯、辰、巳、午、未、申、酉、戌、亥。大禹治水的行径顺序严格按照天干中的生克顺序，从东方甲乙木到南方丙丁火，再到中央戊己土，再到西方庚辛金，最后回到北方壬癸水。木生火、火生土、土生金、金生水。

在舜的时代，不仅十二州是十二地支的表现，巡狩的路线也按照十二地支的运行顺序设定，二月春天属木去东方，五月夏天属火去南方，八月秋天属金去西方，十一月冬天属水去北方。那么五行之一的土在哪里呢？在地支系统里，十二地支中，丑、辰、未、戌四支是属土的，被称为"四库土"，分别在十二地支构成的圆环的几个角上，即东北、东南、西南和西北。这才是商代"四土"的含义，而东方、南方、西方和北方则是四方。现有的几乎所有研究都把"四土"和"四方"混为一谈。

从这组概念的辨析，我们可以看出夏商统治结构的继承和发展。夏朝按照十天干的结构和顺序来治理天下的，十天干不仅是结构，而且是不同地区承担贡赋义务的循环顺序。所以，有扈氏不用五行历，夏启就要征伐它。因为不用五行历就是不承认夏的统治，不履行地方的义务。十天干对应的统治结构就是九州，把中间的戊己合一，十就变成了九。戊己就是夏朝的统治核心，是夏族的嫡系或者说王族。戊己在其后的历史中，演变为"吾"和"己"，这两个字之所以都表示"我"的意思，就是从这里来的。所以，夏代的"昆吾""余吾"，都是夏本族的标志。夏后人被封在"杞国"，杞即"己"。

禹在治水过程中，严于律己，以身作则，"其德不违，其仁可亲，其言可信；声为律，身为度，称以出，亹亹穆穆，为纲为纪"。大禹把治水与治理天下融为一体，自然洪水治理毕功之日就是天下大治之时。舜也自然就把帝位传给了禹。

三、禹征三苗

在上古时代，三苗部落是苗蛮集团中重要的一支。尧舜时期，三苗作乱。《史记·五帝本纪》载："三苗在江淮、荆州数为乱。"《尚书·大禹谟》载："帝曰：'咨，禹！惟时有苗弗率，汝徂征！'"舜帝派大禹征讨三苗。三苗部落的活动中心在长江与淮河之间以及荆州周围区域，包括今湖北、湖南、江西、安徽、江苏等地。

大禹所在的夏部族在治水过程中不断壮大。在考古学上反映为夏纪年开始前后，夏文化与周边文化产生碰撞和挤压。在二里头文化考古遗迹的南面，长江中游地区为石家河文化。石家河文化在夏纪年开始之后，迅速衰落，逐步南迁，成为后来的三苗文化。其后所对应的就是史书中记载的"禹征三苗"。

夏朝建立前后，由于中原夏文化蓬勃发展，周边前龙山时代遗留下来的史前文明受到了显著影响。在禹佐舜治理天下的时候，三苗不服，"苗顽不即功，帝其念哉"。于是，舜帝命令大禹去征讨三苗。《墨子·非攻下》载："昔者三苗大乱，天命殛之。"记载很详细。意思是，从前三苗部落犯上作乱，上天命令诛杀他们。原因是，其间太阳在晚上出来，连续下了三天血雨，龙在祖庙出现，狗在集市上哭叫，夏天的水结成了冰，土地大开裂，直到泉水涌出，五谷生长反常，百姓大为震惊。于是天帝高阳在玄宫给大禹授命，大禹亲自握着天赐的玉符去征讨有苗。这时雷电大震，有一位人面鸟身的天神，恭谨地手持玉符站在那里，用箭射死有苗的将领。苗军大乱，后来有苗就衰微了。大禹战胜三苗后，就划分山川，区分事物的上下之位，节制四方，于是神民和顺，天下安定。这就是大禹征讨有苗的故事。

大禹领兵出征之前，召开了誓师大会。《墨子·兼爱下》《尚书·大禹谟》都有记载。前者记载大禹在誓师大会上发布的誓词——《禹誓》："济济有众，咸听朕言。非惟小子，敢行称乱，蠢兹有苗，用天之罚。若予既率尔群对诸群，以征有苗。"后者记载的大禹在军队出发前发布的誓词，比《墨子》记载的誓词要详细一些："济济有众，咸听朕命！蠢兹有苗，昏迷不恭，侮慢自贤，反道败德。君子在野，小人在位。民弃不保，天降之咎。肆予以尔众士，奉辞伐罪。尔尚一乃心力，其克有勋。"意思是，众将士，都要听从我的命令，有苗蠢蠢欲动，无知而傲慢，欺侮别人而自以为贤明，违反正道，败坏德行，君子被弃之不用，小人却窃居权位。百姓鄙弃而不拥戴他们，上天便降祸给他们。因此，我尊奉上帝的命令率领你们，去讨伐那犯罪的有苗，希望你们同心同力，这样才能建立功勋。

大禹带领军队打了一个月，三苗仍然不顺从。于是，大禹听从助手益的建议，推行德政，还师而归，休整军队。帝舜大力推行文治德政。70天之后，有苗前来归顺。根据杨新改、韩建业的研究，禹征三苗的实质是以王湾三期为代表的中原龙山文化对相对较为落后的石家河文化的一种取代。石家河文化以湖北天门石河镇遗址为来源命名，分布范围大致在今天湖北省中部及长江中游地区。当中原尧舜禹文明不断发展壮大而三苗却停滞不前的时候，就发生了禹征三苗的事件。考古学成果告诉我们，夏纪年开始之际，石家河文化迅速衰落。

禹征三苗，为大禹创立统一夏朝打下了基础。到舜帝禅让帝位，大禹建立夏朝之后，龙山文化时代那种邦国林立、各自为政的局面，逐渐被大一统的夏王朝取代。

四、伯禹巡察

如前所述，巡狩制是尧舜时期重要的管理举措。大禹担任大臣时，就受委派代替舜帝去巡视。然而，大禹巡视地方，最初是从受命治水时开始的，但这时的巡视并不是代替舜帝去的，而是作为治水大臣去调查治水情况。《史记·夏本纪第二》记载："舜曰：'女其往视尔事矣。'"舜命禹平水土，并且授命禹巡察天下。于是，大禹到各地调查水情。

《淮南子·精神训》记载了大禹南巡的情形："禹南省，方济于江，黄龙负舟。"意思是，大禹到南方巡视，正在渡过长江的时候，一条黄龙把他的船驮了起来。《吴越春秋》也记载了大禹治水时南巡苍梧等地的情况：

> 禹济江，南省水理，黄龙负舟，舟中人怖骇，禹乃哑然而笑，曰："我受命于天，竭力以劳万民。生，性也；死，命也。尔何为者？"颜色不变。谓舟人曰："此天所以为我用龙曳尾。"舍舟而去，南到计于苍梧，而见缚人，禹拊其背而哭。

大禹渡过长江到南方察看水情，有一条黄龙给他拖船。船中的人都很害怕，禹就笑着说："我接受上天的命令，竭尽全力为万民而劳累。活着，是命该如此；死了，也是命该如此。你们怎么被吓成这个样子？"他面不改色，对船上人说："这是上天派神龙来用尾巴画地给我做先导的。"过江后，大禹弃船去南方，在苍梧实施周密的计划。可在路上遇见一个被捆着要被治罪的人，大禹便抚摸着那人的后背，哭了起来。这是成语"下车泣罪"的最早来源。苍梧，先秦时期为百越之地，今为湖南永州。北宋《册府元龟·宰辅部》也记载了类似故事："昔禹巡狩苍梧，见市杀人，下车而哭之曰：万方有罪，在予一人。"大禹巡狩到湖南永州苍梧山的时候，看到菜市场有杀人的事情发生，下车哭起来，说："天下臣民有罪行，都是我的过错啊。"从这段文字可以看出，大禹认为百姓的罪是自己德行不够宽厚所致。"下车泣罪"是古代帝王"罪己诏"的源头。这是德化圣君的典型证据。为君以德，百姓的过失同时也是君主的罪过。

但是，大禹治水 7 年也没有成功，很郁闷，愁然沉思，便去看《黄帝中经历》。书中有关于东南天柱宛委山顶有一部书的圣人记述。大禹就到东方巡视，登上会稽山，杀白马祭祀，斋戒三月，取得金简之书，读后明白了疏通水路的道理，再去巡视各地的河流。《吴越春秋》记载："于是周行宇内，东造绝迹，西延积石，南逾赤岸，北过寒谷。"这是大禹巡视地方的开始，是为治水而去的。

大禹作为大臣代帝舜有虞氏巡狩，是在治水结束后。今本《竹书纪年》记载，尧帝"九十七年司空巡十有二州"。《吴越春秋·越王无余外传第六》也有记载：（尧帝）"号禹曰伯禹，官曰司空，赐姓姒氏，领统州伯，以巡十二部"。实际上，大禹是受舜帝之命巡视的。因为这时期尧已经禅让帝位给舜，不理政事了。这次巡视与前面的不同，不光是调查研究，更是代替舜帝巡狩。于是，大禹在全国的影响力再次提高了。

关于"十有二州"，《尚书·尧典》载："肇十有二州，封十有二山。"《竹书纪年》载："八十七年，初建十有二州。"这是说，舜帝在尧帝八十七年时开始建十二州。《孔传》曰："禹治水之后，舜分冀州为幽州、并州，分青州为营州，始置十有二州。"就是说，舜帝将九州中的冀州和青州拆分而成三个州。陆氏《释文》曰："十有二州，谓冀、兖、青、徐、荆、扬、豫、梁、雍、并、幽、营也。时舜以冀、青地广，始分卫水西北为并州，燕以北为幽州，青州东北跨海为营州。故《竹书》谓'初建十有二州'也。"《世史类编》曰："尧甲子八十一载分十二州，封十二山，濬川，舜摄政九载也。"这表明，十二州是尧帝八十一年、舜帝摄政九年时拆分的。这是在大禹治水时别九州之后的事情。

从舜建十二州到禹巡十二州，这十年反映了舜对大禹信任不断加深的过程。《尚书·禹贡》记载："禹别九州，随山濬川，任土作贡。禹敷土，随山刊木，奠高山大川。"也就是说，大禹在治水时，将国家划分为九州，根据山势来疏浚河流，依据土地的肥瘠程度确定贡赋的额度。他划分九州的疆界，在经过的山上砍伐树木做成木桩，打上木桩，作为标志，并为大山大河命名，以便有序治理。这为大禹治水成功打下了基础。治水成功后，舜帝就授予大禹玄圭，表彰大禹的功绩，极大地扩大了大禹的影响力。可只过了一年，舜帝就将全国分为十二州，这是为什么呢？从一般层面上说，这自然是为了便于管理，但背后是不是对大禹还有些不放心，有意制衡或者考验大禹呢？这还有待研究。

然而，毋庸置疑的是，10年之后，即尧帝九十七年，舜帝派大禹代表自己巡狩十二州。这表明舜帝对大禹已经完全信任。如前所述，巡视制度是尧帝时确立的，是帝王调查国情、考察地方长官政绩和展示帝王权威的重要举措。能够代帝王巡狩的，都是帝王最信任的人，是接班人。尧帝九十七年，大禹还是一个大臣，本来没有巡狩资格。可是，舜依然命大禹巡狩十二州，显然是已经对他非常信任，是有意继续考验他、培养他。

第三节　大禹治国

大禹称帝后，建立了夏朝。这是我国第一个朝代，是中国历史由传说时期走向信史时代的关键节点。大禹在治理洪水、划定九州后，便采取一系列措施来建立国家。《吴越春秋·越王无余外传第六》载，大禹巡视会稽，会见诸侯，"乃大会计治国之道……因传国政，休养万民，国号曰夏"。夏朝约从公元前2070年开始，至公元前1600年结束，存在了400多年。大禹建立夏朝后，便着力构建国家基本形态，明确国家行政的基本方针，大力实施善政，开创了中国历史的新篇章。

一、确立国家的基本架构

大禹建立夏朝后，致力于确立国家的基本架构，改变部落联盟时代各部落之间松散的结构形态，将部落意识引导到统一的国家意识上来。为此，他采取了如下一系列重要举措。

第一，颁布历法。今本《竹书纪年》载："帝禹夏后氏元年壬子，帝即位居冀，颁夏时于邦国。"可以说，这是大禹称帝后做的第一件事。历法是中国古代天文学的核心，是明确季节更替、日月轮转、气候变化的知识体系。大禹治水成功后，通过观测天象，划分天空为九州七舍十六所，用来确定朝、昼、昏、夜。《太平御览》卷七引《孝经·钩命诀》载："禹时五星累累如贯珠，炳炳若联璧。"《论语·卫灵公》载：孔子主张"行夏之时，乘殷之辂，服周之冕"。"夏之时"就是夏代历法，应即《夏小正》的前身。《夏小正》载有夏代天文历法资料，这已成为学界共识。李学勤认为《夏小正》极有可能是夏代传下来的历法："从晚周到汉代，人们都认为《夏小正》确与夏代有关。学者认为《夏小正》是我国现存最早的，具有丰富物候知识的著作，是合乎实际的。"历法最初是因农业生产的需要而创制的，但它不仅用于指导农业生产，而且用于统一社会活动步骤，也便于统一社会行动，把握节奏，对于国家统一管理具有重要的意义。

第二，确定国都。国都是国家形象的重要标志，也是国家文明的重要标志。关于大禹的都城，先秦文献《世本·居篇》早有记载。因原书后来无法找到，《居篇》记载的大禹的都城，见诸不同的古籍："禹都咸阳，正当亳西也，及后乃徙安邑（《礼·缁衣》正义）。禹都阳城，在大梁之南（《汉书·地理志》臣瓒注。《太平御览》一百五十五引作'夏后居阳城，本在大梁之南'。《地理通释》引同）。"这里对大禹的都城提出了三种观点：咸阳、安邑、阳城。至今，还有阳翟说、平阳说、晋阳说和陶寺说等，存在争议。

阳城说。《孟子》和《史记》都认为是大禹逃避商均时的居住地。《孟子·万章上》载："昔者，舜荐禹于天，十有七年，舜崩，三年之丧毕，禹避舜之子于阳城，天下之民从之，若尧崩之后不从尧之子而从舜也。"《史记·夏本纪》："帝舜荐禹于天，为嗣。十七年而帝舜崩。三年丧毕，禹辞，辟舜之子商均于阳城。天下诸侯皆去商均而朝禹。禹于是遂即天子位，南面而朝天下，国号曰夏后，姓姒氏。"那么，禹的都城在哪里？阳城是"禹辟舜之子商均"的地方，这个"阳城"在哪里？阳城到底是禹避居在此的临时居所，还是禹的都城？

安邑说。除了《世本·居篇》所说之外，后来的文献记载还有两种。《水经注·涑水》载："安邑，禹都也。"《郡县志》载："安邑故城在陕州夏县东北十五里，禹所都也。"

阳翟说。该说法文献记载较多。班固的《汉书·地理志》第八上，在"颍川郡"条目的"阳翟"下注释："夏禹国。周末，韩景侯自新郑徙此。"应劭的《汉书音义》也说此地为："夏禹都也。"《元和郡县图志》卷五"河南府阳翟县"条载："阳翟县本夏禹所都，春秋时郑之栎邑，韩自宜阳移都于此。"但《史记集解》"周本纪"引徐广曰："夏居河南，初在阳城，后居阳翟。"而《史记正义》"夏本纪"引《帝王纪》曰："禹受封为夏伯，在豫州外方之南，今河南阳翟是也。"《水经注》"颍水"下亦云："颍水……经阳翟县故城北，夏禹始封于此为夏国。"这些文献都没有说阳翟是都城，只说是前期封地。

平阳说和晋阳说。《帝王世纪·第三》载："以金承土，都平阳，或都安邑。"这里提出了平阳说、安邑说；《史记正义》"封禅书"引《世本》："夏禹都阳城，避商均也。又都平阳。或在安邑，或在晋阳。"这里除了平阳说、安邑说之外，还提出了晋阳说。

显然，学界诸多说法并不统一。综合起来看，阳城是禹避舜子商均的临时居地，安邑是曾经定都之地，阳翟是禹受封立国的始居地，平阳是禹即位后的迁都地。在大禹研究领域，有不少学者根据文献中关于"禹都阳城"的记载，依托河南省的考古发掘成果，尤其是偃师二里头文化、登封王城岗文化，力图证明"禹都阳城"即河南省登封市的王城岗遗址。这一说法也受到了学术界的质疑。

如前所述，大禹治水的重要盟友、姻亲就是涂山氏，帮助治水的功臣和即帝位以后的重要治理能臣也是涂山氏。涂山氏不仅是大禹的姻亲，更是夏族重要的政治盟友，其所代表的文化是夏文化的重要组成部分。大禹死后葬于会稽是华夏民族形成和中华民族共同体意识形成的重要体现。大禹的部族源自黄河上游的马家窑文化，即所谓"禹兴于西羌"，前期东迁部族驻扎在晋南，即所谓"夏墟"，后期东迁的夏族驻扎在豫西煤山。禹娶涂山氏发生于良渚文化时期。良渚文化晚期，夏族与涂山氏北上，最终落脚中原，以豫西嵩县、登封和三涂山为中心。这一路途沿线与涂山有关的地名，或许为涂山氏迁徙的足迹。禹可能在豫西避居商均，即所谓"禹都阳城"，最终定都在陶寺。禹曾在蚌埠会诸侯，也在会稽山会诸侯，计功行赏。禹死后葬在会稽山。

关于禹都，我们可以这样说：阳城在今河南省登封市，是禹避舜子商均的临时居所，禹在此地受禅即位；平阳在今山西夏县，禹即位后曾一度定都于平阳。

阳城可以说是最重要的禹都。据考古发现，王城岗遗址即故阳城，具体位置在今河南省嵩山南麓登封市告成镇西北的五渡河西岸岗地上。关于小城与大城的关系，有人认为："王城岗小城有可能为'鲧作城'，而王城岗大城有可能即是'禹都阳城'。"

北魏郦道元的《水经注·涑水》记述大禹为慰藉涂山氏思恋故国，于是为其建筑高台以望乡："安邑，禹都也。禹娶涂山氏女，思恋本国，筑台以望之。"城池与高台，在大禹时代已经存在这样的建筑典范了。

当然，大禹到底定都在哪里，这还有待考古发掘和深入研究。但是不管怎样，大禹定都是一件意义非常重大的事情，是大禹进行国家建构的重要步骤。同时，这也拉开了中国城市文明的大幕。

第三，禹铸九鼎。大禹在建立统一政权以后，一个重要的治国举措就是铸造九鼎。铸鼎的历史非常久远，先后经历了从"神鼎"到"宝鼎"再到"九鼎"的发展流变。《史记·孝武本纪》云："闻昔大帝兴神鼎一，一者一统，天地万物所系终也。黄帝作宝鼎三，象天地人也。禹收九牧之金，铸九鼎，皆尝鬺烹上帝鬼神。遭圣则兴，迁于夏商。"《汉书·郊祀志》："禹收九牧之金，铸九鼎，象九州。"可见，大禹是为九州而铸鼎。九鼎象征着九州，作为青铜礼器的最高典范，既是国家统一的象征，也意味着早期国家的产生。

把夏朝纪年定为青铜时代开始的时间，已经被考古学界所接受。无论是陶寺文化中期，还是二里头文化，都有青铜器出土。属于二里头文化时期的青铜器一共发现200余件，显示出夏代已经脱离石器时代并进入了青铜时代。这也是早期国家形成的标志。禹铸九鼎，则是青铜时代的开端。二里头遗址的铜器种类包括容器、兵器、工具和礼器。容器有爵、角、盉、鼎、斝、鬲等，其中以爵最多。兵器有钺、戈、镞、战斧等，以镞最多。工具有刀、锥、凿、锛、锯、钻、纺轮、鱼钩等，多是用来铸造的工具，而非农业生产的工具。礼器有绿松石镶嵌的铜牌、圆形器、铜铃等。绿松石铜牌制作技术水平很高，预示着在二里头文化以前，夏代就已经有了很成熟的青铜器铸造技术。这与禹铸九鼎的记载是吻合的。

大禹铸九鼎，一是出于统一国家的重要目的。《山海经新校正·序》云："按其（九鼎）文，有国名，有山川，有神灵奇怪之所际，是鼎所图也。"也就是说，九鼎上的图记录了中国的山川九州，可以说是最早的青铜质地的中国地图。九鼎图是当时华夏大地地理和物产的简略图，是基于实际勘测的天下图。二是大禹的爱民之举。《左传·宣公三年》云："昔夏之方有德也，远方图物，贡金九牧，铸鼎象物，百物而为之备，使民知神、奸。故民入川泽、山林、不逢不若，螭魅罔两，莫能逢之。用能协于上下，以承天休。"大禹铸鼎，鼎上雕铸各种奇禽异兽和神仙妖魔的图案，以期引导百姓辨认奸邪，预防灾殃，可见其爱民之深。

关于禹铸九鼎，不少文献都有记载。《越绝书·越绝外传记宝剑第十三》载，楚王曾经与风胡子论剑，风胡子说："禹穴之时，以铜为兵。"这为大禹时期以铜铸造兵器提供了佐证。而新的考古成果证明，中国青铜器的起源至少可上溯到公元前3000年左右。所以，可以称得上信史的《左传·宣公三年》和《史记·楚世家》关于"禹铸九鼎"的记载应该是可信的。那么，大禹是在哪里铸九鼎的呢？相传是在荆山。《帝王世纪·第三》载："禹铸鼎于荆山，在冯翊怀德之南，今其下有荆区也。"《水经注》载："《地理志》曰：'《禹贡》北条荆山在南，山下有荆渠。即夏后铸九鼎处也。'"那么荆山在哪里呢？古籍中记载的荆山大致有北条荆山、商洛地区的荆山、内乡和邓州间的荆山以及南条荆山等四座。实际上，中国有五座荆山：一是湖北省南漳县西部的荆山；二是陕西省阎良区、三原县、富平县交界处的荆山；三是河南省灵宝市阌乡县南的荆山；四是安徽省怀远县西南的荆山；五是甘肃省灵台县的荆山。最出名的是湖北省的荆山。有人认为大禹铸鼎之荆山是今陕西省富平县西南、岐山以东的荆山。

第四，建造世室。大禹建立夏朝后，立即兴建国家议事、祭祀、观天象之场所，叫"世室"。这是国家机器运转必备的设施。上古时期，氏族联盟首长都有观天、议事、祭祀的场所：黄帝时代的合宫，颛顼时代的玄宫，尧舜时代的总章。大禹兴建世室有文献记载，《戴东原集》卷二《明堂考》说："王者而后有明堂，其制盖起于古远。夏曰世室，殷曰重屋，周曰明堂，三代相因，异名同实。"大禹建造的世室的规模和建制，据《考工记·匠人》载："夏后氏世室，堂修二七，广四修一。五室，三四步，四三尺。九阶。四旁两夹窗。白盛。门堂三之二，室三之一。"意思是，夏后氏的世室，堂前后深七步，宽是深的四倍。整个大堂分五个大室，每室四步见方，每边都有三个四步见方；每边都有四道墙，每道墙厚三尺。世室四面有九层台阶。四面有门，每个门两旁有两窗相夹。用白灰刷墙。门堂的面积是正堂的三分之二，堂后的室是正堂的三分之一。大禹所建的世室，上承黄帝的合宫、颛顼的玄宫、尧舜的总章，下启商代的重屋和周代的明堂，在政治、祭祀、礼仪和文教方面具有重要意义。

第五，设置职官。大禹称帝后，应承舜制，建立了一套职官制度。职官制源远流长，黄帝时以云为官，炎帝时以火为官，太昊时以龙为官。尧舜时期，官员类别增多。《史记·五帝本纪》载："皋陶为大理，平，民各伏得其实；伯夷主礼，上下咸让；垂主工师，百工致功；益主虞，山泽辟；弃主稷，百谷时茂；契主司徒，百姓亲和；龙主宾客，远人至。"到大禹时期，职官数量更多。《尚书·周官》云："唐虞稽古，建官惟百。内有百揆、四岳，外有州牧、侯伯。庶政惟和，万国咸宁。夏商官倍，亦克用乂。"

夏朝，君主称"后"。大禹是夏朝第一代"后"。中央设有类似百揆的摄政，皋陶、伯夷曾先后被"授政""任之政"。除摄政外，还设有"六卿三正"。《通典·职官》云："夏后之制，亦置六卿。其官名次，犹承虞制。"六卿，一说为"六事之人"，即六军之主将；一说是主管"水、火、金、木、土、谷"六个机构的官员，"地平天成，六府三事允治，万世永赖，时乃功"。至于周代，六卿已成定例，即《汉书·百官公卿表上》载6种官职："天官冢宰，地官司徒，春官宗伯，夏官司马，秋官司寇，冬官司空，是为六卿，各有徒属职分，用于百事。"另外，夏初，"正"是官吏的通称，有车正掌管车服，庖正掌管膳食，牧正掌管畜牧，都是直接为王室服务的官吏。大禹设置的职官层级较多。《礼记》云："夏后氏官百，天子有三公、九卿、二十七大夫、八十一元士。"夏代除中央官职外，还有一些地方官职，如葛、韦、顾、昆吾等部族的首领"伯"，统掌一州的地方官员"牧"以及"师"等。大禹建立职官制，而且官员明显增多，实际上是要强化国家管理，维护国家的统一稳定。

大禹设置职官，有明确的职位要求，完善了考核制度。对官员的考核，尧舜禹时代已制定了相当规范的标准。《尚书大传》云："《书》曰：'三载考绩，三考黜陟幽明。'其训曰，三岁而小考者，正职而行事也。九岁而大考者，黜无职而赏有功也。"这说明每三年考核一次为"小考"，九年任职期满为"大考"。《史记·夏本纪》："或言禹会诸侯江南，计功而崩，因葬焉，命曰会稽。会稽者，会计也。"《吴越春秋·越王无余外传第六》记载了大禹"三载考功"的官员考核制度。《尚书·立政》："古之人迪惟有夏，乃有室大竞，吁俊尊上帝迪，知忱恂于九德之行。乃敢告教厥后曰：'拜手稽首后矣！'曰：'宅乃事，宅乃牧，宅乃准，兹惟后矣。谋面，用丕训德，则乃宅人，兹乃三宅无义民。'"意思是夏代用"三宅"之法考核官吏，君王要求卿大夫要长久地尊重上帝的教导，知道诚实地相信九德的准则，要求他们各司其职，凡管理政务的能认真地管理臣民，使之安居乐业；负责司法的能做到执法公平合理，而不是以貌取人或根据个人的喜好用人。

二、抓实养民的善政工程

养民是大禹治国的根本宗旨，是实施善政的落脚点。如何做到养民呢？就是确保人民的生活资料，减轻日常负担。为此，大禹加强生产管理，大力推行养民工程。最主要的是三个方面。

1. 九功惟叙，九叙惟歌。这是大禹与舜帝、益讨论治国方略时提出的。所谓九功，就是"六府三事"，即六类生活资料和三方面的事情必须做好。《尚书·大禹谟》载："德惟善政，政在养民。水、火、金、木、土、谷，惟修；正德、利用、厚生，惟和。九功惟叙，九叙惟歌。"意即帝德应当使政治美好，政治在于养民。六种生活资料，水、火、金、木、土、谷，应当治理，正德、利用、厚生三件利民的事应当配合。这九件事应当理顺，九事理顺了应当歌颂。舜深以为然，说："俞！地平天成，六府三事允治，万世永赖，时乃功。"意即只有地平天成，大地平静不发生灾难，上天成全不给予警示，六个民生部门的工作和三个方面的社会事业都能切实有效地治理到位，并成为万世永赖、长治久安的扎实基础，这才是真正的功绩。大禹称帝后，就以九功作为治国养民的系统工程，全面实施"九功惟叙"的行政总纲，设置六卿，分管水、火、金、木、土、谷这六个部门，切实搞好六种生活资料，牢牢把握"正德""利用""厚生"的基本内含，认真做好各项工作，匡正社会价值观念和利益关系，不断提高人民生活水平。

2. 尽力沟洫，搞好生产。农业是夏朝的国家命脉，不抓好农业生产，百姓的生活就得不到改善。《吴越春秋》载，禹曰："吾闻，一男不耕种，有受其饥；一女不桑，有受其饥寒。吾为帝统治水土，调民安居，使得其所。"显然，他将农业生产放在最重要的位置。然而，历史经验告诉他，要发展好农业，必须搞好水利建设。因此，大禹称帝后，十分重视农田水利建设。孔子在《论语·子罕·第九》盛赞他，"卑宫室尽力乎沟洫"，使华夏民族由原始农业阶段进入了沟洫灌溉农业阶段。良渚文化的水利建设，充分显示了上古时期水利建设的成就与水平，也许就与大禹有一定联系。同时，大禹还设置了负责农业生产的官员谷正。正是因为大禹重视农业生产，致力于改善民生，才出现了"中国可得而食也"及"男女耕织，不夺其时，故公家有三十年之积，私家有九年之储"的局面。再者，大禹还常常参加生产劳动。《御批通鉴辑览》载：大禹"见耕者五耦而试。过十室之邑必下，为有秉德之士存焉"。意即大禹出行时，如看到耕田的人手不够，就会下车给农夫当帮手，并询问他们收成好坏、赋税轻重、徭役多少等。正是这样，大禹创造了前所未有的社会繁荣景象。

3. 确定赋税，分级实施。大禹在划定九州的基础上，根据各州的土壤性质、田地等级、物产分布情况，从实际出发，确定贡赋等级与贡物类别。因此，各州的赋税互不相同。这在《禹贡》中有明确的记载：

一是根据土壤性质和田地等级确定贡赋等级。冀州的土质是柔软的白壤，贡赋为一等赋税，间杂二等赋税，田地等级属第五等；兖州的土质是肥沃的黑土，田地等级属第六等，贡赋为九等赋税，耕作了13年后才能和其他州的赋税相同；青州的土质是白土，沿海广大地区是盐碱地，田地等级属第三等，贡赋为四等赋税；徐州的土质是棕色的黏土，田地等级属第二等，贡赋为五等赋税；扬州的土质是潮湿的泥地，田地等级属第九等，贡赋为七等赋税，间杂六等赋税；荆州的土质是潮湿的泥地，田地等级属第八等，贡赋为三等赋税；豫州的土质是石灰性冲积黄土，土的下层是黑色硬土，田地等级属第四等，贡赋为二等赋税，间杂一等赋税；梁州的土质是黑色的沃土，田地等级属第七等，贡赋为八等赋税，间杂七等与九等赋税；雍州的土质是黄色泥土，田地等级属第一等，贡赋为六等赋税。

二是根据物产情况和地理条件确定贡物类别和进贡路线。冀州依靠东方沿海的夷人进贡皮服，进贡路线是从碣石附近沿海逆河而来。兖州的贡物是漆和丝，还有装在竹筐里染成各种花纹的丝织品，进贡路线是从济水和漯水乘船到达黄河。青州的贡物是盐、细葛布，还有种类繁多的海产品，以及泰山山谷地区的丝、麻、锡、松和奇特的石头，进贡路线是乘船从汶水直入济水。徐州的贡物是五色土、羽山山谷地区的长尾野鸡、峄山以南的特产桐木、泗水河畔的制磬石料以及淮夷地区的蚌珠和鱼，还有用竹筐装着的黑色细绸、白色绢，进贡路线是乘船从淮水经泗水到达黄河。扬州的贡物是黄铜、青铜、红铜、美玉、美石、小竹、大竹、象牙、兽皮、鸟羽以及木材，沿海夷人穿草编的衣帽鞋子，用竹筐装着锦丝织品，把橘子、柚子包起来，待命而贡，进贡路线是乘船从长江、黄海直达淮河、泗水。荆州的贡物是鸟羽、牦牛尾、象牙、犀牛皮，黄铜、青铜、红铜，椿树、柘木、桧树、柏树，磨刀石、制箭镞的砮石、朱砂，还有竹笋、美竹、楛树。州内各国进贡自己的特产，用匣子包好菁茅，用竹筐装上黑色、黄红色的丝绸带子和珍珠，九江一带还待命贡献祭祀用的神龟，进贡路线是先从长江支流沱江，进入汉水支流潜江，到达汉水，然后登岸由陆路到洛水，最后进入黄河。豫州的贡物为漆、大麻、细葛布、纻麻，用竹筐装着的细锦，还有待命进贡的石磬和治玉石，进贡路线是从洛水到达黄河。梁州的贡物为美玉、铁、银、钢铁、石箭镞、磬，以及熊、马熊、狐、狸四种兽皮，进贡路线是顺着桓水前来，经潜水进入沔水，然后舍舟登陆，陆行至渭水，由渭水横渡入黄河；雍州的贡物为美玉、美石和珠宝，进贡路线是从黄河积石山附近到达龙门一带，与从渭水而来的船只相会。同时，规定了昆仑、析支、渠搜等西戎国家要按照规定进贡皮制衣料。

大禹制定的朝贡与纳税制度，是大一统国家形成和发展的重要基石，对后世产生了深远的影响。后代贡赋征收基本上沿用了大禹的这种思路与设计，只是具体制度有所不同。时至今日，不同区域，赋税也不一样。

三、强化治国理政的行政监管

大禹治国强化行政监管，稳定社会秩序，确保天人和谐，巩固了夏王朝的政权，保障了人民的生活。他主要采取了三项举措：

1. 严明法度。大禹治国对百姓宽厚仁爱，但对官员严格要求。他严明法度，赏罚分明，这主要是对官员而言的。早在治水时，大禹就制定了严明的纪律，严惩不听号令的部属。河南登封流传着大禹治水时增修刑律、焦山斩甥、将功折罪的一系列故事，河南桐柏也流传大禹的外甥庚辰，因捉住淮河水妖无支祁而居功自傲不服调令，最后被大禹处斩的故事。大禹即位后，赏罚分明，法度严明，史称"夏有乱政，而作禹刑"，"夏禹始作肉刑，则天象而慎其过"。据此可知，大禹制定了非常严厉的刑法来维护国家统治。他不仅奖励有功者，而且对违法乱纪者毫不姑息，严惩不贷。《吴越春秋·越王无余外传第六》载，大禹对官员"封有功，爵有德，恶无细而不诛，功无微而不赏"。这突出表现在斩杀防风氏上。防风氏是大禹时期的部落首领。大禹在会稽山会盟诸侯，防风氏故意迟到，大禹便下令杀掉防风氏。《国语·鲁语下》云："昔禹致群神于会稽之山，防风氏后至，禹杀而戮之。"《吴越春秋·越王无余外传第六》记载，大禹"归还大越，登茅山，以朝四方君臣，观示中州诸侯，防风后至，斩以示众，示天下悉属禹也"。《路史》卷二十二亦载："防风氏后至，戮之以徇于诸侯，伐屈骜，攻曹魏，而万国定。"大禹王杀防风氏，执行的是严明的法度，杀一儆百，警告诸侯，巩固夏王朝的统治地位。显然，这不是要削弱扬州各部族的势力，而是要严明治国之纲纪，树立中央的权威，为国家统一、善政养民做保障。

2. 重视祭祀。大禹非常重视祭祀，将祭祀活动当成祈求天地神灵保护人民，护佑国家的重要举措。《论语·泰伯》载，孔子说大禹"菲衣食而致孝乎鬼神，恶衣服而致美乎黻冕"。意思是，大禹自己吃得很简单，却用精美的祭品供奉鬼神祖先，自己穿得很粗糙，却将祭服祭礼制作得庄严精致。可见，大禹对于祭祀的重视。舜帝时期，大禹担任"司空"，除主管水土之事外，也主管祭祀。大禹很相信神灵。《尚书·大禹谟》记载，舜帝要提拔他时，他一再推让，最后舜帝都要生气了，大禹就提出用占卜的方式决定，在功臣中选定吉利的人选。舜帝说已经占卜了，是吉利的，大禹才接受。大禹还常常自己做巫师，参加祭祀舞蹈的表演。"禹步"是大禹举行祭祀仪式的证明。汉代的《洞神八帝元变经·禹步致灵十四》中说："禹步者，盖是夏禹所为术，召役神灵之行步，以为万术之根源，玄机之要旨。"意思是说，禹步是用来招引鬼神的技术。"巫文化，是起源于远古，鼎盛于殷周时期的一种特殊文化，其特征表现为在求神祭祀的社会活动中形成的意识形态和庄严隆重的礼仪制度及以巫为首的专门组织机构。""巫是人与神之间的中介。占卜，可以看做是一次人与神之间的思想和情感交流，巫在其中起着沟通人（占卜者）和神（指示者）的桥梁作用。……巫所表达的就是神的意志。"在大禹时代，巫师是最高智慧的代表，也是最高舞技的代表。大禹重视祭祀，目的是祈求天地和顺，国家太平，百姓安康。

3. 五音听治。这是大禹治国理政的一个重要措施，既是他施政、不断省察得失的一个措施，也是他亲民、爱民的一种方法。大禹在庭堂上悬置鼓、钟、铎、磬、鼗等五种乐器，通过聆听五种乐器的声音处理政事，史称"五音听治"，亦称"五音听政"。《淮南子·氾论训》载："禹之时，以五音听治，悬钟鼓磬铎，置鼗，以待四方之士。"大禹希望能教给他大道的人击鼓，能告诉他正义的人击钟，能告诉他人事的人振铎，能给他诉说忧愁的人击磬，而有狱讼的人摇鼗、显然这既是他自省的方式，也是倾听民众疾苦的措施。《吕氏春秋·谨听》载："昔者禹一沐而三捉发，一食而三起，以礼有道之士，通乎己之不足也。"《淮南子·氾论训》也记载了大禹五音听治时的勤政事迹："当此之时，一馈而十起，一沐而三捉发，以劳天下之民。"这都是说大禹听到五音响起，就立即停下一切，接见并倾听来访的民众。由此可见，大禹五音听政的良苦用心，就是要广开言路，使老百姓的意见建议得到高效及时的处理。同时，五音听治也是反省自己得失，监督属下的一个好方法。

综上所述，大禹为中华民族的形成、发展和壮大建立了不朽的历史功勋。他不仅治理了肆虐中华大地的洪水，让百姓过上了平安的生活，而且建立了第一个奴隶制国家夏朝，使中华民族从原始洪荒时代走向了国家文明时代，推动了中华民族的第一次重要转型，开创了中华民族第一个繁荣昌盛的文明时代。

第二章

大禹处世与思想精神

大禹不仅是中国历史上第一位治水成功的英雄，而且是缔造了中国历史上第一个世袭制王朝夏朝，功绩盖世，彪炳千秋，继往开来的人文始祖。"大禹之事功，为物质上统一之基础；大禹之德行，为中国精神统一之基础。"大禹的成功，不仅是时势造英雄的结果，更与大禹的为人处世方式和思想精神有密切联系。大禹为人处世的守则和拯救国家苦难、敬民爱民养民的治国思想，不仅是中华民族优秀传统文化的重要内涵，也是中华五千多年文明史中最具生命力、影响最深远的思想精神之一，是中华民族宝贵的精神财富。其"三过家门而不入"的公而忘私精神，堪为无私奉献精神的典范，深刻影响着后世的道德风范、价值取向和精神风貌，是我们踔厉前行，建设社会主义强国的力量源泉。

第一节　大禹的人生守则

大禹作为一代圣贤帝王，一生恪守自己的人生守则，拥有美好的品格，譬如勤勉务实、谦虚谨慎、忠孝大义、简朴自律等，拥有崇高的人格魅力，因此备受后世推崇。

一、勤勉务实

大禹的人生准则之一就是勤勉务实，这是他为人处世的一条重要原则。这条原则贯穿了大禹的一生，显示了大禹高贵的品德，也成就了他治水和统一王权国家的伟业。

大禹的勤勉务实，在他的治水历程中体现得最为突出。大禹受命治水，就立即工作起来。他首先做好调查研究，制定针对性强的方案。《尚书·夏书·益稷》载，大禹说："予乘四载，随山刊木。"意思是他乘坐四种交通工具到各地治水，每到勘察的山上，就砍伐树木插上木桩做成标志，以迅速推进治水工作。大禹治水非常重视调查研究，分清情况，选择不同方法，对症下药。《淮南子·地形训》载："禹乃使太章步自东极，至于西极，二亿三万三千五百七十五步；使竖亥步自北极，至于南极，二亿三万三千五百七十五步。凡洪水渊薮，自三百仞以上，二亿三万三千五百五十里有九渊。禹乃以息土填洪水，以为名山。"意思是，大禹治水时，安排大臣太章步量大地，从东极走到西极，测得长度共是二亿三万三千五百里七十五步；又叫大臣竖亥从北极走到南极，测得长度也是二亿三万三千五百里七十五步，并测得大的深潭、湖泽，三百仞以上深的，共有二亿三万三千五百五十九个。大禹便拿息壤去填塞这些深潭、湖泽，息壤生长不已，成为四方的名山。这种对症下药、灵活运用治水方法的做法，充分显示了大禹治水的用心和手段。大禹治水身先士卒，十分勤勉。《尸子》卷下载："禹于是疏河决江，十年不窥其家，手不爪，胫不生毛，生偏枯之病，步不相过，人曰禹步。"大禹治水走遍了东南西北各个地方。《吕氏春秋·求人》载："禹东至榑木之地，日出九津，青羌之野，攒树之所，鹔堀天之山，

禹祠（金伟国摄）

鸟谷、青丘之乡，黑齿之国；南至交趾、孙朴、续横之国，丹粟漆树沸水漂漂九阳之山，羽人、裸民之处，不死之乡；西至三危之国，巫山之下，饮露吸气之民，积金之山，其肱、一臂、三面之乡；北至人正之国，夏海之穷，衡山之上，犬戎之国，夸父之野，禺强之所，积水、积石之山。不有懈堕，忧其黔首，颜色黎黑，窍藏不通，步不相过，以求贤人，欲尽地利，至劳也。"显然，这都表明了大禹治水时丝毫不敢懈怠，不畏艰辛、不辞辛劳。

大禹治水的足迹遍及冀州、兖州、青州、徐州、扬州、荆州、豫州、梁州、雍州等九州，治理了十三条水系，其中汶水、泗水、沂水、淮水和黄河下游的两条支流等六条水道被导入海，其他各水或南入于长江，或北入于黄河，或西入于流沙和青海。从以上可以看出，大禹治水的足迹涉及今天的甘肃、青海、宁夏、陕西、山西、河南、山东、四川、重庆、江苏、江西、浙江、安徽、湖北、湖南、云南等地。据文献记载，大禹治水先后到过宛委山、禹山、平水镇、剡溪、禹溪村、余粮山、余粮岭、夏履镇、夏履桥、禹降村、金帛山、夏盖山、禹峰等许多地方，浙江成为国内禹迹最多的省。可见，大禹为了治理洪水，走遍了黄河两岸、大江南北的山山水水，历尽艰辛。没有拯救天下苍生的胸怀，没有勤勉务实的品质，谁会去受这种累，吃这种苦！

勤勉务实，成为大禹的一种品德。《尚书·皋陶谟》载，大禹对舜帝说："予思日孜孜。"意思是说，我只想每天努力不懈地工作。因此，大禹不仅受到老百姓的崇敬，还得到部落联盟首领舜帝的高度肯定与赞扬。舜夸赞大禹"克勤于邦，克俭于家"。后世的人们对大禹的这种品质给予了很高的评价，比如先秦诸子。《孟子·离娄下》载："禹、稷当平世，三过其门而不入，孔子贤之。"

孔子对大禹为治水三过家门而不入的勤勉品德大加称赞。《韩非子·五蠹》载："禹之王天下也，身执耒锸，以为民先，股无胈，胫不生毛，虽臣虏之劳，不苦于此矣。"意思是，禹统治天下之时，亲自拿农具作活，率领民众，累得大腿上、脚胫上皆不长毛，即使奴隶的劳动都不会比这更苦了。这是对大禹勤勉品德的由衷赞美。

大禹勤勉务实，显示了优秀品质和人格魅力，成为自古以来世人学习的榜样。

二、谦虚谨慎

综观大禹的一生，他与人相处显得十分谦虚和谨慎。大禹处事，一生谦虚谨慎，这是他人格魅力的重要方面，使他赢得了别人的尊重，拥有更加广阔的空间。

据《尚书·舜典》载，舜帝要选择一个总领一切政事的辅臣时，由于大禹治水成功，功勋显著，四方诸侯都推荐大禹，舜帝也希望大禹担任。可是"禹拜稽首，让于稷、契暨皋陶"。大禹不居功自傲，谦虚地跪拜叩头致谢，要将这个职位让给稷、契和皋陶。

与人相处，大禹总是很谦虚地向他人学习。在《尚书·皋陶谟》中，记述了皋陶和禹讨论国家大计的情形。当时皋陶充分论述，大禹像一个学生一样谦恭地听讲并发问。皋陶说："诚实地履行那些德行，就能英明决策，群臣同心协力。"禹问："是啊！怎样履行呢？"皋陶说："啊！要谨慎其身，坚持不懈提高自身的修养。要使近亲宽厚顺从，使贤人勉力辅佐，由近及远，完全在于从这里做起。"禹听了这番精当的言论，拜谢说："对呀！"皋陶说："啊！除了自身的修养之外，还要理解臣下，安定民心。"禹说："唉！都像这样，连尧帝都会认为困难了。"

在《尚书·大禹谟》中还记载，舜帝要将帝位传给大禹时，大禹谦虚退让，并推荐皋陶："帝曰：'格汝禹！朕宅帝位三十有三载，耄期倦于勤。汝惟不怠，总朕师。'禹曰：'朕德罔克，民不依。皋陶迈种德，德乃降，黎民怀之。帝念哉！念兹在兹，释兹在兹，名言兹在兹，允出兹在兹。惟帝念功！'"这是大禹与舜帝的一段对话，舜帝说："您来呀，禹！我居帝位，三十三年了，年岁老耄被勤劳的事务所苦。您当努力不怠，统率我的民众。"禹说："我的德行不能胜任，人民不会依归啊！皋陶勤勉，树立德政，德惠能下施于民，民众怀念他。帝当思念他呀！念德的在于皋陶，悦德的在于皋陶，宣扬德的在于皋陶，诚心推行德的也在于皋陶。帝要深念他的功绩呀！"从中可以看出大禹谦虚、谦让的高尚品德。

当时的舜帝对大禹有很高的评价，《尚书·大禹谟》载："禹！降水儆予，成允成功，惟汝贤；克勤于邦，克俭于家，不自满假，惟汝贤。汝惟不矜，天下莫与汝争能；汝惟不伐，天下莫与汝争功。予懋乃德，嘉乃丕绩。"意思是大禹成治水之功，行声教之言，成就最大，勤劳于国，尽力沟洫，节俭于家，卑宫菲食，谦恭而不自满，可谓贤才之最。大禹备受赞美而不骄，天下无人敢与之争能；不尚征伐而战绩斐然，天下无人能与之争功。

三、忠孝大义

忠孝大义是中国传统文化中的核心价值观，是大禹处世的道德准则。大禹忠于国家，忠于君王，孝敬父母和长辈，关心家庭，尊重正义，忠诚、勠力履行自己的社会责任。

大禹是忠于国家、忠于君王的典范。大禹的父亲鲧因治水失败，被舜帝治罪。一种说法是被舜流放到羽山，另一种说法是舜帝将他杀死在羽山。但是，大禹没有因此而感到不满，反而心平气和地接受了治水任务，并且为此呕心沥血，完成了治水大业，履行了自己肩负的社会责任。不仅如此，大禹还十分感念尧帝和舜帝对百姓的恩德和对自己的信任，将尧帝和舜帝当作父亲一般敬重。"尧崩，禹服三年之丧，如丧考妣，昼哭夜泣，气不属声。""舜崩，禅位命禹。禹服三年，形体枯槁，面目黎黑，让位商均，退处阳山之南，阴阿之北……禹三年服毕，哀民，不得已，即天子之位。"从"如丧考妣"的"昼哭夜泣，气不属声"的悲痛，以致"形体枯槁，面目黎黑"，可以看出大禹对尧帝和舜帝的感情之深厚，也可以看出他对尧、舜的忠诚。

大禹的孝是大孝，我们很少能从史料中看到大禹孝敬父母和关心家庭的记载，反而看到的是他"三过家门而不入"的记载和传说。忠孝不能两全，在大禹身上确实如此。大禹一家两代都把主要精力放在治水事业上。史传鲧治水9年，最后以失败而告终，舜帝命令大禹接替其父治理洪水。大禹母亲担心丧夫后再失子，就竭力劝阻。大禹与母亲促膝长谈三天三夜，说服了母亲，毅然奉命治水。试想，他那时该多么悲伤，心境多么复杂，精神压力又是多么巨大！然而他毫不计较个人私怨和安危，丢下母亲，挺身而出接受舜帝命令，担起治水重任，拯救处于水深火热之中的天下百姓。这一行为本身就是忠君、爱民的突出表现，是大孝，也是大义。

大禹不以私情家事损害他的忠义和大孝。《吴越春秋·越王无余外传第六》载，大禹受命治水，30岁尚未婚配，担心婚配太晚，失掉"古礼男子三十而娶"的制度，就祷告说："如果我将结婚，一定会有先兆吧。"于是一只九条尾巴的白狐狸来到禹的面前。大禹说："白色是我的服色，九条尾巴是我为王的征象。涂山地方的民歌说：'舒徐自得的白狐狸呀，九条尾巴充实而强壮。我家有婚姻喜庆的好事呵，你来做上宾就会成为君王。你要娶妻成家呵，我嫁到谁家，谁家就会兴旺昌盛。在这天意和人心互相感应的时刻啊，可要抓紧行动切莫彷徨！'这不就很明白了吗！"于是，大禹便娶了一个叫女娇的涂山氏姑娘。可是，大禹娶亲4天后就走了。10个月后，女娇生下了儿子启。启出生后看不见父亲，白天黑夜呱呱哭叫。大禹一生，始终不以私害公，而是以大义为重。他丧父时不曾抱怨，勇往直前；他治水跋山涉水，排除万难，不敢停留；他治国殚精竭虑，呕心沥血，善政养民。这既是忠君，忠于君王安排的职守和大任；又是大孝大义，是为了天下的父母和民众。

四、简朴自律

大禹一生生活俭朴，严于律己，廉洁奉公。《论语·泰伯》中孔子颂扬大禹说："禹，吾无间然矣。菲饮食而致孝乎鬼神，恶衣服而致美乎黼冕，卑宫室而尽力乎沟洫。禹，吾无间然矣。"意思是大禹这个人，我对他没有什么可指责的了，吃的东西很简单，却把祭祀祖先的贡品做得很丰盛；穿的衣服很朴素，却把祭祀时的礼服做得很豪华；住的房子很低矮，但一心扑在疏通河道、治理洪水上，禹，我对他没有什么可指责的啦。这里，"菲饮食""恶衣服""卑宫室"就是指大禹对吃、穿、住都不讲究，在基本的物质生活方面没有过高的要求，基本满足就可以，可见大禹的简朴品德。

大禹的简朴节俭还体现在薄葬方面，这件事发生在今浙江绍兴。据《吴越春秋·越王无余外传第六》记载，大禹登天子位成为部落联盟首领后第十年，向东巡视来到绍兴，登茅山，朝见群臣。四方诸侯齐齐来会，"执玉帛者万国"。在朝群臣、会诸侯之后不久，大禹身心疲惫，一病不起，自感不久于世，于是立下遗嘱要薄葬。他说："吾百世之后，葬我会稽之山。苇椁桐棺，穿圹七尺，下无及泉，坟高三尺，土阶三等。葬之后，曰无改亩，以为居之者乐，为之者苦。"大禹命令群臣说：等我去世之后，把我葬在会稽山，用芦苇做外棺，桐木做内棺，墓穴挖七尺深，不要挖到地下水，坟的高度为三尺，泥土的台阶为三级。埋葬以后，墓周围可耕之田地不要更改田埂，不要为了死者安乐，而使耕种田地的生者劳苦。典籍中不乏这样的记载。如《淮南子·齐俗训》载："禹葬会稽之山，农不易其亩。"《越绝书·越绝外传记地传第十》载："禹知时晏岁暮，年加申酉，求书其下，祠白马禹井，井者，法也。以为禹葬以法度，不烦人众。"《吕氏春秋·孟冬纪第十·安死》曰："禹葬会稽，不变人徒。"《墨子·节葬》载："禹东教乎九夷，道死，葬会稽山。衣衾三领，桐棺三寸，葛以缄之，绞之不合，通之不埳。土地之深，下毋及泉，上毋通臭。既葬收余壤其上，垄若参耕之亩，则止矣。"描写了大禹逝世后的丧葬场景，给我们构建了一位"节葬"的君王形象。大禹要求薄葬，不损坏耕地和地下水，不浪费人力物力，简朴自律，至死都体谅百姓、替百姓着想。《淮南子·要略》载："死陵者，葬于陵；死泽者，葬于泽。故节财薄葬简服生焉。"这种简朴自律的美德，是大禹时期产生的，也是大禹身上最耀眼的光环，被后世极力推崇，为后世治世者和一般民众作为楷模学习。

大禹身为人君，带头遵守纲纪，严于律己，克勤克俭，廉洁奉公。《史记·夏本纪》记载："禹为人敏而克勤，其德不违，其仁可亲，其言可信；声为律，身为度，称以出；亹亹穆穆，为纪为纲。"这是司马迁对大禹的高度评价，意思是大禹为人聪敏机智，能吃苦耐劳，遵守道德，严于律己，仁爱可亲，言语可信。他的声音就是标准的音律，他的动作举止就是标准的尺度，规范和准则都可以从他身上得出。他勤勤恳恳，庄重严肃，堪称百官的典范。这表明了大禹以身作则、崇尚节俭、严于律己。

大禹的简朴自律还体现在具体的日常生活中。郭沫若主编的《中国史稿》提到："在夏初饮酒已经是一个引人注意的社会问题了。"大禹也是喜饮酒的，但是他敏锐地察觉到饮酒的危害，就戒酒了。《淮南子·泰族训》载："仪狄为酒，禹饮而甘之，遂疏仪狄而绝旨酒，所以遏流湎之行也。"仪狄造出美酒，大禹喝了后，从酒的美味中预感到酒的危害性，为了防止自己因沉迷于酒而误事甚至亡国，因此高度自律，带头戒酒，还疏远善于制酒的仪狄。对此，《战国策·魏策》亦载："遂疏仪狄，绝旨酒，曰：后世必有以酒亡其国者。"《孟子·离娄》也载："禹恶旨酒，而好善言。"显然，大禹具有很强的自律精神。

因此，大禹用自己一生的言行树立了一种人生风范：生活俭朴，严于律己，廉洁奉公。

第二节　大禹的精神取向

大禹之所以伟大，便在于拥有崇高的精神。在他身上，体现了自强不息、奋发图强、艰苦奋斗、敢作敢为、攻坚克难的精神，公而忘私、为民造福的担当奉献精神和勇于探索、务实求真的创新科学精神。从华夏文化的形成和发展看，大禹精神既是中华民族传统文化和民族精神的凝集，也是中华民族精神之魂的典型体现。

一、自强精神

在大禹身上，体现了一种坚忍不拔、英勇无畏、艰苦奋斗、攻坚克难的自强精神。大禹秉持这种精神完成了治洪水、定九州、平三苗、统一疆土、建立夏朝等宏图伟业。

大禹治水的艰苦程度常人难以想象，司马迁是这样描述禹的治水行动的："陆行乘车，水行乘船，泥行乘橇，山行乘檋。左准绳，右规矩，载四时。"是说大禹在陆地上乘车，下水时乘船，在泥浆路上用橇行，登山则穿带齿的鞋，一年四季左手拿准绳，右手拿规矩，带着这些测量工具，在野外作业。如前所述，《韩非子·五蠹》中形象地描述："禹之王天下也，身执耒臿以为民先，股无完胈，胫不生毛，虽臣虏之劳，不苦于此矣。"意思是禹为天下之王，却亲身拿着农具，劳动在民众之前，以致腿上没有了完整的细毛，小腿上也磨去了毛，奴隶的劳动，也不比他更苦。《庄子·天下篇》中引用墨子语描写："禹亲自操橐耜，而九杂天下之川，腓无胈，胫无毛，沐甚雨，栉疾风。"《荀子·成相》亦载："禹傅土，平天下，躬亲为民行劳苦。"为了治理洪水，大禹亲手劳作，劳累使得他形容枯槁，步履维艰了，可谓用尽心力。《山海经·海内经》载："禹治洪水，通轩辕山，化为熊。"大禹治理洪水，要去打通轩辕山，急切间想不出办法，便变化做一头熊，去凿山开路。一个带领几十万人的治水队伍的首领，竟然亲自化熊劳作，可见治水之难。但是，大禹敢作敢为，艰苦奋斗，攻克了一个又一个难题，完成了一个又一个的治水工程。正是他这种自强精神，成就了我国历史上第一个治水成功的英雄，这种惊天地、泣鬼神的功绩，为人类战胜自然树立了典范。

大禹的自强精神也表现在治理国政上。《吴越春秋·越王无余外传第六》载："登茅山以朝四方群臣，观示中州诸侯，防风后至，斩以示众，示天下悉属禹也。乃大会计治国之道。"大禹在茅山（会稽）大会诸侯时，地处今浙江西北的防风氏部落酋长防风氏自恃势力强大，蔑视部落联盟和大禹权威故意迟到。大禹敢于亮剑，敢作敢为，把防风氏斩杀示众。至此，万国诸侯皆听大禹号令。大禹维护了部落联盟统一和政令畅通。

大禹的这一精神对后世影响深远，特别是对绍兴市的影响更大。后来的胆剑精神的产生，或许也有大禹这一精神的影响。

二、担当精神

大禹一生心怀天下、为国为民，以天下苍生之安危和国家之强大为己任，显示了博大的胸怀，展现出强烈的担当精神，这在他治水和成为部落联盟首领后体现得淋漓尽致。

尧舜时期，洪水泛滥，百姓深受其难。尧帝先后派共工、夏鲧治水，都失败了。从此没有谁再敢去治水。共工失败时，尧帝问四方长官再派谁去治水，没有一个在场的人愿意去，都推鲧去。鲧被治罪之后，更加没人敢去。舜帝束手无策，只好派大禹去。四岳受命谓禹曰："舜以治水无功，举尔嗣，考之勋。"从这谈话时的口气可看出，舜帝的指派是带有强制性的，也是无奈的，根本没有把握大禹能不能治理好水患。"考之勋"，既是说要考察他的功绩，也是强调不能失败，必须成功，如果考察的结果是没有成功，大禹的结局自然不言而喻。实际上，这是不允许大禹有自己的选择，是带有威胁性的。大禹以天下苍生之安危和为民造福为己任，临危受命，放下自己的丧父之痛，勇敢地担当起治理洪患的责任。因此，《尚书·洪范》说："鲧则殛死，禹乃嗣兴。"自古至今，洪水之灾是水、旱、风雾雹霜、厉、虫等五害之首。《管子·度地》曰："五害之属，水最为大。五害已除，人乃可治。"因此，治理水患是治国安民的重要任务。然而，治理水患难度很大，大禹在此前尚无成功者的情形下，毅然接受任务，显示了强烈的担当精神。

大禹在治水过程中，将治水、安民与恢复生产融为一体。《尚书·皋陶谟》载，大禹说："洪水滔天，浩浩怀山襄陵，下民昏垫。予乘四载，随山刊木，暨益奏庶鲜食。予决九川距四海，浚畎浍距川。暨稷播，奏庶艰食鲜食。懋迁有无，化居。烝民乃粒，万邦作乂。"意思是，洪水滔天，浩浩荡荡包围了大山，淹没了山丘，民众也被大水吞没了。大禹乘坐着四种交通工具，顺着山路勘察，砍削树木作路标，和伯益一起把刚猎获的鸟兽送给民众。大禹治水，疏通许多河流，可以使大水流进大海。他还疏通了田间小沟，使田里的水都流进大河。他和后稷一起教民播种粮食，把谷物和肉食送给民众。同时，发展了贸易，互通有无，使民众安定下来，各个诸侯国得到治理。治水就是安民，安民就要有生活资料，就必须恢复生产，大禹出色地把握了这种关系。

大禹的担当精神，还体现在他的继位上。舜帝逝世之前就把帝位传给了大禹。舜帝逝世后，大禹悲痛万分，身体憔悴，面色黑瘦，没有余力再去治理国家，于是把帝位让给了商均，退避而居。但百姓们不依附商均，纷纷投奔大禹的所在地，白天歌唱，晚上吟咏。大禹哀怜百姓，不忍百姓日日等待，不得不放弃自己安逸的生活。于是，在三年服丧期结束后，他又重新登上了天子之位，为百姓谋福祉。大禹再次登上帝位后，花了三年的时间考核功绩，走遍了整个国家，五年便稳定了政局，接着颁布政令，使民众休养生息。文献记载，他上会稽，"封有功，爵有德，恶无细而不诛，功无微而不赏"，于是天下人都敬仰和崇拜大禹。

大禹的担当精神，使他能够为国解忧，为民解难，利济天下。他治洪水、定九州，建立统一的王权国家，促进了中华民族从原始的部落社会进入奴隶社会的转型。

三、奉献精神

大禹有着突出的奉献精神。公而忘私，舍家为国，舍己为民，是大禹身上最突出的品质和最耀眼的光环，几千年来被人们广泛传颂，成为中华民族优秀品德的重要内涵。

大禹治水是公而忘私的奉献精神的突出表现。在中国历史上，不论是正史还是野史，上至先贤圣人，下至贩夫走卒，对大禹治水的故事无人不知、无人不晓。然而，治水的成功是建立在大禹抛弃一切个人恩怨的基础之上的。大禹在父亲夏鲧因治水不成功而被治罪后，并未对舜心怀芥蒂，抗命推脱，而是不顾重孝在身，毅然接受命令，充分显示了公而忘私的奉献精神。在治水过程中，他全力治理泛滥成灾的洪水，将个人得失抛在脑后。《史记》曰："禹伤先人之功不成受诛，乃劳身焦思，居外十三年，过家门不敢入。"即使娶涂山氏女娇为妻后正值新婚燕尔，也匆匆而别。《尚书·夏书·益稷》》载，大禹自己说："予娶于涂山，辛壬癸甲。启呱呱而泣，予弗子，惟荒度土功。"他只度了4天"蜜月"，就去治水了。在儿子启呱呱坠地，待养之际，禹因忙于治水事务而远离家门。在带领民众治水过程中，他劳神焦思，将自己的生活安稳抛诸脑后，将生命置之度外。《吴越春秋·越王无余外传第六》曰："禹伤父功不成，循江，源河，尽济，甄淮，乃劳身焦思以行，七年，闻乐不听，过门不入，冠挂不顾，履遗不蹑。功未及成，愁然沉思。"就是说，大禹在治水时，心无旁骛，遇到再好的音乐也不听，多次路过家门也没进去。头巾挂在树上、鞋子掉了也不管不顾，只是一个劲儿地往前走，生怕贻误了治水的时机，这是什么样的精神啊！相传"履遗不蹑"的故事就发生在浙江省绍兴市柯桥区夏履镇境内，因为百姓感念大禹治水，鞋子脱落也顾不得提的精神，便在他失履的地方，造了一座桥，取名"夏履桥"，将当地村庄命名为"夏履"，以示纪念。乾隆《绍兴府志》载："世传夏禹治水，遗履于此。"他"舍小家为大家"的牺牲与奉献精神足以感动世人。

大禹的奉献精神，也体现在他克己奉公、尽忠职守上。大禹的人生选择是以国家的需要作为最大需要，以人民的需要作为最高需要。他始终克己奉公，不仅对待权力如此，对待生活也是如此。舜帝去世后，他守孝三年，悲痛不已，无法执掌朝政，就让位给舜的儿子商均。后来民众追来，都要投奔他，他才即帝位。他即位后，就将国家大事和民众幸福置于最高位置。他自己菲饮食，恶衣服，卑宫室，将钱花在国家祭祀和生产经营上。他为了国家和民众的幸福不顾自己劳累，到全国各地巡狩，最后在巡狩江南时，逝世于会稽，并嘱咐下属，归葬会稽山，以免运回国都归葬劳民伤财，还嘱咐简葬，保护民生，真正实现了他的"我受命于天，竭力以劳万民。生，性也，死，命也"的誓言，展现公而忘私的崇高的奉献精神。

大禹公而忘私、舍家为国、舍己为民的自我牺牲精神，树立了无私奉献的精神典范，显示了令人敬仰的崇高人格，铸就了民族精神的基本内涵。

四、创新精神

创新精神是大禹精神的又一重要方面。科学创新是推动事业发展和社会进步的关键，墨守成规，因循守旧，顽固保守，不思进取，是一切事业发展的障碍。在大禹身上，体现了不断创新的主体精神，展现了中华民族创新发展、开拓进取的主体品格。

首先，是治水方法的创新。大禹治水能够成功的一个重要因素，就是治水方法的创新。当尧之时，洪水为害，尧在四岳的推荐下命鲧去治水。鲧用的是修筑堤防，并逐年加高加厚的办法，也就是"堵"的方法。虽经九年的努力，但因方法不对，水害始终不息。鲧治水失败，被殛之于羽山。大禹汲取父亲治水失败的教训，在调查研究的基础上，创新治水方法，总结出开渠排水、疏通河道，并将疏浚与壅塞相结合，可谓因地制宜、灵活运用了多种治水方法，确保了治水工作的有效性。《国语·周语下·谷洛斗》载："其后伯禹念前之非度，厘改制量，象物天地，比类百则，仪之于民，而度之于群生，共之从孙四岳佐之。高高下下，疏川导滞，钟水丰物，封崇九山，决汩九川，陂鄣九泽，丰殖九薮，汩越九原，宅居九隩，合通四海。"意思就是顺天地自然，高的培土，低的疏浚，成沟河，除壅塞，开山凿渠，疏通水道，导沟壑之水入大河大江，终于打通了九大河道，开通了九大山脉之间的道路，修筑了九大湖泽的堤防，填平了洪渊，疏通了河道，使水由地中行，经湖泊河流汇入海洋，有效治伏了洪水。

其次，是国家体制与管理的创新。如前所述，大禹治国理政的创新性管理举措，在《尚书·洪范》以及《尚书·禹贡》篇中有记载。清康熙帝祭祀大禹时说："惟王精一传心，体勤式训。道由天锡，启皇极之图畴；功在民生，定中邦之井牧。""皇极"意思为帝王统治天下的准则，"井牧"意思为按土质划分田地，或为井田耕作，或为牧地畜牧，二牧而当一井，以便于授田、贡赋。这句话的意思是，大禹通过一系列措施和行动的创新，奠定了中国历史上第一个奴隶制国家的基础。这些措施和行动，一是以休养万民为宗旨，二是"封有功，爵有德，恶无细而不诛，功无微而不赏"。论功行赏，以此选拔人才，凝聚人心，消除反叛势力，达到政通人和、巩固并加强王权的目的。三是正式宣布"国号曰夏后"。这一宣布，标志着部落联盟时代正式结束，中国历史上第一个奴隶制国家正式产生，完成了中华大地从原始的部落社会进入奴隶社会的飞跃。自禹开始，中华民族由部落联盟形成国家，并有了明确的国号（夏后）和行政区域（九州）。

最后，是大禹首创的"父传子，家天下"的帝位世袭制度。在禹以前，实行"禅让"制度，帝位传贤不传子。禹即天子位创立夏朝后，改变了"禅让"传统，实行了帝位世袭制度。关于大禹创立世袭王朝的历史意义，范文澜先生在《中国通史简编》中作了很好的评述："由于夏朝实行帝位世袭制度，自禹至桀十七帝（十四世）世系分明，制度益趋巩固，形成了一个高出众小邦之上的原始政治机构，也就成为中国历史上第一个朝代——夏朝世袭制度的创始，是社会发展过程中划时代的大进步。"这一划时代的大进步，也是大禹对华夏民族发展的大贡献。

大禹不因循守旧，敢于创新，从而开展了一系列卓有成效的工作，确保了治水工作的成功，结束了长期的洪灾苦难，建立了国家体制，推动了中华五千多年文明的转型，开启了一个政通人和的理想社会，具有很强的启示意义。

五、科学精神

科学精神也是大禹主体精神的重要方面。大禹重视调查研究，科学规划，遵循规律，因势利导，求真务实。这种科学精神是大禹治水能够成功的关键，也是大禹留给后人的宝贵精神财富。

大禹治水的科学规划，是大禹科学精神的重要体现。大禹不仅总结并汲取父亲治水失败的经验教训，而且重视调查研究，科学规划。大禹不仅亲自登高山，涉江湖，勘察山河形势，了解河流变化规律，使用原始的测量手段，测量地形高低，而且还派遣大臣太章、竖亥到各地去测量考察。《吴越春秋·越王无余外传第六》记载，大禹"乘四载，以行川！始于霍山，徊集五岳，《诗》云：'信彼南山，惟禹甸之。'遂巡行四渎。与益、夔共谋，行到名山大泽，召其神而问之山川脉理，金玉所有、鸟兽昆虫之类，及八方之民俗、殊国异域、土地里数，使益疏而记之。"正是经过无数次实地调查研究，划分了九州，分清轻重缓急和主次关系，形成统一治水的方案，步步推进，科学治水，才终于完成了彪炳千秋的治水大业。

大禹的科学精神表现在对治水方法的灵活运用上。大禹治水，崇尚"顺其自然"。《孟子·离娄章句下》曰："禹之行水也，行其所无事也。"大禹治水从实际出发，尊重自然，制定了因势利导的治水方针。他取法天地之间的万物形象，按照地形高下，疏浚河道打通障碍，聚水成湖使百物丰茂地繁殖。正是这样，大禹深入分析各地水情，在总结前人经验教训的基础上，又吸收了广大民众的意见，灵活运用以疏导为主，融合堵、分、滞、避等多种方式的治水方法，从而治理了洪水。《淮南子·修务训》载："禹沐淫雨，栉扶风，决江疏河，凿龙门，劈伊阙，修彲之防。"这也告诉我们，大禹采用了多种多样的治水方法。

大禹的科学精神还体现在治国理政时的求真务实上。首先，他总结以往松散的部落联盟管理方式的弊端，经过科学规划，打破部落邦国的行政界线，以山川地理特征作为标志，把全国划分为"九州"，从而形成《尚书·禹贡》所言的"九州攸同，四隩既宅，九山刊旅，九川涤源，九泽既陂，四海会同"的新的区域概念。其次，他根据土地、出产等实事求是地制定了税赋层级和各地的徭役。再次，他将全国划分成五级，实行五级管理制，各级均设立长官。每州建立十二个行政单位，各自领导治水工作和其他事务。这些区域的划分，税赋层级和各地义务的设定与划分，五级管理制及各州行政单位的设立与长官的任命，使管理、治理国政和地方事务能力、效能大大提升。

第三节 大禹的治国思想

大禹是历史上最具影响力的伟大的治水英雄，不仅是一个实干家，也是一个伟大的改革家，更是一个充满智慧的思想家、哲学家。从历史典籍和经典文献的记载与叙述来看，他是儒家思想的先导者，形成了自己的思想体系，如天下一统思想、命运共同体思想、民本思想、德政思想、论功行赏思想、廉政思想、财税思想以及分级管理思想等。我们择要介绍大禹治国三个方面的思想。

一、民本思想

大禹思想的核心是民本思想，内涵是敬民、重民、利民和养民，这是儒家民本思想的源头。大禹的民本思想在《尚书·夏书·五子之歌》中有很好的体现："民可近，不可下。民惟邦本，本固邦宁。予视天下，愚夫愚妇一能胜予。一人三失，怨岂在明？不见是图。予临兆民，懔乎若朽索之驭六马；为人上者，奈何不敬？"大禹认为，人民可以亲近，不可轻视怠慢；人民是国家的根本，根本稳固，国家就安宁。在他看来，天下的人，愚夫愚妇都能胜他。如果从政者一人有多次失误，肯定会导致民怨，难道要等它爆发吗？从政者应当在错误还未形成影响时就去纠正。他说，治理国家，考察百姓民生，恐惧得像用朽坏的绳索驾着六匹马，惴惴不安；做君主的人，怎么能不敬畏民众？由此可见，大禹在中国历史上第一次确立了民众在国家中的首要地位，最早明确树立了"民贵君轻"的思想观念。

以民为本，是大禹治国理政的根本立场。在大禹看来，民贵君轻，敬民消怨，是政治的最高原则。因此，他以民生为己任，时时关注人民的福祉。《吴越春秋·越王无余外传第六》载，大禹到苍梧考察治水时，见到被捆绑的人，就抚摩着那人的背哭了。益说："这人犯了法，本来就该这样。你为他哭泣，为什么呢？"禹说："社会政治清明，民众就不会犯罪；社会政治黑暗，惩处罪过就会涉及良民。我听说：有一个男子不耕种，就有人因此而挨饿；有一个女子不采桑养蚕，就有人因此而受冻。我治理水土，调理民众使其安居乐业，使他们各得其所。但现在他们这样犯法，是我德行不厚因而不能感化民众的证明啊。所以我才哭得很悲伤。"正是这样，他非常敬畏民众，特别注重安民。《尚书·皋陶谟》载，禹对皋陶说："安民则惠，黎民怀之。"就是说，安定民心才是给他们恩惠，臣民自然会记在心里。在大禹看来，重视民生，是从政的基本要求。

民本思想，不仅是大禹的理论主张，也是他的实践总结，显示了大禹具有很强的实践品格。敬民是大禹民本思想的主要体现。大禹对民众十分敬重。大禹铸造代表国家权威的九鼎，一改铭刻帝王功绩的通例，不将自己治水的功绩铸刻上去，而是在鼎上刻画了各种怪物形象，叫民众一看就知道什么是为害于人的，使人及早作好准备。民众走进川泽山林，就不会遇见不顺心的事情。凡是出现魑魅魍魉等妖物，民众都有办法躲开它们。民众得到了这种好处，知道感恩戴德，因而上下协和无间。可见，大禹是人类历史上真正做到了"以民为贵"的君主。安民也是大禹民本思想的主要体现。《管子·山权数》载："禹五年水，民之无糟卖子者……禹以历山之金铸币，而赎民之无糟卖子者。"《盐铁论·力耕》载："昔禹水汤旱，百姓匮乏，或相假以接衣食。禹以历山之金，汤以严山之铜，铸币以赎其民，而天下称仁。"大禹治水时，铸币以安民。可见，大禹践行了"安民"的宗旨。养民也是大禹民本思想的主要体现。在大禹看来，要安民，必须做到养民。这是帝王的责任和义务。如何养民呢？在大禹看来，就是要利民。所以，利民也是大禹民本思想的主要体现。为此，必须解决水、火、金、木、土、谷六种生活资料来源不够充裕的问题，努力宣扬"正德、利用、厚生"三件大事。贾谊《新书·修政语上》载，大禹曰："民无食也，则我弗能使也，功成而不利于民，我弗能劝也。"大禹以民众的幸福安乐作为评价自己的天平，可见他敬民爱民之深。

大禹的民本思想揭示了治国理政的要义，揭开了中国民本思想构建的大幕，在中国思想史上具有重大意义，标志着中国社会思想从原始时代重天敬鬼观念到邦国时代的敬德保民、重民重天和民贵君轻思想的转换。其丰富而深邃的内涵和鲜明而突出的实践性品格，被后世不断传承和发展，成为儒家民本思想的重要源头。春秋时期，《论语·学而》中提到的"节用而爱人，使民以时"的思想和《孟子·尽心下》提到的"民为贵，社稷次之，君为轻"的仁政思想，告诫统治者要"爱民"、"利民"、轻刑薄赋、听政于民、与民同乐，丰富了大禹民本思想的内涵。中华人民共和国成立后，这种民本思想再次发扬光大，创造了民族复兴的盛世，显示了大禹思想的强大的生命力。

二、德政思想

德政思想是大禹思想的重要方面，是其实践品格的具体表现。大禹德政思想是民本思想的深化和具体化，主要体现在"善政观"上。《尚书·大禹谟》载，大禹提出："德惟善政，政在养民。水、火、金、木、土、谷惟修，正德、利用、厚生惟和，九功惟叙，九叙惟歌。戒之用休，董之用威，劝之以九歌，俾勿坏。"这段话深刻地揭示了大禹从政的根本立场和目标，就是为民服务，让人民过上好生活。如何做到"善政"呢？就是为大众生活着想，水、火、金、木、土、谷六种生活资料应当治理，正德、利用、厚生三件大事应当宣扬，这九件事应当理顺，九事理顺了就应当歌颂。同时，要用休庆规劝臣民，用威罚监督臣民，用九歌勉励臣民，这样政事就不会败坏。这是大禹德政思想的集中表述。

大禹的德政思想，以"向善说"为基础。在《尚书·大禹谟》中，大禹说："惠迪吉，从逆凶，惟影响。"也就是说，顺着善道就吉祥，顺从恶道就凶险，就像影子顺从形体，回音顺从声音一样。这是一种宗教式谶语，既具有早期先民的宗教意识，也具有很强的哲学色彩，体现了大禹"向善说"的核心特质，是其德政思想的哲学基础。大禹的德政思想是基于民本思想而进行的深入探讨，是从"向善说"的哲学高度来思考和引导的。每一种思想观点的提出，都是特定时代背景的产物。尧舜禹时代，洪灾患难难平，社会动荡不稳，民生危难不安，从而导致思想意识混乱、道德失范，私欲暴涨，凶恶横生。基于这种现实，大禹提出"向善说"引导社会，又在其基础上进一步提出了德政思想，从国家层面落实向善主张和民本思想，无论是对集中力量治理洪水，还是恢复社会正常秩序，都具有极其重要的作用，具有很强的现实针对性。正是这样，大禹不仅平定了洪水，解决了"洪水滔天，浩浩怀山襄陵，下民昏垫"的危机，而且赢得了民众一致的拥护和爱戴。大禹的德政思想在治水时得到实施，收到很好的社会效果。《淮南子·原道训》这样记载："昔者夏鲧作三仞之城，诸侯背之，海外有狡心。禹知天下之叛也，乃坏城平池，散财物，焚甲兵，施之以德，海外宾伏，四夷纳职，合诸侯于涂山，执玉帛者万国。"意思是，从前夏鲧治水时建造了三仞高的城池来保卫自己，大家都想离开他，别的部落对夏虎视眈眈。后来禹当了首领，发现这一情况，就拆毁了城墙，填平了护城河，把财产分给大家，毁掉了兵器，用道德来教导人民。于是大家都各尽其职，别的部落也愿意来归附。禹在涂山开首领大会时，来进献玉帛珍宝的首领达上万人。于是，在治平洪水之后，大禹既嘉

会稽山大禹纪念馆（金伟国摄）

奖有功的人员，又表扬道德楷模。治国以善，施政以德，九州攸同，这不仅是大禹的理想，也是大禹自己从政实践经验的总结。它揭示了国家公共管理工作中的基本规律，是所有国家管理人员应该坚守的基本理念和基本规则。

大禹的德政思想以其深厚的思想意蕴显示了高度的概括力，不仅显示了"向善说"的基本要义，而且显示了以民为本的为政指向，具有跨越时空的价值。后来儒家发展了大禹的学说，提出了性本善理论。在《孟子·告子上》中，孟子提出："人性之善也，犹水之就下也。人无有不善，水无有不下。今夫水，搏而跃之，可使过颡；激而行之，可使在山。是岂水之性哉？其势则然也。人之可使为不善，其性亦犹是也。"意思是说：人性的善良，就像水性趋向下流。人的本性没有不善良的，水的本性没有不向下流的。假如拍打水让它飞溅起来，可以高过人的额头；堵住水道让它倒流，可以引上高山。然而，这难道是水的本性吗？是所处形势迫使它这样的。人之所以会做坏事，也是由于他的本性像这样受到了逼迫。孟子这种思想直指社会环境对人的影响，赓续着大禹的德政思想。

三、论功行赏思想

大禹的思想还体现在管理上的论功行赏思想。管理是一门科学。如何将管理的最大效益发挥出来，论功行赏是一种基本措施。通过论功行赏，达到激励效果，使人形成向心力，这是大禹论功行赏思想的基本内涵。《尚书·益稷》载，禹曰："俞哉！帝，光天之下，至于海隅苍生，万邦黎献，共惟帝臣，惟帝时举。敷纳以言，明庶以功，车服以庸。谁敢不让，敢不敬应？帝不时，敷同日奏，罔功。"这段话是大禹论功行赏思想的最初表述，意思是大禹向舜帝建议：普天之下，至于海内的百姓，各诸侯国的众多贤人，都是您的臣民。如果您唯善是举，广泛地采纳他们的意见，明确地考察他们的功绩，分别赏赐车马衣服以作酬劳，有谁敢不让贤，不恭敬地听从您的命令呢？舜帝，如果您不辨善恶，好人坏人同时提拔，即使天天提拔人，也只能徒劳无功。在大禹看来，帝王（管理者）对下属必须要重视其功过，奖惩得当，否则就会徒劳无益。大禹在治平洪水，建立夏朝之后，就进一步完善和实施了他的论功行赏思想。

择优任用下属，激励辅佐者和民众，是大禹论功行赏思想的重要内容。《尚书·皋陶谟》载，大禹对舜帝说："其弼直，惟动丕应。徯志以昭受上帝，天其申命用休。"意思是，如果任用正直的人辅佐，那么只要行动，天下就会大举响应，就会产生激励效果；

如果依靠有德行的人来指导、接受和贯彻上帝的命令，上天就会再三将休美赐予你，效果就很好，就会形成激励效果。他认为，如果"君子在野，小人在位"，则"民弃不保，天降之咎"。贤人被废弃不用，奸佞之人都身居官位，那么百姓就会背叛离散，上天也会降下灾难。因此，必须选用有德行者。大禹治水时，就善于任用管理者来形成激励效果，确保治水大业的成功。他向舜帝汇报时说："弼成五服，至于五千，州十有二师，外薄四海，咸建五长，各迪有功。"也就是说，他治水时在全国建立了五等服役区域，一直达到五千里的辐射范围，把全国划分为十二个州，选定了州长，十州以外，四海之内，每五个方国确定一个大方国诸侯为长，明确其治水的职责与职权，从而调动了全国的力量来治理水患，保证了治水的成功。《国语·郑语》说："夏禹能单平水土，以品处庶类者也。"韦昭释："单，尽也；庶，众也；品，高下之品也。禹除水灾，使人物高下各得其所。"这里不单是在区分阶层与等级问题，还包括论功行赏，以功任用，使参加治水者拥有合适的位置，从而形成激励。这成为治水成功的保障要素。

大禹还重视在平时彰显他人的功绩和优长，及时举荐，以形成激励效果。《尚书·大禹谟》载，当舜帝要大禹统领百官时，大禹立即举荐皋陶。他说："朕德罔克，民不依。皋陶迈种德，德乃降，黎民怀之。帝念哉！念兹在兹，释兹在兹。名言兹在兹，允出兹在兹。惟帝念功！"意思是，我的德行还不能胜任，人民也不会归依。皋陶勤勉广泛地树立您的德政，您的德政才下施于民，百姓怀念他。您应当考虑他啊！考虑他，在于他有这种功德；不考虑他，便是没有考虑他的这种功德。我推荐他，在于他有这种功德；我心悦诚服地钦佩他，在于他有这种功德。希望您考虑他的功德。这种举荐，自然能够调动皋陶的积极性，也能优化他们之间的关系。《尚书·益稷》载，舜帝要大禹谈治水的情况时，大禹便向舜帝称颂益稷二人佐其治水的功劳："暨益奏庶鲜食……暨稷播，奏庶艰食鲜食。懋迁有无化居。烝民乃粒，万邦作乂。"意思是，大禹同伯益一起把猎来的新鲜鸟兽送给民众，同后稷一起教民众播种百谷，不仅把百谷粮食和新鲜鸟兽肉送给民众，而且让民众交换剩余实物，以互通有无。这一举措解决了民众在洪水泛滥时期得不到食品的难题，使他们生活安定，各个诸侯国才得到治理。显然，这是对伯益和后稷辅佐他治水的功劳的张扬和汇报。这种做法具有很大的激励作用。后来大禹继承帝位之后，伯益和后稷都尽心辅佐大禹。

大禹的思想内涵丰富，远不止这三个方面，实际上形成了一个体系。这个思想体系括在他爱国爱民的思想精神之下。大禹思想中的不同层面，都是以民生和国家问题为指向，显示了很强的针对性和实践性品格，彰显了他崇高的理想和伟大的人格，反映了中华民族思想精神的基本内涵，显示了中华民族的价值观，成为中华民族精神和思想的重要源头，具有超时空的影响力。

第三章

大禹巡越与上古文明

大禹巡狩越地是多见于典籍的事实，由此牵扯出许多信息，不仅可以让我们发现大禹与越地的密切关系，而且让我们感受到上古时期很多重要思想、制度文明、发明创造等，都离不开越地、越族。这又引发我们试图讨论的又一新的话题——大禹巡越与上古国家伦理、社会伦理以及家庭伦理构建的密切关系。

第一节　多次驾临

大禹继承了尧舜的做法，多次开展全国巡狩考察。根据文献记载，大禹曾经多次驾临绍兴，不仅在治水初期到会稽寻求金简玉书，而且在称帝后会诸侯于会稽，还在人生最后一次巡狩时驾崩于会稽。大禹多次来绍兴，弥补了舜帝在南方巡狩的不足。因为舜帝虽然巡视了很多地方，但没有到过扬州所辖地区。由此可见，大禹来绍兴巡狩，具有重要意义。

一、巡狩制度的由来

大禹巡狩越地并非偶然，而是在沿袭尧舜时期的巡狩制度。那么，尧舜时期为什么要建立巡狩制度呢？尧舜巡狩过几次？我们先从"狩"字来看巡狩的意义。在甲骨文中，早期"狩""獸"同形，其义与狩猎活动有关。犬，是狩猎时帮助人打猎的猎犬；干，是狩猎工具，因为犬善逐兽，故干犬为会狩猎之意，田猎为"骨"，田猎所获亦为"骨"，后世遂分为狩、兽二字。

由此可知，远古时期部族首领巡视狩猎活动是巡狩制度的萌芽。到了尧舜时代，巡狩制度变成了君主直接参与国家管理的重要形式，并贯穿于夏商周早期国家的始终。典籍中对尧舜巡狩的记

左为甲骨文"兽"字；中为《说文解字》繁体"狩"字；右为楷书"狩"字

载有：

（一）尧帝巡狩。古本《竹书纪年》载："五年，初巡狩四岳。"先秦歌谣《康衢谣》记载了尧帝巡狩制："帝（尧）治天下五十载（前2308），游于康衢，儿童歌曰：'立我烝民，莫非尔极，不识不知，顺帝之则。'"意思是说尧帝为了微服私访，获得最真实的民生情况，在公元前2308年到四通八达的大道上去巡视民情，有儿歌唱道："（尧帝）使众百姓有衣食，莫不是你的英明政策，（使得）大家不投机、不取巧，顺乎（天帝）自然的法则。"

（二）舜帝巡狩。《尚书·尧典》记载了舜帝在尧帝七十四年向东西南北方向上的四次巡狩的情况："岁二月，东巡狩，至于岱宗，柴，望秩于山川。肆觐东后，协时月正日，同律度量衡。修五礼、五玉、三帛、二生、一死贽。如五器，卒乃复。五月南巡狩，至于南岳，如岱礼。八月西巡狩，至于西岳，如初。十有一月，朔巡狩，至于北岳，如西礼。归，格于艺祖，用特。五载一巡狩。群后四朝，敷奏以言，明试以功，车服以庸。肇十有二州，封十有二山，浚川。"意思是这年二月，（帝）向东方巡察，到达泰山，举行了焚烧柴薪以祭祀泰山的仪式，对其余山川都根据其大小举行了不同的祭祀仪式。于是，召见了东方的诸侯，调合四时与月、日的相对误差，统一声律与度量衡，制定了公、侯、伯、子、男五等礼节以及相应的五种信圭，规定诸侯朝见时贡献红、黑、白三种颜色的丝帛，卿大夫朝见时贡献羊羔和雁两种祭牲，士朝见时贡献一只死雉等各等级的人的见面礼。五月，到南方巡察，到了衡山，像祭祀泰山一样祭祀衡山。八月，到西方巡察，到了华山，也像祭祀泰山一样祭祀华山。十一月，到北方巡察，到了恒山，像祭祀华山一样祭祀恒山。回朝之后，到尧的太庙，用一头牛作祭祀。每隔五年都要巡察一次，四方诸侯分别在四岳朝见天子，向天子报告自己的政绩。天子也认真考察诸侯国的政治得失，把车马衣服奖励给有功的诸侯。这一段就说明了巡狩制的内容，也带出了一段原始信仰的内容：舜帝的巡视是根据卜筮结果，选择吉月吉日开始，然后祭祀四岳山神，接受各地诸侯和地方长官的觐见。这说明了尧舜时代对山神——自然系统的最高信仰，也说明了当时已经存在行政系统。

总之，《尚书·尧典》的这段文字体现出的祭祀、班瑞、巡狩、朝觐、考绩，都是尧舜在位的时候建立或者沿袭的制度，为后来国家制度的建立奠定了基础。《尚书·舜典》里还如此记载舜帝巡狩制中的考绩制："三载考绩，三考，黜陟幽明。"这就是说，舜帝对"八恺""八元"和十二牧等官吏实行三年一次的政绩考察，以三次考察的结果为依据对官员进行提拔或者罢免。《史记·五帝本纪》也提到，舜帝在最后一次考绩时崩于苍梧："（舜）践帝位三十九年，南巡狩，崩于苍梧之野，葬于江南九嶷，是为零陵。"意思是说（舜）帝登基三十九年时，到南方巡狩，驾崩于苍梧之野，葬于江南九嶷。此地位于今湖南省永州市零陵区。

（三）巡狩制度的功能。巡狩制度主要有两大功能：一是借助巡狩，巡视和监督王畿内外的地方治绩，劝导农业、观览民情，贯彻社会管理的国家职能；二是君主在"天子—诸侯"的国家体制下巡狩四方，展示武力，成为监督各族职事与贡赋、维系天子与诸侯臣属关系的重要举措。巡狩制度到了秦汉，演变为行政视察制度。

二、大禹巡越

大禹巡狩越地几次？巡狩的形式是怎样的？会稽、会诸侯、会群神这类词多见于典籍，意思相同吗？根据典籍及古本《竹书纪年》记录的"禹立四十五年"，大禹登基45年中，承袭舜帝以来的制度，每五岁一巡狩。文献中明确记录了大禹开展的一系列巡狩活动，包括曾经数次到过绍兴。

大禹治水时，曾巡狩到会稽，获得金简之书，之后又巡狩五岳四渎。《吴越春秋》记载："禹乃东巡，登衡岳，血白马以祭……禹退又斋三月，庚子登宛委山，发金简之书……遂巡行四渎。与益、夔共谋，行到名山大泽，召其神而问之山川脉理、金玉所有、鸟兽昆虫之类，及八方之民俗、殊国异域、土地里数：使益疏而记之，故名之曰《山海经》。"意思是大禹向东巡狩，经过高大的衡山，也登上过绍兴的宛委山，找到了金简玉书这本治水典籍，之后开始巡视四渎（长）江、（黄）河、淮（河）、济（水），踏遍九州考察山川脉络，让益分别记下来，取名《山海经》。

大禹称帝后，到各地巡狩，其中最重要的巡狩活动是南巡会稽。他到底来绍兴巡狩了多少次？依据文献记载，应该是4次。除前述记载的一次外，据古本《竹书纪年》和《史记》记载，大禹称帝后还三次巡狩绍兴。一次是"五年巡狩，会诸侯于涂山"。也就是说大禹称帝第五年，就到古越大地巡狩，在涂山（会稽山）上会见诸侯。第二次是"八年春，会诸侯于会稽，杀防风氏"。也就是说，大禹称帝后第八年，又到古越大地巡狩，会见诸侯，并杀了违纪的防风氏。第三次是《史记·夏本纪》的记载："十年，帝东巡狩，至于会稽而崩。"也就是说大禹称帝后第十年，又到东部巡狩，来到古越大地，不幸患病而崩。

对于大禹巡狩会稽的情形，《吴越春秋·越王无余外传第六》做了一个具体的描述："三载考功，五年政定，周行天下，归还大越。登茅山以朝四方群臣，观示中州诸侯，防风后至，斩以示众，示天下悉属禹也。乃大会计治国之道。内美釜山州慎之功，外演圣德以应天心，遂更名茅山曰会稽之山。因传国政，休养万民，国号曰夏。后封有功，爵有德，恶无细而不诛，功无微而不赏，天下喁喁，若儿思母，子归父。"也就是说，大禹称帝三年后，对各地诸侯进行考核，诸侯成绩都很显著，到第五年，全国就政治稳定了。接着，大禹在全国开展巡狩视察，又回到了古越大地。他登上茅山，接见四方群臣，向中原各诸侯展示威望。于是，大禹全面总结治国之道。对内肯定釜山之神相助安定天下各州的功绩，对外弘扬圣明仁德来报答天帝的心意，于是把茅山改名为会稽山。接着他发布国家政令，使人民休养生息，国号叫作"夏"。由此可以看出，会稽山在夏朝时期的重要地位。

大禹称帝八年春巡狩会稽是历次巡狩中最重要的一次。因为其主要目的是通过聚会来考核各位诸侯的功绩，以加强国家管理，巩固统一，维持政治安定和天人和谐的局面。可是，防风氏迟到，不管有意还是无意，客观讲就是不听指令，挑衅王权，制造矛盾，危及国家安全，自然是大罪，必须严惩。所以，大禹将防风氏斩首示众。无论从国家政权的巩固，国家统一局面的维护，还是保护天人和谐的要求来说，都必须赏罚分明，采取果断措施严惩防风氏。因此，大禹诛杀防风氏是合情合理的。然而，杀一个部落首领，在部落联盟时期，影响是很大的，往往危及联盟盟主的地位。大禹断然诛杀了防风氏，表明此时大禹已经完全掌控了天下的局势。

大禹称帝第十年，到东部地区巡狩，进行文明教化，再次来到会稽。不幸地是，大禹在这次巡狩中患病驾崩。《水经注·浙江水》载："昔大禹即位十年，东巡狩，崩于会稽，因而葬之。"最早的记载应该是《墨子·节葬下》，记载了这次向东巡守的目的："禹东教乎九夷，道死，葬会稽之山。"由此说明，大禹这次巡狩是为了宣传大夏教化。也就是说，大禹此次巡狩的重点不只是考察官员政绩，而是对九夷进行思想宣传。虽然夏早期的思想带有原始宗教的性质，但正是这种宗教式的宣传形式和祭祀仪式使得夏文明进入古越大地，为巩固夏朝的政权，一统天下，发挥了重要的作用。

三、大禹巡越的意义

大禹多次巡狩越地表明早在夏朝的时候，浙江在全国就占据了极其重要的地位。也许在大禹看来，对夏朝来说，只要在浙江将事情办好了，全国都会顺利，因此他不断到古越之地巡狩。其重大意义主要表现在三个方面。第一，诸侯聚会，论功论德，施行赏罚。之所以这样做，一方面是要会诸侯，明确天子对诸侯的权力；另一方面是对功德缺失的诸侯进行惩罚，充分显示天子的威严。第二，封禅南镇，替天行道，具有很强的政治意义。越地会稽山地位特殊，是南镇，为天下五方之中南方的天柱。在这里祭祀天地，不仅展现了中国自然哲学中天人合一的内涵，也显示了政治哲学中天人合一观念的融汇，赋予天人合一观念以替天行道的内涵，即天子是代替"天"行使管理天下的职权，而不是绝对权力。这里的"天"，近似老百姓口语中人格化的"老天爷"，都是大自然的代称。从这个层面讲，天子应当对"老天爷"有敬畏之心。第三，大禹最后一次巡狩古越，因病驾崩，嘱咐薄葬于会稽山，不害民生，至死都践行以民为本的政治理念，垂范后世。这些作为和表现提高了古越文化的影响力，开启了古越文化的新时代。

第二节　国家伦理的确立

大禹时期，国家制度诞生的背景是自然生态灾害——洪灾。大禹带领众人在综合治理过程中，逐步明确建立统一国家的必要性，因此他称帝后就致力于建立国家。从这个角度来讲，国家制度是人类和自然生态斗争的必然结果。国家伦理是为了防止"治者"作恶的"伦理"，古人称之为"明德"，即统治者按"完美的道德"（包涵德性、德行和德治）治理国家。大禹治水功成后，致力于构建国家伦理规范，在尧舜治理的基础上逐渐完善了一系列制度，规范国家行为，整顿社会秩序，以防止社会乱象乃至祸国殃民的天灾人祸的发生，最大程度地保民和养民。综合起来看，大禹建构的国家伦理制度主要有封禅制度、会稽制度、朝觐制度、刑法制度。

一、封禅制度

封禅制度是为整顿天地和人的关系而构建的制度。《史记·封禅书》中认为，所谓"封禅"，原是古代祭祀天地的两种特殊仪式。君主即位后，在泰山上筑土为坛祭天，表示报答上天之功，称为"封"；又在泰山下的小山梁父山上分划区域祭地，表示报答大地之功，称为"禅"。封禅是帝王礼神活动的最高形式，也因此成了此类封天禅土活动的代称。这种制度的建立，其最大的价值是建立了象征国家仪式的祭祀制度，在祭祀天地的仪式中传递天人合一的自然信仰与天下一统的政治信仰。这样的信仰，可以在浙江绍兴一带的舜王庙、王坛遗存、舜王巡会活动中得到证明。

北京大学陈泳超教授曾在文章中提到绍兴的封禅信仰，"浙江北部绍兴、上虞、余姚一带。依照传统文献推断，这里很可能是自称舜裔的某一支系迁徙发展之地，晋太康《地记》认为这里是舜避丹朱于此、百官从之的所在，恐怕本身就是传说。不过，这里民间关于舜的传说，远比记载丰富得多，更重要的是以绍兴王坛镇舜王庙为中心的舜王巡会活动，它涉及绍兴、上虞、诸暨、嵊州等地几十个村庄"。舜王庙现存于绍兴市王坛镇双江溪村舜王山。按陈教授所论，舜裔来到王坛，也将舜帝封天禅土的信仰带到越地绍兴，"王坛"镇得名就与这种"禅地"行为有直接关系。

二、会稽制度

会稽制度是为整顿国家和地方的关系而构建的制度。"会稽"的"会"是汇合、汇集；"稽"是计算、稽核。大禹会稽诸侯，就是汇集各路诸侯在会稽山计算贡赋、稽核贡献、论功行赏，排定座次。这也是国家考察制度确立的标志。

司马迁所写《史记·夏本纪》中有两段文字提到"会稽"：

十年，帝禹东巡狩，至于会稽（山）而崩，以天下授益。……

太史公曰：……自虞、夏时，贡赋备矣。或言禹会诸侯江南，计功而崩，因葬焉，命曰会稽。会稽者，会计也。

罗萍在《大禹与会稽山》一文中认为，"大禹是会计之祖，绍兴是会计之源"。该制度有三方面意义：

第一，以会计工作为基础的贡赋制度的产生，是国家产生的标志。

《史记》中太史公那段话即包含政绩考核的内容。虞夏时期，贡赋制度就已经完备。《吴越春秋·越王无余外传第六》中所言"三载考功"，就是指明大禹时期每三载考核一次官员，检查其贡赋的贡献状况。"贡"就是纳贡，"赋"就是税赋，纳贡与赋税制度的完备，表明国家制度诞生了。

第二，以会计工作为基础的计功制度，是国家权力的象征。

大禹在会稽山计功，"计"就是计算、审核，甚至是计较；"功"就是功劳、功绩、功德，甚至是贡赋。从这个角度讲，计功是国家的权力，防风氏迟到这一行为，明显有挑战国家权力的成分。

第三，以会计工作为基础的财税制度，是国家运行的保障。税与财是一对"孪生兄弟"。税是财之基，财是政之基。无税便是无财，无财便是无政。这便是财政。

综上，国家需要财政做基础，财政收入来源于赋税，赋税多少决定了财政状况好坏。国家要充分掌握有效数据，用制度保障所得数据的真实性，然后再依照这些数据资料赏善罚恶，计算和审核就必不可少。因此，会计是保障贡赋制、财税制和国家权力实施的基本前提。

三、朝觐制度

朝觐制度是为整顿君臣议事规矩而设立的制度。该制度兴起于舜帝时代，健全于夏朝。《尚书·尧典》记载了舜帝巡狩泰山"肆觐东后"以及"五载一巡狩"时"群后四朝"的制度。大禹的朝觐制度，在古本《竹书纪年》和《史记·夏本纪》中都有记载。古本《竹书纪年》载，大禹称帝后，"五年巡狩，会诸侯于涂山"和"八年春，会诸侯于会稽"。《史记·夏本纪》载："或言禹会诸侯江南。"会诸侯的记载，表明大禹时期朝觐制度已经常规化。据此我们可以认为，大禹多次在会稽会诸侯，健全和完善了虞舜时期的朝觐制度。这也显示了大禹的威望与号召力。朝觐制度的确立，是国家权力中心确立的体现，也显示了中央国主（国王、皇帝）和各邦诸侯（地区）之间的权责区别。中央国主（国王、皇帝）负责召集诸侯和考绩制度及实施，地方诸侯负责响应、聚集、号召并做好汇报工作。

总之，大禹健全的朝觐制度为后来周朝的朝觐制度奠定了基础。朝觐是西周时期重要的邦交礼仪，对巩固周代初年的统治和维护周天子的权威起了很大的作用。

四、刑法制度

司法制度用于规范民众的日常行为。在尧舜时代已经有了司法制度，设立了掌管刑狱之事的官员——士，皋陶就是舜帝时期掌管刑狱的士，实施"五刑"，但是尧舜时期的司法制度总体来说执行得比较宽松。《尚书·舜典》载，舜帝说："象以典刑，流宥五刑，鞭作官刑，扑作教刑，金作赎刑。眚灾肆赦，怙终贼刑。"意思是舜帝时，在器物上刻画五刑的形状警示世人，以流放代替五刑，以显示宽容，用鞭打惩罚犯罪的百姓、官吏，用木棍抽打不服从教诲的学生，用金钱之类的东西去赎所犯罪行。赦免过失犯罪的人，对犯了罪却始终不悔改的处以死刑。在《尚书·大禹谟》载，舜帝说："刑期于无刑，民协于中。"意思是使用刑罚的目的是希望未来可以不使用刑罚，百姓的行为都能合于正道。

　　大禹建立夏朝后，也制定了刑法。《左传·昭公六年》："夏有乱政，而作禹刑。"意思是说，夏朝因为出现了不能议事的乱政，所以大禹才制定刑法。后人因此多将禹刑或夏刑作为夏朝法律的总称。但是，大禹时期延续了尧舜时期的制度，

会稽山大禹陵碑（金伟国摄）

也是以宽容为主。《尚书·大禹谟》载，舜帝时期用宽容的法度来治理百姓："罚弗及嗣，赏延于世。宥过无大，刑故无小；罪疑惟轻，功疑惟重；与其杀不辜，宁失不经。"意思是，刑罚不株连子孙，赏赐却要延续到后代。对过失犯罪，无论多大都宽恕赦免；故意犯罪者无论罪行多小都惩罚。罪行处罚不能确定时就从轻处理，

功绩不能确定时就从重嘉奖；与其杀掉无辜的人，宁可自己承担不按法度行事的责任。君主有爱惜民众生命的美德，合于民心，因此人民就不触犯法令。实际上，这也是大禹时期的刑法制度。《左传·襄公二十六年》载："《夏书》曰：'与其杀不辜，宁失不经。'"这显然是对舜帝时期的刑法的继承。这种罚弗其嗣、罚必当罪、审慎恤刑的司法理念，使得民心和谐，有利于社会安定，减少犯罪。

大禹建立夏朝后，还制定了军事律法。《尚书·甘誓》曰："左不攻于左，汝不恭命。右不攻于右，汝不恭命。御非其马之正，汝不恭命。用命，赏于祖。弗用命，戮于社，予则孥戮汝。"这是夏启即位后兴兵讨伐有扈氏之前做的军前动员令的第二部分。《甘誓》分两部分：第一部分，说明讨伐有扈氏的原因；第二部分，申述军法。军法包括：凡是作战有功的"听命"之士，都将在自己的祖庙受到奖

大禹陵岣嵝碑（金伟国摄）

赏；凡是消极怠慢"弗用命"之士，不管属于上述引文中三种情况的哪一种，都将在社坛被杀戮。因此，《甘誓》堪称中国古代最早的军法。

大禹建立的司法制度中还有中国最早的生态律法。《逸周书·大聚篇》载："春三月，山林不登斧，以成草木之长。夏三月，川泽不入网罟，以成鱼鳖之长。且以并农力，执成男女之功。"可见，大禹时期人们就已意识到环境和资源保护的重要性，并开始运用相应的法律规定来规范人们的行为。这一禁令，被称为"禹禁"，在今天看来仍然是理念先进、制度先进的代表。

在大禹实施的刑罚中，最典型的案例就是斩杀防风氏。《国语》载："昔禹致群神于会稽之山，防风氏后至，禹杀而戮之。"大禹杀防风氏的主要目的在于杀一儆百，借以削弱扬州的部族势力，巩固夏王朝的统治地位，也显示了大禹时期司法制度的严明。

五、纳言听谏

纳言听谏是尧舜时期就有的制度，我们从《尚书·虞夏书》中可以看到尧、舜与大臣们谈论治国的过程，尤其是舜帝与皋陶、禹、益、稷、契等大臣的讨论。舜帝那种纳言听谏的胸襟和气度，令人敬仰，展现了尧舜禹时代开明的风气。然而，就文献记载而言，尧舜纳言听谏的对象，仅限于联盟中的大臣和四方首领。大禹称帝后，将纳言听谏的制度更加健全了，不仅在朝中五音听政，广纳雅言，而且也深入民间听取民声。

据文献记载，大禹巡狩古越，将纳言听谏的制度从庙堂延伸到了民间。《吴越春秋·越王无余外传第六》载：大禹巡狩古越，"而留越恐群臣不从，言曰：'吾闻食其实者，不伤其枝，饮其水者，不浊其流。吾获覆釜之书，得以除天下之灾，令民归于里间。其德彰彰若斯，岂可忘乎？'乃纳言听谏"。在这里，他"见耆老，纳诗书"，聆听民众的意见，开启了向民间纳言听谏的风气。

第三节　社会伦理的引导

　　社会是基于共同生产力水平和物质条件而相互联系起来的人群，是基于一定的经济基础和上层建筑而构成的。人是社会的主体，个体是社会的分子，人与人、人与自然之间的矛盾是人类社会的基本矛盾，人与人之间的关系最主要的是社会关系。社会伦理就是调节人类社会关系的基本准则，引导人与人正常的联系，是人类文明的重要特征。大禹巡狩古越大地，实施了一系列举措，构建健康的社会伦理规则，引导社会走向文明，揭开了古越文明的新篇章。

一、化治越人，引导生活

　　文献记载，大禹巡狩古越，致力于教育引导古越人的习俗，采取了一系列的措施，垂范于越人，推动社会进步。

　　1. 造井示民，引导健康生活。大禹巡越，掘井示民，引导民众合理取水、用水，旨在引导健康生活。《吴越春秋·越王无余外传第六》载，大禹"造井示民，以为法度"。造"井"的示范，其实是对生态和城市生活法则的引导。大禹将这样的法则、法律公布于众，令民遵守，本质上是给百姓示范如何聚居城市。地底取水不破坏生态。大禹在治水的过程中，和伯益一起发现了下及地泉的规律，所以对地下取水做出规定，这就是"井"的由来。有井的地方又能聚居百姓，汇聚的人群最后形成了城市。

2. 审定度量衡，引导正当交换。大禹巡越，审定了度量衡和规矩，引导民众开展正当的物资兑换和商品交易，规范生产经营行为，引导正当的生产生活风气。《越绝书·外传记地传第十》载，大禹巡狩古越，"审铨衡，平斗斛"。这是引导社会使用度量衡，引导民众公平正当地进行物资兑换和商品交换。"铨衡"是衡量轻重的器具，即称重的度量衡和器皿；"斗斛"是测量体积的度量衡和器皿。大禹时代已经确定了审定重量和体积的单位和器具了，这是夏朝规范商业生产经营的重要举措。

3. 尊老爱幼，崇文化人。大禹巡越，重视教化，推崇文化，尊敬老人，构建了一种新的社会文明的伦理规则。《越绝书·外传记地传第十》载，大禹来到古越大地，"见耆老，纳诗书"，开启了古越大地尊文重教、尊老爱幼、推崇诗书、以文化人的新时代，形成了古越大地新的社会风气。因此，几千年来，古越大地诗书之家林立，文化气息浓郁，是中华民族的文化昌盛之地。

二、教民鸟田，开荒农垦

大禹继天子位之后，会诸侯于会稽山。大禹把忧民的重点从治理水灾使民安居，转移到生产上来，以解决民众的吃饭问题。因此，他引导民众开荒农垦，发展生产。据文献记载，大禹在古越大地开发农业最主要的举措，是教民鸟田，开荒垦殖，使鸟田变成粮食的产地。《吴越春秋·越王无余外传第六》载："天美禹德而劳其功，使百鸟还为民田，大小有差，进退有行，一盛一衰，往来有常。"

据《史记·夏本纪》载，禹在其他地方曾"令益予众庶稻，可种卑湿"，大禹在会稽山地区"美而告至"，就是"教民鸟田"，实行"轮荒制"的结果。曾有虞文明撰文认为，鸟田就是"岛田"，古代"岛"写成"鸟"。现在《尚书》中所写的岛夷，在《古文尚书》《今文尚书》和《史记》中都写作"鸟夷"。《辞源》"鸟夷"条"古'岛'字写作'鸟'，读作岛"。大禹亲自率领古越先民进入水中孤丘，对大小不等的孤丘进行平整，开垦种稻。又根据水中孤丘不断变迁的规律，从一块孤丘上开垦种稻转移到另一块孤丘上开垦种稻。由于这些都是生荒地，还没有通过不断施肥变成熟土，就采取古代沿用的种一年，养一年，种一丘，荒一丘的办法，实行轮荒制的耕作方法。这就是《越绝书》所说的"小大有差，进退有行"。大禹发明的"鸟田"耕作法，在绍兴市寺桥村马鞍遗址发掘中得到了证明。这说明早在4000多年前，这里已从事农耕活动。大禹兴岛田之利，是最早进行沿海滩涂开发的典范。

三、俭约薄葬，厚生爱民

大禹倡导了薄葬厚生的社会风气。丧葬是大事，尧舜时期非常重视丧葬礼仪，大禹也很重视。但是，大禹治国以养民为宗旨，主张薄葬厚生，不主张奢华。这种主张最终通过他对自己的丧葬安排体现出来。《吴越春秋·越王无余外传第六》记载，大禹知道自己即将不久于人世，便对群臣道："吾百世之后，葬我会稽之山，苇椁桐棺，穿圹七尺，下无及泉，坟高三尺，土阶三等。葬之后，曰无改亩，以为居之者乐，为之者苦。"《越绝书·越绝外传记地传地第十》亦载："（禹）因病亡死，葬会稽。苇椁桐棺，穿圹七尺，上无漏泄，下无即水。坛高三尺，土阶三等，延袤一亩。"这是对薄葬的倡导和垂范。

大禹对自己百年之后安葬事宜的要求，让我们看到大禹主张薄葬的具体规范。此举具有三大文明示范意义：第一，土葬文命，天人合一。大禹是一代圣君，他命令群臣在他去世之后，将其葬在会稽山上。这种土葬方式，体现了天人合一的观念，具有很强的示范性，引导社会丧葬走向——人最后应当归于尘土，这种葬法延续了几千年。第二，规制简单，薄葬厚生。大禹交代，埋葬他时使用芦苇做外棺，桐木做内棺，用材劣质，而墓穴挖七尺深，下面不要挖到地下水，坟的高度为三尺，泥土的台阶为三级，不损害生态。这种薄葬的规制具有示范意义。第三，田不改亩，保护民生。大禹要求埋葬以后，田地不要更改原有的田埂，不要为了死者安乐而使耕种田地的生者劳苦，具有很强的示范性。身后事不影响农田用地的做法，显示了大禹至死都以民为本，保民护民，为民养生的仁德。

大禹巡越时，为了构建社会伦理的基本规范，采取了很多措施，例如作城安民，也是一个重要的表现。《博物志》载，大禹"作三城：强者攻；弱者守；敌者战。城郭盖禹始也"。大禹修建内城和外城，合称"城郭"，即是一种对外御敌的军事设施，也是一种安定民众生活的民用设施。城郭可以使民众形成一种基本的社会伦理意识，即外敌入侵时登上城墙作战，平时就在城里平安祥和地生活，增强民众的社会责任感。

第四节　家族伦理的确立

中国社会家国一体的结构在大禹时期得到重视。因为国家伦理系列制度的执行，需要家庭、家族伦理首先建设起来，否则国家制度的实施就缺乏基础。同时，君臣关系的伦理规范也建立在家庭中的夫妻、父子、兄弟关系的伦理规范之上。我们从大禹巡狩会稽时修筑邑室、涂山娶妻、大禹作城、夫妻责任区分等方面，可以了解大禹构建家族伦理的思想脉络。

一、修筑邑室，确立家庭生活的独立性

家庭是社会的基层组织，是人伦规范的表征，也是社会伦理状况的反映。大禹治国以养民为宗旨，引导和保证家庭生活的相对独立性，发挥家庭稳定社会、治理国家的作用。远古时期，民众以游牧渔猎为主，过着群居的生活，家庭的相对独立性没有凸显，影响社会的进步。大禹巡狩古越，一个重要的举措就是修筑邑室，引导民众过上相对独立的家庭生活。《吴越春秋·越王无余外传第六》载，大禹巡越，"安民治室，居靡山，伐木为邑，画作印，横木为门"。意思是大禹安置百姓，带领他们修治房舍。他住在釜山，砍伐树木为都邑分界树立标记，搭起木头做成大门。大禹带领民众修

建房子，横木为门，将家庭与社会区分开来，使家成为一个相对独立的空间，从而确定了家庭生活的独立性，进一步推动了华夏文明从群居向家族定居生活方式的转型，从而确立了家庭伦理的基本规范。

二、涂山娶妻，开启了适龄青年自由恋爱的先河

婚姻是一个家庭的基础，婚姻双方如何结合，实际上是家庭伦理状况的重要反映。在尧舜时期，男女之间通常都是由父母之命、媒妁之言而结合的。据《尚书·尧典》记载，尧帝为了找到接班人，将两个女儿许配给舜帝为妻，以对他进行考察。这是远古父母包办婚姻制度的反映。这种婚姻是不以男女双方的意志为转移的。然而，大禹的婚姻却不是这样的。《尚书·益稷》，大禹对舜帝说："予创若时，娶于涂山，辛壬癸甲。"他的意思是，大禹去治水时，娶涂山氏之女为妻子，辛日成婚，到甲日，在一起只有四天。那么，他们是如何结合的呢？如前所述，《吴越春秋·越王无余外传第六》对大禹的婚姻有比较详细的、带有神话性质的记载：大禹感到自己30岁还没有结婚，怕耽误了结婚的时间，违背了结婚应该有的礼制，就祷告上苍想结婚，希望得到回应。不久，大禹遇到了化身白色九尾狐的女娇，就喜欢上了她；女娇非常喜欢唱歌，而且唱《涂山歌》暗示，娶了涂山女就会成为君王且昌盛兴旺。于是，大禹与涂山氏之女女娇结婚。显然，这是两情相悦、两厢情愿的，是以共同的理想追求为基础的自由结合。可以说，大禹开创了自由结婚的风气，有很强的现代意义。

大禹与女娇结婚，是尧舜禹时代适龄婚姻制度的证明。对于大禹与涂山氏结婚，《尚书》《楚辞》《史记》《吕氏春秋》《越绝书》

和《吴越春秋》等诸多文献都有记载，不能因《吴越春秋》的描述带有神话性而质疑其真伪。尤其值得注意的是，大禹与涂山氏结婚，是"恐时之暮，失其度制"。可见，大禹涂山娶妻，与女娇结婚是奉"制"完婚的。这个制就是适龄婚姻制，也是家庭制度的基础。可见，中国自古以来就有适龄结婚的礼制，是人人都必须遵守的传统。作为氏族成员，需要按照氏族婚姻制度延续血脉，承担传宗接代的义务。尤其在洪水治理好之后，要恢复人口基数，恢复社会景象，恢复氏族力量，形成可持续发展的后劲，就必须尽快恢复人口数量。因此，禹娶涂山氏，自由恋爱结婚，是他基于当时的现实环境做出的选择，不仅减少了包办婚姻中的繁文缛节，而且充分尊重婚姻双方的主体意愿，既回到了人文主义的本源，又解决了棘手的社会问题。可以说，大禹是中国历史上自由结婚的开创者。这种自由结婚的形式具有强烈的现实意义，也具有超时空的历史价值。

涂山氏是涂山族的部落首领，与大禹结婚十分般配。那么，大禹是在什么时候结婚的呢？《帝王世纪》载："（禹）年二十始用，三十二而洪水平，年百岁崩于会稽。"今本《竹书纪年》载，尧帝"七十五年，司空禹治河"。此时大禹是20岁，那么大禹应该是尧帝五十五年出生的，一直到尧帝八十七年，大禹32岁时治水成功，治水时间正好是13年。大禹和女娇的婚姻是在他30岁的时候缔结的，据此可以推测禹娶涂山氏的时间大概是在尧帝八十五年。

三、夫妻配合：确立了男主外女主内的分工制

大禹和涂山氏女娇建立家庭后，夫妻分工合作，配合默契，确立了家庭中夫妻两人男主外、女主内的分工制。男子在外为国为民

而奔波劳碌，女子在家撑持家务，哺育子女，辅助丈夫。这是大禹与涂山氏神话传说中透露出的重要信号。《尚书·益稷》载，大禹结婚四天就走了，"启呱呱而泣，予弗子，惟荒度土功"。《吴越春秋·越王无余外传第六》亦载："禹因娶涂山，谓之女娇。取辛壬癸甲，禹行。十月，女娇生子启。启生不见父，昼夕呱呱啼哭。"这里告诉我们，大禹是以工作为重的，是在外为国效力的，而家里的家务和抚养孩子的任务就留给涂山氏女娇了，这自然是夫妻两人共同认可的事情。

在家庭中，两性配合是重要的相处原则，是相互支持，而非单方面的付出和索取。从文献记载来看，涂山氏对大禹的配合，主要是家里家外的支持。如前所述，《吴越春秋·越王无余外传第六》载，大禹跟涂山氏结婚，一个很重要的原因，就是涂山歌告诉他，禹与涂山氏结婚后会得到大力支持和帮助："绥绥白狐，九尾痝痝。我家嘉夷，来宾为王。成家成室，我造彼昌。天人之际，于兹则行。"《初学记》二九引《吴越春秋》则为："于是涂山人歌曰：'绥绥白狐，九尾庞庞，成于家室，我都攸昌。'于是娶涂山女。"显然，这里虽然表述稍有差异，但都说明大禹娶了涂山氏之后就能得到支持，就会昌盛。显然，大禹与涂山氏结合，在夫妻责任上确立了男主外、女主内的家庭分工制度。总体看来，妻子承担家务，支持丈夫在外干好工作，两者是自愿配合，没有尊卑贵贱之分。

《楚辞·天问》洪兴祖注引《淮南子》有一段关于"大禹化熊—涂山氏化石—大禹之子启生"的记载："禹娶涂山氏女，不以私害公，自辛至甲四日，复往治水。禹治洪水，通轩辕山，化为熊。谓涂山氏曰：'欲饷，闻鼓声乃来。'……禹跳石，误中鼓，涂山氏往，见禹方为熊，惭而去。至嵩高山下，化为石，方生启。禹曰:'归我子!'石破北方而启生。"《汉书·武帝本纪》颜师古注引《淮南子》也有类似的记载:"禹治洪水,通辕辕山,化为熊,谓涂山氏曰:'欲饷,闻鼓声乃来。'禹跳石,误中鼓,涂山氏往,见禹方为熊,惭而去,至嵩高山下,化为石。方生启,禹曰:'归我子!'石破北方而启生。"这里记载着涂山氏为大禹送饭的故事,显示了涂山氏对大禹的支持。"化石"和"归我子"的细节表明,此时家庭主导权已经从母系向父系转变,子女从母系氏族时期归属于母系向归属父系转变,说明家庭伦理规则将由父系制定。这也是当时保障家庭传承、国家稳定的前提。

四、家国一体:确立以国为先的家庭伦理规范

大禹还建构了小家服从国家的以国为先的家庭伦理规范。结婚意味着家庭的建立,小家庭和天下大事之间怎样取舍呢?大禹给后人做了示范。"三过家门而不入"的故事展现了"个体—家庭—国家—天下"之间的关系。《史记》载:"禹伤先人之功不成受诛,乃劳身焦思,居外十三年,过家门不敢入。"《吕氏春秋》载:"禹娶涂山氏女,不以私害公,自辛至甲四日,复往治水。"按照人之常情,禹父无功而亡,大禹心中肯定是痛苦的、悲伤的;新婚燕尔,本来应该享受一番幸福和快乐;儿子出生,本来应该施以父亲之爱,尽一份父亲的责任,尽一份丈夫对妻子的关爱。然而,大禹为了治水事业,怕耽误治水进程,不顾重孝在身,不顾新婚妻子的感受,结婚4天就奔赴治水前线,"居外十三年","三过家门而不入",连儿子出生都没有回去。这除了表现大禹自我牺牲的奉献精神之外,还在于他有意无意地确立了以国为先的家庭伦理规范,令人敬仰。

　　家族伦理的确立，在大禹传说中经历了内在与外在的变化。家庭、家族的延续需要外在条件，都城、宫室，内在需要遵守婚姻缔结制度，遵守夫妻配合与分工的制度。这一系列对家庭伦理的建设，在神话传说故事里是温和的文字表达；但回到历史现场，我们便能看到隐藏着的深刻的不得已——为了尽快平复灾害，让天下百姓有安定的居住环境、安定的生活，大禹才制定了家族伦理。这显示了大禹更高的精神境界。

　　女娇和大禹婚前并没有太多的交往。新婚燕尔，两人却只有四天的相处时间。这对一对恋人来说是多么残酷！何况四天后，女娇面对的是不知归期的等待。大禹和女娇为了天下苍生牺牲了自我、小家的幸福，这也是一种家庭观念的示范——大公无私，将国家、天下放在先于自己和家庭的位置。

第四章

浙江禹迹与文化沉淀

《禹贡》载："禹划九州。"浙江古属扬州，大禹治水后，扬州的彭蠡泽和震泽流域，大致即今鄱阳湖、太湖流域，皆可安居。因扬州的土壤为潮湿的泥土，故大禹评定扬州的田地是"下下"，即第九等，赋税是"下上"，即第七等。上古时期，杭州湾一带的宁绍平原多为海滨滩涂，且海浸严重。如前所述，根据文献典籍记载，大禹多次巡狩古越大地，在治水时"尽力乎沟洫"，疏通治理越地水系，建立夏朝后，又多次在会稽山会诸侯，论功行赏，斩杀迟到的防风氏，后因劳累奔波病死，葬于会稽山下，留下了传说和遗迹。后来，大禹六世孙夏后帝少康封其子无余于越，奉守禹祀，建立越国。到魏晋时期衣冠南渡以及宋室南迁，大批北方人迁居越地，文化亦随之播迁。南北方大禹文化记忆在交流互鉴中混融，形成了浙江地区独特的大禹文化遗迹和文化现象，特色鲜明，积淀深厚。

浙江的大禹文化遗迹很丰富，居全国之首。据《中国禹迹图导读》载，禹迹遍布全国29个省市，迄今有651处。《浙江禹迹图》载，浙江省11个地市，大概有大禹遗迹209处，有的是自然遗迹，有的是人文遗迹。自然遗迹主要是山水遗迹，还有一些诸如禹穴、窆石、禹龙洞等。人文遗迹主要以大禹陵为代表，还有大量民间庙宇，用以奉祀大禹及其妻子涂山氏和臣属伯益、防风氏等。大禹在越地还被称为"平水王"，诸多平水王庙彰显了浙江大禹文化的鲜明特征。浙江还有很多地名，如余杭、了溪、诸暨、夏履桥等都因大禹传说而得名。这些遗迹，是大禹文化的沉淀，成为浙江文化中可视、可感、可思、可想的独特形态。

第一节　山水遗迹

浙江有许多山脉、山峰、河流等因大禹治水传说而得名，以绍兴市最为突出，有会稽山、涂山、夏盖山、了溪、菲饮泉等20多处，其余则分布在杭州、金华、宁波、台州等地市。

一、山镇文化遗迹

会稽山：位于绍兴市东南部，又称"茅山""苗山"，系华夏五大镇山中的"南镇"，史载是大禹娶妻、祭祀、计功、归葬的地方。会稽山脉为浦阳江和曹娥江的分水岭，呈东北—西南走向，长约100千米，主峰东白山在诸暨市、嵊州市、东阳市交界处，为绍兴市最高峰，海拔1194.6米。相传会稽山因夏禹于此大会诸侯、计功行赏而得名，《史记》《水经注》《越绝书》《吴越春秋》等都有记载。如《史记》载："或言禹会诸侯江南，计功而崩，因葬焉，命曰会稽。会稽者，会计也。"《越绝书》载："禹始也，忧民救水，到大越，上茅山，大会计，爵有德，封有功，更名茅山曰会稽。"

宛委山：位于绍兴市区东南15里，又名"石匮山""石箦山"，亦名"玉笥山""天柱山"，海拔279米。宛委山内有禹穴、阳明洞天、龙瑞宫、大禹靴等景观。相传，黄帝藏书于会稽山脉的宛委山石匮。大禹治水时，在梦中受玄夷苍水使者指点，在宛委山下设斋三月，得到金简玉字之书。大禹读后知晓了山河体势，终于治水成功。《吴越春秋》《水经注》《会稽志》《十道志》等均有记载。例如《吴越春秋》载："东南天柱，号曰宛委，赤帝在阙。其岩之巅，承以文玉，覆以磐石，其书金简，青玉为字……庚子登宛委山，发金简之书。"意即九嶷山东南的天柱，号称"宛委山"，赤帝居住在山上宫殿里。山崖顶上藏有一本书，用有花纹的宝玉托着，用厚厚的大石头盖着，这本书用的是黄金制的简，简上是青色的宝玉连缀成的文字。后来，大禹登上宛委山，拿出了黄金简书，查阅了书上的玉字，了解了疏通河道的原理。《会稽志》载："会稽山南有宛委山。其上有石，俗呼石匮……昔禹治洪水，厥功未就，乃跻于此山。发石匮，得金简玉字，以知山河体势。于是疏导百川，各尽其宜。"

禹山：位于绍兴城北，相传因大禹驻跸于此而得名。万历《绍兴府志》载："禹山在府城北三十里，旧传大禹驻跸于此。"

涂山：又称"西崌山""西余山""旗山"，因古时北临大海，地处滨海滩涂而得名，海拔116米。位于绍兴市柯桥区安昌街道西崌村，相传系大禹娶妻、斩防风之地。《越绝书》卷八载："涂山者，禹所取妻之山也，去县五十里。"意即离绍兴县治50里的涂山，是大禹的婚娶之地。宋人王十朋《会稽风俗赋并序》载"嵊山巍其东，涂山屹其西"，并注释"嵊山在剡县东三十四里，涂山在山阴西北四十五里"。又传大禹将迟到的防风氏诛杀于涂山东麓下的河畔，今山下仍有"红河""红桥"等地名。宋嘉泰《会稽志》："涂山在县西北四十五里，旧经云，禹会万国之所。案《史记》《国语》，禹会诸侯于会稽，执玉帛者万国，防风氏后至，禹诛之。"全国各地有多处涂山，据唐代苏鹗《苏氏演义》载，分别在会稽、渝州、濠州和当涂，即今天的浙江省绍兴市、重庆市、安徽省蚌埠市和安徽省马鞍山市当涂县。另外，河南省嵩县还有三涂山，浙江绍兴的地方志中亦载有两处涂山，但西庄村的涂山更符合古籍记载。

金帛山：位于绍兴市柯桥区齐贤街道朝阳村，海拔103米。金帛山东南麓有新石器晚期文化遗址，1994年发掘出石锛、石刀、石簇、泥质黑陶等文物。相传因诸侯执玉帛朝会大禹于此而得名。明万历《绍兴府志》卷四载："金帛山，在府城西北四十三里。世传禹至涂山，诸侯执玉帛朝会于此。其岭有九龙池。"

东担山、西担山：位于绍兴市柯桥区州山村。相传禹治水时有孽龙不甘心被赶下海，就联合各江恶龙一次次反扑，潮水直逼会稽山脚。大禹决定用剩下的息壤建起一道海塘把潮水挡住。息壤只能放在神龟背上，因只要一小点洒落到泥地就会生长故名。大禹一担担挑着息壤所生泥土建海塘，途中虽走丢了草鞋也不敢放下担子。孽龙一看心生一计，就使了个绊子，将大禹绊了一个趔趄。两筐土倒在了地上，霎时长成了两座小山，故而得名东担山、西担山。

夏盖山：位于绍兴市上虞区盖北镇与谢塘镇之间，海拔169.9米，又名"大禹峰""夏驾山"。相传大禹治水时曾驻此山，如元《一统志》云："相传神禹曾驻于此。"万历《绍兴府志》云："夏盖山，在县北六十里。山形如盖，无奥谷，深林卓然。一顽石，高出半天，世传夏禹尝驻盖焉。南距夏盖湖，北障海。海北即海盐县。上有龙潭，南麓有净众寺。宋张即之书其门曰'大禹峰'。一名夏驾山，谶书云：'夏驾山浮，可避甲申水灾。'"《读史方舆纪要》云："夏盖山，县西北六十里。南临夏盖湖，北枕大海，西去三江口密迩。"《上虞县志》载："夏盖山在县西北六十里，一峰崒崒，高出天半，其形如盖，一名夏驾山，相传神禹曾驻于此。"夏盖山下有纪念涂山氏的夏盖夫人庙，山上还有供奉大禹妹妹的辰洲娘娘庙。

禹山：位于嵊州市仙岩镇，相传大禹曾居住于此，故名"禹山"。山上曾筑有禹亭，今有禹山茶场。禹山南有一座二三十米高的岩壁，岩壁上有狒狖洞，传说是大禹藏治水秘诀的地方。禹山西侧的小山岙下，据传是大禹登岸出入的船埠，又是锤打铁器工具的地方。此地雪花落地即融化，相传是当年堆积余薪所致。

了山：位于嵊州市八里洋东。嘉泰《会稽志》云："了山在(嵊)县东北一十二里，南有余粮岭，其地产禹余粮。"相传大禹将剡中湖水导入大海后用馒头在此祭神，祭神后的馒头散落在山岭幽谷，入土风化，成了石馒头，外壳坚脆，内有赤糁，俗称"余粮石"或"禹余粮"。一说大禹治水功毕，弃余粮，化为石。从前，八里洋的农民在耕作时，常常会从地下挖到这种奇石。

余粮岭：位于嵊州市了山东北，因盛产禹余粮而得名。相传，大禹治水功毕，弃余粮，化为石，石大如拳，碎之，内有赤糁，名"禹余粮"，或称"余粮石"。宋高似孙的《剡录》载："其东北曰了山，山有余粮岭。""禹治水止于此。山中产药，称禹余粮，盖余食所化。"宋代王十朋的《余粮山》诗云："禹迹始壶口，禹功终了溪，余粮散幽谷，归去锡元圭。"意即大禹治水始于壶口，毕功于了溪，禹余粮散落于山谷深处。大禹治水成功后舜帝赐予玄圭。

车骑山：位于嵊州市三界镇嶀浦东南，相传是大禹治理了溪时的驻地。该山远望酷似一只覆置的铁锅，相传是大禹兴炊的大锅石化而成，故又名"甑山"。又传大禹在山峰上插旗指挥，因此主峰俗称"插旗峰"。车骑山北有峭壁百丈，壁顶有一小径，用足猛蹬，会发出訇然之声，相传是大禹留下的鼓发出的声音，故又称之为"响石岭"。

蒸笼岩：位于嵊州市里坂村北，岩壁风化成一屉屉的蒸笼状，传说是大禹夫人蒸馒头所遗。据清道光《嵊县志》记载："甑山，在县北十里，传大禹遗迹，俗呼石蒸笼，亦名甑石，其地有禹妃祠。"相传当年大禹治水，大禹夫人就在此蒸馒头，为大禹提供三餐所需。

成功峤：位于嵊州市三界镇崤浦村招士湾自然村的剡溪两岸，河道狭窄，峭岩壁立，据说是大禹治水时凿开的遗迹。崤山和嵊山对峙，两面红色玄武岩石壁相对如门，是剡溪的最窄处，出隘口即为剡溪口崤浦。旧传大禹治水劈开此隘口，毕功于此，故名"成功峤"。

顾东山：位于新昌县新林乡祝家庙村，西距新昌市区50里。相传大禹治水时登之以望东海，故名"顾东山"。山上现有大禹像一座。明成化《新昌县志》载："顾东山，在县东北五十里三十一都，高五十丈，围六里。世传禹治水时登之，以望东海诸山。"万历《新昌县志》载："顾东山在三十三都，县东五十里，世传大禹治水时登之以望东海诸山。"顾东山山麓有查林村，"顾东陶冶"系"查林十景"之一，有诗曰："东海尧平洪水，南岩任钓巨鳌。夏王登此顾东峤，古迹至今夸耀。"

南岩山：位于新昌县城西15里，山岩皆沙石积成，如筑墙状，以物触之，纷纷而落，时见螺蚌壳化石。俗传岩下乃海门，为大禹治水时水流东注，积沙成岩，实则为白垩纪（距今约6000万年前）海相沉积而成。明成化《新昌县志》载："南岩山，在县西十五里六都。高一百余丈，围十五里。山岩陡险，皆沙石筑成，如筑墙状。物触之，纷纷而落。时或有弃坠者。世传：大禹治水，东注积沙成岩，是为海门。若然，则唐虞之时，新昌平地皆海，所谓怀山襄陵是也。今岩石间，或有螺壳可验。"万历《新昌县志》载："南岩山，在五六都，县西十五里。山岩陡险，皆沙石筑成，如筑墙状。物触之，纷纷而落。时或有弃坠者。世传：大禹治水，东注积沙成岩，是为海门。岩石间，或有螺壳。"

东峃山：位于新昌县城东50里，又名"远望尖"，海拔665米，山上有水帘洞。山间有圆石如拳，碎之内有屑如馅，俗名"石馒头"。相传大禹治水至此，弃其余粮，后化为石，又称"禹余粮石"，可入药。李时珍《本草纲目》载："禹余粮，乃石中黄粉，生于池泽。久服耐寒暑不饥，轻身飞行千里，延年不老。""气味：甘、平、无毒。"

渡王山：位于新昌县城北10里，相传大禹治水尝登此山，后人建有禹王庙。明成化《新昌县志》载："渡王山，在县东十里三十九都，绵亘三十里。相传：大禹治水，曾经此山。上有禹王祠。"

缆船峰：位于新昌县，为"穿岩十九峰"之一。山上有岩，相传大禹曾缆船于其上。

百郎峰：位于新昌县西南50里，"穿岩十九峰"南侧。山顶有岩洞，深广各十余米，俗传大禹治水时有人员百余名曾驻此，因名"百郎殿"。

舟枕山：位于杭州市余杭区余杭街道，主峰海拔397.9米。传说大禹治水来到此地时，见到一片汪洋，只有这座山未被淹没，大禹的舟船便停泊在此，故后世名之为"舟枕山"。清王潞有《舟枕山》诗："禹历津梁亦已疲，舍舟登录山作枕。"舟枕山山顶有石穴，传说是古时的娘娘庙，舟枕山因此也叫"娘娘山"。苏轼有诗句"问谍知秦过，看山识禹功"，并自注："余杭，始皇所舍舟也。
西北舟杭山，尧时洪水，系舟山上。"南宋咸淳《临安志》载："舟
枕山，在余杭县西北二十五里，山顶有石穴，故老云：禹治水维舟
之所。"舟枕山东侧有大禹谷，今建有禹迹亭，还有山坞名"揽船
湾"，现是甘岭水库一长湾，传说大禹曾缆船于此，又叫"烂船
湾"，意谓大禹乘坐的船几千年来早已烂掉了。

秘图山：位于余姚市舜水楼边，相传因大禹曾把治水的秘图藏
于此山中而得名。嘉泰《会稽志》载：（秘图山）"在县北六十七
步。《旧经》云：上有石匮，夏禹所藏灵秘图之所。旧号方山，天
宝六年改今名"。万历《绍兴府志》卷五载："余姚秘图山，在县署
北。署垣据北麓半，其南麓为知县廨。上有石匮，《旧经》云：神
禹藏灵秘图之所。山高止丈许，周广数十步。初盖名方丈山，唐天
宝六年改今名。"

东刊山：位于临海市涌泉镇北。最早记载其为台州大禹遗迹的
是南朝宋孙诜的《临海记》："东刊山，山极高远。盖禹随山刊木，
因以为名。"南宋陈耆卿嘉定《赤城志》卷十九载："东刊山，在县
东九十一里。一名天柱，东南接黄石山。"

覆釜山：位于临海市东的海中，因形似覆釜而得名。相传大禹
登此山而得龙符之瑞，唐代改名为"龙符山"。南宋陈耆卿嘉定
《赤城志》卷十九载："龙符山，在县东一百七十一里海中。本名覆
釜……《吴越春秋》云：吾得覆釜书，除天下之灾。而刘世轨记
云：夏帝登此山，得龙符之瑞。唐天宝六年，始改今名。"

禹岭：位于台州市黄岩区宁溪镇蒋岙村。传说大禹带领治水队
伍屯驻在这道山岭上，凿通前垟山和蒋岙口山之间的山岭，使南港
洪水顺利注入宁溪。后人为纪念大禹，便称此岭为"禹岭"，还在

岭上建了祠庙。清黄瀯锦的《金岙八景·禹岭祠踪》诗云："峰回水绕岭崎斜，夏后坛墠景孔嘉。"

八面山：位于东阳市南上湖村和横店镇之间，海拔523米。四面峭绝，八面凌空，山腰有火山口（当地人称"肚脐"），为典型的火山锥，号称"中国小富士"。相传大禹登上大茅山山顶，远远看见东面的洪水还未退去，就连忙下山赶到东阳，手挥大锹，身穿蓑衣，冒着大雨，日夜治水。过了七七四十九天，洪水终于被降服了。大禹离开的时候，把斗笠、蓑衣随手放在山上，此山就叫作"禹山"，也叫"夏山"，俗称"八面山"。

官岩山：位于浦江县黄宅镇钟村，又名"狮子岩""螺峰""康侯山"，海拔391米。远望如一只蹲踞的雄狮，翘首云天。南坡绝壁下有洞穴，唐朝咸通年间（860—874）于此建官岩教寺。相传古浦江一带首领康侯，追随大禹治水，很得赏识。他为便于观察江流水情，把居所搬到浦阳江边一处岩洞里，白天下山与百姓一起开山挖石，清淤导流，晚上住到岩洞思考治水良策，终因积劳成疾而死。百姓们为缅怀康侯，为之建庙筑墓，塑像立碑，并把此山命名为"康侯山"。

二、水系文化遗迹

崇浦：位于嵊州市三界镇崇浦村，系"剡溪九曲"之一。剡溪从南往北穿越嵊州市全境，沿途形成了著名的"剡溪九曲"胜景，一曲长乐、二曲艇湖、三曲禹溪、四曲仙岩、五曲西鲍、六曲姚岙、七曲崇浦、八曲沈家、九曲三界。南宋嘉泰《会稽志》载："崇浦在县西南四十五里，水经云崇山成工峤以北有崇浦。浦口有庙甚灵，行人及樵采者皆先致敬，若相盗窃必为蛇虎所伤。浦北即嵖山与嵊山接，二山虽异县而峰岭相连。"据方志记载，嵖山原与嵊山峰岭相连，导致剡中盆地时有水患，传说大禹治水，率民众劈开嵖、嵊二山，成功将剡中盆地的湖水导入大海。

金鸡弄：位于东阳市南马镇与画水镇交界地段。相传大禹治水时，见东阳南乡一片汪洋，就带人乘木筏驻扎在横店的八面山。在东阳治水非常困难，直至在一只金鸡的帮助下，大禹才凿开了南马镇金鸡弄山口，后称此山口为"禹门"。明洪武年间，诗人卢秋有诗："二月乘船顺水沌，桃花飞片逐流云。春风鼓动三层浪，为送鱼龙跳禹门。"金鸡弄附近还有禹王峰，据东阳当地的《八华山志》记载："禹峰，平地卓立，相传夏禹治水至此，故名。"金鸡弄附近的画水镇月峰村还有座"拜禹山"，当地百姓过去一直有登山祭禹的传统。

神斧涡：位于磐安县尖山镇十八涡景区。十八涡与新昌县的"穿岩十九峰"相连，神斧涡系十八涡之一。传说大禹治理好东阳南江后，就到磐安县东北治理洪水。他抡起神斧劈出一条峡谷，使洪水下泄。为纪念大禹功绩，后人在涡潭边镶嵌了两把石斧，故名"神斧涡"。

了溪：又名"禹溪""剡溪"，在嵊州市境内。嘉泰《会稽志》载："了溪在（嵊）县东北一十五里，源出了山，合县南溪流以入于剡溪。《旧经》云：禹疏了溪，人方宅土。"意即了溪在嵊县（今嵊州市）东北15里，发源于了山，与县南溪流汇合后注入剡溪。古籍记载，大禹疏通了溪后，人们方可于溪畔安居。宝庆《会稽续志》载："剡溪古谓之了溪。图志谓禹治水至此毕矣。"据传，古时新昌、嵊州一带是个大湖，庄稼常为洪水淹没，大禹治水到此，率民众劈开嵖、嵊二山，湖水入海，治水终获成功，"了溪"因而得名。唐李绅《龙宫寺碑》："会稽地滨沧海，西控长江，自大禹疏凿了溪，人方宅土……铭曰：沧海之隅，会稽巨泽。惟禹功力，生人始籍。"

禹井：位于绍兴市大禹陵景区禹祠院内，相传为大禹所凿，因而得名。如今水井上方建有禹井亭，亭柱有楹联"德泽被万方，轨范昭百代"，咏赞大禹功绩。《汉书·地理志》载："山阴，会稽山在南，上有禹冢、禹井，扬州山。"《水经注》则云："会稽山东有湮井，去（禹）庙七里，深不见底，谓之禹井，云东游者多探其穴也。"这似乎是指在会稽山东面的湮井。南宋嘉泰《会稽志》云："禹井在县（会稽）东南会稽山。"《吴越春秋》徐天祜注引《地理志》曰："会稽山上有禹井，相传下有群鸟耘田也。"

菲饮泉：位于绍兴市大禹陵景区内，泉水四季不涸，清凉甘冽，因孔子评价"禹，吾无间然矣。菲饮食而致孝乎鬼神；恶衣服而致美乎黻冕；卑宫室而尽力乎沟洫"而得名。宋王十朋有诗《腊月望日出郊探春游告成观谒大禹祠酌菲饮泉遂至龙瑞宫观禹穴薄暮而还》："禹葬稽山不记年，丹青落尽庙依然。神文秘在藏书穴，俭德流为菲饮泉。龙瑞峰峦高近日，鉴湖烟水阔浮天。东州佳处略经眼，自笑好奇如马迁。"

秘图湖：位于余姚市秘图山南麓，今已不存。《越中杂识》："秘图湖，在余姚丞廨之前，初名石窦，微有泉流，好事者因而广之，才丈许。岩石陡处，镌曰神禹秘图。"光绪《余姚县志》载："秘图山，在县治北，本名方丈山，唐天宝六载改今名，旧书谓神禹藏秘图之所。其下勺水即秘图湖。"

苕溪：位于杭州市余杭区。相传余杭原来是一片汪洋，大禹治水来到这里，遇到一位姑娘，向她讨教如何治理水患。姑娘给了大禹一只碗，教他将碗沉入水底。大禹照做，不一会儿，水便"哗哗"地流进碗里。姑娘还教大禹到径山凌霄峰上采来凌霄花，去碰一下浮玉山上那棵最小的灵芝草。大禹按照姑娘说的去办，不一会儿，地动山摇，轰隆一声，汪洋变成了两条溪，还长出了苕草。这就是现在的东苕溪和西苕溪。沉碗的地方，便是现在的南湖。原来姑娘是龙王的女儿，故舟枕山也称"娘娘山"。东苕溪右岸堤塘称"西险大塘"，明陈善《南湖考》载："大禹筑塘，名西海险塘。"历代均有苕溪洪水成灾的记录，亦有不断修筑西险大塘的工程。

　　浙江因大禹治水而得名的山、水，是对大禹功绩最好的纪念。山是丰碑，水乃赞歌，大禹治水在浙江留下了深刻的文化印记。这些山水虽多因汉唐以来的史书及方志所记载而得名，但其数量之多，分布之广，彰显了浙江大禹文化在全国的地位和影响。

第二节　大禹陵

　　大禹陵位于绍兴市越城区会稽山北麓，是一处合陵、祠、庙于一体的古建筑群。司马迁《史记·夏本纪》载："禹会诸侯江南，计功而崩，因葬焉，命曰会稽。"大禹陵古称"禹穴"。明洪武年间，朱元璋钦定大禹陵为全国36座祭祀帝陵之一。1996年，大禹陵被国务院公布为第四批全国重点文物保护单位。1997年，大禹陵又被中共中央宣传部列为全国百家爱国主义教育示范基地。2006

年，大禹陵祭典被国务院列入国家级非物质文化遗产名录。大禹陵坐东朝西，自然环境优美，由禹陵、禹祠、禹庙三大建筑群组成，有大禹陵牌坊、神道、棂星门、大禹陵碑、享殿、大禹像、大禹纪念馆等建筑。

大禹陵牌坊：高12米、宽14米，高大古朴。牌坊顶为双凤朝阳，庄重典雅，雕刻精美。柱端为古越人崇拜的神鸟——鸠。坊额"大禹陵"为中共中央原总书记江泽民题写。牌坊前，有一根横卧的青铜柱子，名"龙杠"。龙杠两侧各有一柱，名拴马桩。凡进入陵区拜谒者，上至皇帝，下至百姓，须在此下马、下轿，步行入内，以示对大禹的尊崇。龙杠上有"宿禹之域，礼禹之区"的铭文。

神道：两旁安放着由整块石头雕塑的熊、野猪、三足鳖、九尾狐、应龙等，相传这些神兽都是帮助过大禹治水或大禹自己所变的神奇动物。从神道经祭禹广场，跨过告成桥即是棂星门。

大禹陵碑亭：位于棂星门后，内立明嘉靖十九年（1540）绍兴知府南大吉楷书"大禹陵"三字巨碑。碑高4.05米，宽1.9米，字径为1.23米。碑后相传即大禹葬地，选址依据是闽人郑善夫考证之禹穴所在地。明世宗嘉靖二年，礼部员外郎郑善夫来到绍兴，实地考察了大禹陵庙及周围地域，撰《禹穴记》曰："复探禹穴……玩梅梁，摩裟窆石，睹先圣遗像，得禹穴于菲井之上，徘徊瞻眺，想其卑宫而菲食，为之喟然兴怀。"嘉靖三年，南大吉重新营建大禹陵园，并亲笔书写"大禹陵"碑。自此以后，"大禹陵"碑亭就取代窆石而成为大禹陵的标识。明万历年间，张元忭、徐渭合撰的《会稽县志》载："郑善夫定（大禹葬身之墓穴）在（禹）庙南可数十步许，知府南大吉信之。"碑亭南有禹穴辨碑和禹穴碑，系前人考辨夏禹墓穴所在而立。《禹穴辨》一文为清代"浙派"篆刻创始人、"西泠八家"之一的丁敬所作。陵左侧有禹祠，为重建。陵右侧有禹庙、咸若亭、碑廊和菲饮泉亭。

禹祠：据载是夏王朝第六代君王少康封其庶子无余赴此守护大禹陵时创建，是定居在禹陵的姒姓宗族祭祀、供奉大禹的宗祠。原址为梁大同十一年（545）始建今禹庙时立的大禹寺。现存禹祠为1983年重建，坐东朝西，祠内有前殿、后殿、放生池、曲廊和禹井亭等建筑。前殿陈列着《大禹治水》《稽功封赏》砖雕；后殿有大禹塑像，还陈列有《姒氏世谱》及记载历代祭禹情况的《祀禹录》等。禹祠左侧有"禹井亭"。禹井相传为禹所凿。

咸若亭：创建于宋隆兴二年（1164），石结构，六角、攒尖、三层、镂空雕饰，极具地方特色。"咸若"一词源于《尚书·皋陶谟》中皋陶与大禹讨论如何实行德政、治理国家时大禹的一句话："吁！咸若时，惟帝其难之。"意为万物若能顺其自身的规律，就能得到它的好处。

享殿：位于"大禹陵"碑后，是日常祭祀及大型拜祭活动的主要场所。嘉靖初年，绍兴知府南大吉立"大禹陵"碑，并在碑后建享殿三间，至清代光绪年间倾毁。2007年11月，绍兴市文物局复建大禹陵享殿，面阔五间，重檐歇山顶，与现存禹庙大殿的建筑风格一致。正殿设神龛，供奉"华夏圣祖大禹之神位"。神位正前方按"太牢"之礼，陈设了43件祭器。两侧墙面配以大禹"治水""立国"的大型彩绘，浓缩体现了大禹一生的丰功伟绩。另有配殿两座，主要陈列历代的告祭碑文和重建大禹陵享殿碑记。

大禹铜像：位于石帆山顶，手持耒，气势雄伟，像高21米，重118吨，建成于2001年。

禹庙：始建于南朝梁大同十一年（545），为我国江南少有的大型古建筑群，为历代帝王、官府和百姓祭祀大禹的地方。北宋政和四年（1114），禹庙改为"告成观"，后又复为禹庙。其后历代又均有兴修，以南宋绍熙三年（1192）、明嘉靖二十九年（1550）、清嘉庆五年（1800）、民国二十二年（1933）等四次维修规模为最大。整个庙宇顺山势而逐步升高，错落有致，雄伟壮观。中轴线依次为照壁、午门（包括宰牲房、斋宿房）、拜厅（包括碑房）、大殿。

照壁前为岣嵝碑亭，岣嵝碑因最早立于湖南衡山岣嵝峰而得名。明嘉靖二十年（1541）冬，绍兴知府张明道据湖南岳麓书院拓本摹勒，亭为清咸丰年间所建。碑文凡77字，有明代著名学者杨慎的释文。

岣嵝碑亭前是午门。午门有三门，中门常闭。据说只有举行祭禹典礼和皇帝祭禹时才能打开，而且只有皇帝才有资格跨越中门，其他人只能从两旁的边门出入。穿过午门，即到拜厅。

拜厅，也称祭厅，是祭祀的地方。拜厅和大殿之间有清乾隆十六年（1751）三月八日乾隆皇帝在此祭禹后留下的诗碑，又称"御书碑"。

大殿是整个禹庙建筑群的最高建筑，曾于1929年倒塌，现存大殿建筑系1934年重建，宽23.96米，进深21.55米，殿高24米。殿内大禹塑像高6米，头戴冕旒，手执玉圭，身披朱雀双龙华衮，雍容大度，令人望而起敬。两侧为康熙皇帝祭禹时所撰楹联："江淮河汉思明德，精一危微见道心。"殿内还陈列有鼓、磬等祭禹礼器。殿内金柱上的四副楹联分别由书法大师沙孟海、启功、赵朴初、王蘧常书写。大殿的顶脊上有康熙皇帝所题"地平天成"四字。禹庙大殿东侧有窆石亭。窆石，传为大禹下葬时的工具。在窆石亭侧，有"禹穴""石纽"碑。

如今大禹陵被开辟为景区，西侧建有大禹纪念馆和大禹文化研究院。最初是浙江越秀外国语学院绍兴市哲学社会科学重点研究基地、大禹与中国传统文化研究中心主任刘家思教授和助理研究员丁新博士在咨询报告中建议建立大禹纪念馆和大禹文化研究院。后此建议被采纳。大禹纪念馆建筑面积约2.8万平方米，由中国建筑界泰斗何镜堂院士设计。建筑外形以"禹铸九鼎"为设计理念，磅礴大气，彰显大禹统领九州的王者风范。大禹纪念馆地上两层，地下一层。整个纪念馆为方形，寓意"天圆地方"，上有圆形穹顶，而穹顶由99层9000多片铜块铺设而成。大禹纪念馆的主展厅在地下一层，共有四个展厅。第一展厅主要讲述了大禹家世、治水伟业、越地治水等内容；第二展厅主要讲述了立国始祖、禹葬会稽、四海禹迹等内容；第三展厅主要讲述了大禹陵庙的修建史、千年祭祀、历代颂禹等内容；第四展厅主要为多媒体互动厅。大禹纪念馆完整呈现了大禹波澜壮阔的一生及其泽被后世的伟大功绩。大禹文化研究院在大禹纪念馆西侧，是一个集学术交流与研学游一体的园林式综合体，内有小型学术报告厅、宾馆。

大禹陵是绍兴市乃至浙江省的重要文化地标。汉武帝元朔三年（前126），司马迁上会稽，探禹穴。所谓"禹穴"，也就是埋葬大禹的地方。明嘉靖十九年（1540），绍兴知府南大吉立大禹陵碑，后损毁，1979年根据明代原貌重建碑亭。自夏、商、周以来，历朝历代皆有祭禹习俗和礼制，南朝宋文宗、唐德宗、明太祖等多次遣使祭祀禹陵，清朝康熙、乾隆帝还亲祭禹陵。1995年，浙江省恢复举办大禹祭祀活动。2005年开始，每年皆举办公祭大禹陵典礼。大禹陵遂成为中华民族的重要精神标识之一。

第三节 大禹庙宇

庙宇包括寺庙和祠宇，是承载民间信仰、文化教育、慈善活动等的重要公共文化空间，古往今来在维护社会和谐、促进社会发展中扮演着重要角色。浙江与大禹有关的庙宇，包括供奉大禹、涂山氏、伯益、防风氏等的庙宇，亦发挥着同样的社会功能。《浙江禹迹图》一书包罗了浙江100多座与大禹相关的庙宇，主要分布于绍兴、杭州、宁波、金华、台州等地市，尤以绍兴市和丽水市为多。

西扆山禹庙：位于绍兴市柯桥区安昌街道，始建年代不详，可能在南朝以前。孔灵符《会稽记》载："涂山禹庙：始皇崩，邑人刻木为像祀之，配食夏禹。后汉太守王朗弃其像江中，像乃溯流而上，人以为异，复立庙。东海圣姑，从海中乘石船，张石帆至。二物见在庙中……宋武帝修庙，得古珪。梁武帝初修之，又得青玉印。"万历《绍兴府志》载："山阴庙在涂山南麓，宋元以来，咸祀于此，国朝始即会稽山陵庙致祭，兹庙遂废。"乾隆《绍兴府志》载："大禹庙在山阴县西余山。"禹庙原位于西扆山山顶，相传明朝刘伯温为破旗山风水，拆掉山上庙宇，削平旗山顶峰。明代峡山何诏后裔为了建造坟墓，将禹庙迁至山脚下红河东岸，更名为"涂山寺"。原寺规模甚大，后遭毁坏。今涂山寺仅存部分殿宇和历代帝王祭禹石碑。

禹迹寺：位于绍兴市区，又称禹稷寺，始建于晋义熙十二年（416），唐大中年间、清乾隆年间、民国时，皆曾重修。现已不存。旧址在绍兴古城春波桥北，现仅存禹迹寺古双井遗迹。宋嘉泰《会稽志》载："大中禹迹寺，在府东南四里二百二十六步。晋义熙十二年，骠骑郭将军舍宅置寺，名觉嗣。唐会昌五年，例废。大中五年，僧居玄诣阙，请僧契真复兴此寺，并置禅院于北庑，诏赐名大中禹迹。"乾隆二十年（1755），清凉道人《陆放翁诗迹》："予昔客绍兴，曾到禹迹寺访之。寺在东郭门内半里许，内祀大禹神像，仅尺余耳。寺之东有桥，俗名罗汉桥，桥额横勒'春波'二字。"1938年12月，周作人作《禹迹寺》诗："禹迹寺前春草生，沈园遗迹欠分明。偶然拄杖桥头望，流水斜阳大有情。"1939年10月，周作人又撰散文《禹迹寺》。

彼苍庙：位于新昌县儒岙镇，又名"禹皇殿"，始建于明朝中叶。"彼苍"是"天"的意思，庙门上有两块"彼苍庙"匾额，分别出自书法家郭仲选、沈定庵的手笔。据旧志载，彼苍庙始建于明万历年间，原址在会墅岭村，明中后期才移至今址。彼苍庙主殿为禹王殿，后殿为观音阁，侧有谢公殿、魁星阁、文武殿、太白楼。禹王殿楹联："三过其门虚度辛壬癸甲；八年于外平成河汉江淮"；"浩荡神州万民敬仰；巍峨圣德举国尊崇"；"彼苍无私曲，惟酬勤而还善；伯禹有大德，乃献身以济民"，由浙江省文物专家汪济英书丹。禹王殿前门左右两侧各有一幅正圆形壁画，是新昌著名画家杨浩昌先生所画，左侧是大禹在指挥治水，右侧是大禹三过家门而不入的故事。每年农历六月二十九、十月二十六，在此举办庙会。1994年10月，彼苍庙被列为新昌县文物保护单位。

顾东山禹王庙：位于新昌县新林乡祝家庄村，相传因大禹曾登上顾东山，故后人建庙祭祀。后重建，俗称"祝家庙"。清末至民国初年，禹王庙迁建于今址，曾一度易名为"永欣庙"，仍供奉禹王、禹王奶奶。大门两侧楹联："夏王治水登顶顾东峤；乡民敬奉择此筑宇庙。"戏楼和东、西两厢房相连相通，楹联："天地平成功自在；春秋飨祀礼仍修。"正殿中间供奉禹王及其夫人。殿中柱子上悬挂有楹联两副："克勤于邦克俭于家；可爱非君可畏于民""已将慈悲敷四隩；更把疏导分九州"。

渡王山禹王庙：位于新昌县羽林街道渡王山村。成化《新昌县志》载："渡王山，在县东十里三十九都，绵亘三十里。相传大禹治水曾经此山。上有禹王祠。""禹王祠，去县北一十里渡王山上。俗传大禹治水经此，民立为祠。"禹王庙数十年前已圮，仅余"渡王山"村名。

禹溪村禹王庙：位于嵊州市剡湖街道禹溪村。禹溪村旧名了溪村，相传大禹治水毕功于此。为纪念禹治水之功，建禹王庙，塑大禹像。始建年代不详，唐代诗人罗隐《送辨光大师》有诗句咏赞："禹祠分首戴弯逢，健笔寻知达九重。"清嘉庆年间曾予重修，清道光十九年（1839）重建。中华人民共和国成立后，禹王庙改为禹溪小学。20世纪中叶，旧址边上又重建新庙。今存正殿三间，硬山顶，宽9.7米，进深8.5米。正殿内供奉禹王圣像和禹王行像，神龛雕琢华丽，做工精细，堪称艺术精品。大殿神龛楹联："惠风和畅，海晏河清；地平天成，始铸九鼎。"后柱楹联："大禹治水毕功了溪拯万民；溪山有幸长留圣迹传千秋。"前柱楹联："巍巍禹名德昭苍生；煌煌禹魂泽遗后人。"庙内现存道光十九年（1839）重修的禹王庙碑。

禹后庙：位于嵊州市剡湖街道里坂村，重建于明崇祯年间。康熙二十七年（1847）、道光十八年（1838）曾予以重修。相传大禹结婚四天后即外出治水，涂山娘娘在家操持。后人为弘扬娘娘功绩遂建庙纪念。禹后庙坐北朝南，为四合院落，有门厅、戏台、厢房和大殿，是嵊州市文物保护单位。庙内有崇祯十五年（1642）邑人、进士王心纯撰的禹后灵祠碑。

夏盖夫人庙：位于上虞区禹峰村夏盖山下，始建于宋代，系为纪念夏禹王后而建。山门为两层建筑，山门后为夏禹夫人娘娘大殿，大殿柱子上悬挂楹联："德高天地，四方群黎仰神威；功昭日月，千秋后土享太平。"夏盖山上还有一座辰洲娘娘殿，系纪念大禹的妹妹而建，老百姓俗称"朝北庙"，与山下的夏盖夫人庙合称"姑嫂庙"。

禹皇寺：位于杭州市余杭区运河街道（原属五杭镇），俗称"五杭庙"，始建年代不详。相传大禹治水时曾航行到此，后音转为"五杭"。每年十一月十三举办禹皇庙会，中华人民共和国成立后，禹皇庙改为五杭供销社络麻收购站，改革开放后复建为禹皇寺。

萧山福主庙：位于杭州萧山区进化镇涂川村，又称"五社庙"。涂川村原属绍兴县夏履区象山乡。相传大禹在今涂川村一带治过水，深受村民爱戴，并婚娶涂川女，后人遂在涂山上建庙，祀奉大禹。20世纪称"福主庙"，近年改名为"五社庙"。庙内原供奉大禹和涂山娇。庙门楹联曰："四岭环抱，福主千载赐名；五社联盟，庶民百代兴盛。"

双河村禹王庙：位于余姚市凤山街道双河村，始建于宋朝。当地相传余姚江是大禹治水的最后一条水道，而且东边的大隐也是因为大禹曾隐居而得名的。禹王庙原在青山乡星光村朱家自然村，后移建至此，惜在移建过程中古碑尽数遗失。今庙有楹联："治四渎定九州功盖华夏；受舜禅置税赋德维大禹。""水行舟，塗行橇，三过家门而不入；左准绳，右规矩，辛勤治水十三载。"

龙山庙：位于余姚市凤山街道同光村胡口弄自然村，现存系清代建筑，中轴线上有门厅、大殿、左右厢房，占地约480平方米。门厅面阔七间，明间后立面屋檐出挑，设廊，内置香炉，香炉上刻有"龙山庙同治六年"等字样。大殿歇山顶，面阔七间，明间抬梁式，四柱八檩；次间、梢间、尽间穿斗式，五柱八檩。大殿供奉大禹，故又称"大禹殿"，楹柱上悬挂对联："治水利民众，三过家门不入；夏朝功德高，历代共仰至今。"东西厢房各面阔三间，三柱五檩，穿斗式架梁。该庙保存完好，反映了当地崇祀大禹的乡俗民风。

丹城平水庙：位于象山县丹西街道西大街西端，又称"平帅庙"，今仅存遗址和古井一口。嘉靖《象山县志》："在县西二百步，以禹平水有功于民，故庙祀之。"乾隆《象山县志》载："在县治一里，祀大禹也。水旱疾疫，祷之必应，里境春秋有祭。"道光《象山县志》载："嘉庆十七年创造门楼，道光十年重建大殿、两庑，并创建后殿，又建翼室于大殿东。"

方井头村平水庙：位于象山县丹西街道方井头村西街，又称"平帅庙"。南宋宝庆年间已有此庙，明万历十六年（1588）重修，清嘉庆、道光、光绪年间多次重修，原有山门、戏台、穿堂、正殿及两厢，现仅存正殿及一古井，正殿供奉平水大帝大禹。正殿面阔五间，前有卷棚，明间梁架五架抬梁，后檐柱系方形石柱。平水庙系象山县文物保护单位。

南堡黄平水庙：位于象山县东陈乡樟岙村南堡黄自然村。始建年代不详，现存为清代建筑，有台门、穿廊、戏台、正殿、厢房等。正殿祀大禹，置前单步廊，面阔五间，明次间八架用四柱，抬梁式结构。厢房面阔四间，五架梁。台门面阔五间，七架梁，明间用四柱，抬梁式结构；次间用五柱。台门明间后部与戏台相连，戏台与正殿之间有穿堂相连。此庙木作考究，明次间横梁上置斗栱两攒，雕刻有荷叶，脊檩下装饰有蝴蝶木。戏台柱子与廊柱均用牛腿、撑栱，雕刻有倒挂狮、倒挂鹿、神仙、草龙等。多处运用雀替，雕刻有花卉、历史人物、典故等。

前乌岩平水禹王庙：位于温岭市松门镇乌岩村的前乌岩自然村，始建于明朝。1960年，当地民众自发捐款重建，1965年再次进行扩建。1984年、1999年、2003年、2016年，多次重修、扩建。平水禹王庙供奉平水禹王，相传农历八月十六为禹王寿诞日。

鹿城区禹王庙：位于温州市鹿城区，建于宋代。嘉靖《永嘉县志》载："夏大禹王庙，在东城外山下。"乾隆《温州府志》卷九载："大禹王庙，在镇海门外海坛山下。《永嘉县志》：宋雍熙年间建。"

东港村禹皇庙：位于德清县禹越镇东港村。始建于清代，相传因大禹疏通当地河道，故立庙纪念。1953年被改为学校，1995年集资重建。大门楹联："江淮河汉思明德；精一惟危见道心。"大殿楹联："导河入海，遗功百世，造福岂唯吴越；率民归居，伟迹一人，祭祀不限冬春。"

后潘大禹祠：位于浦江县仙华街道后潘村，始建于民国七年（1918），2004年重修。祠中悬挂"夏禹流芳"匾额，匾下绘有大禹治水图，墙上嵌有《夏禹本纪》等碑刻。

下湾村禹王庙：位于浦江县虞宅乡下湾村，始建年代不详。相传元代后期叶氏先祖自丽水迁来，因此地常有洪水来袭，遂建禹王庙以镇水患。清乾隆年间曾予重修，有前后二进院落。中华人民共和国成立后，因道路拓宽拆毁前殿，现仅存后殿供奉夏禹王和夏禹娘娘。

里黄大禹庙：位于浦江县前吴乡里黄村，始建于元至正二十年（1360）。2018年重修。每年正月十二摆祭，非常隆重，至今已有700多年的历史。当地民谚云："大溪楼的戏，西门外前吴里黄的祭。"庙内楹联："三过其门，虚度辛壬癸甲；八年于外，平成江淮河汉。"里黄大禹庙摆祭已列入浦江县第七批非物质文化遗产保护名录，祭禹典礼共分击鼓号令、奏乐恭迎、恭读祭文、上烛请香、参拜行礼等仪程。

婺城禹皇庙：位于金华市婺城区中心的禹王山，又名"禹王山庙"，系浙江省文物保护单位。禹皇庙主祀禹王，历史上被誉为"禹襄大观"。禹皇庙规模宏大，有廊桥、宝殿、藏经楼、守门楼、塔楼、三宝塔等建筑。

三浦禹王殿：位于临海市杜桥镇汇头村，又名"三浦新闸殿"，奉祀平水大王大禹。相传清朝时有一次涨大水，漂来一尊大禹像，人们遂奉祀于原来的老爷殿。此后，即使台风在椒江登陆，此地依然风平浪静。人们由此愈发敬仰大禹。每月二十日庙会，尤以五月二十日庙会最大。

东城禹王庙：位于台州市黄岩区东城九峰社区方诸山（九峰山）麓，始建于明洪武年间。康熙、咸丰年间曾予重修。大殿前有两棵300多年的樟树。禹王庙东侧山泉旁有石牛，传说是当年大禹治水时所骑。

前岸村禹王庙：位于岱山县岱西镇前岸村，始建于嘉庆二十四年（1819）。相传清代有一商人在风暴中行船，于剪刀头湾搁浅，形势十分危急。商人许愿如脱险便于此建庙。脱险后遂建此庙，将大禹菩萨由绍兴大禹陵请来，后世遂改剪刀头湾为"禹王湾"。道光二十三年（1843），因大风大雨侵袭倒塌重建。光绪三十一年（1905）重修。民国四年（1915）大风毁庙，再度重修。民国《岱山镇志》记载："大禹王庙。在剪刀头前岸山麓。嘉庆二十四年（1819），徐廷侯等募建。相传是处向发大水，因思治水莫如大禹，故立大禹庙以镇之。"禹王庙原有四进建筑，1965年，四进后大殿被拆，材料用作建青黑山岱西盐业中学，后来第一至二进作卫星小学校舍，第三进作卫星大队麻厂。1977年，旧址全部作学校。20世纪90年代，重建于现址。

显圣庙：位于温岭市滨海镇新横泾村，主祀平水禹王。清道光十三年（1833），此地洪水泛滥，为求风调雨顺，莫氏先祖倡议立庙求夏禹王保佑安康。中华人民共和国成立后，显圣庙曾改为横泾小学。1978年，迁建于今址。1985年、1998年，予以扩建，占地面积2460平方米，建筑面积1460平方米。庙内楹联："显运启涂山，万古神犴县禹鼎；圣功成水土，千秋歌舞仗王麻。"农历八月十六为显圣庙庙会。

北港禹王庙：位于温岭市松门镇北港村上呑自然村，距今约有150多年历史。2015年12月批准为浙江省民间信仰活动场所。大殿面阔五间，两层建筑，二楼为正殿，大殿对面建有戏台，当地相传每年农历七月十八是禹王寿诞，庙会时连做社戏五天。大殿上悬挂匾额，上书"治水安民"四字，落款为"一九八六年正月"，系美国纽约华侨林道清、台胞林五妹敬献。

平水王社庙：位于龙泉市龙渊街道徐山后村社殿岗，建于明代，系浙江省文物保护单位。正殿面阔三间，进深四柱七檩，抬梁式五架梁结构，柱头均施一斗三升十字栱，前檐亦用一斗三升十字转角、补间斗栱承托。正殿建筑面积58.8平方米，山墙"人"字坡顶，二层平砖挑瓦檐，两端头砖挑马头墙。庙前有照壁，为卵石、块石混砌墙基。庙内楹联："业绩山川怀夏禹，驰龙法书仰徐吴。"

黄肚村禹王庙：位于青田县章村乡黄肚村，始建于清代，坐北朝南，占地面积260平方米。有夫人殿和禹王殿，夫人殿面阔三间，进深六檩四柱，硬山顶。禹王殿面阔五间，进深五檩五柱，明间抬梁式，硬山顶。庙内有刻立于清雍正十二年（1734）的"奉宪刊碑"，碑高1.6米，宽0.8米，楷书阴刻，具有珍贵的史料研究价值。相传雍正十三年，禹王庙建成后，村民们扎制马灯，编排马灯舞庆贺。至今，每年元宵节的马灯表演仍是黄肚村的重要民俗活动。2017年12月，被列入青田县历史建筑名录。

饭甑砻村平水大王殿：位于云和县紧水滩镇饭甑砻村水口，坐南朝北，占地面积44平方米。据庙梁上题记，该殿建于清光绪八年（1882）。大殿面阔三间，长7.13米，进深6.22米，硬山顶。明间用四柱七檩，抬梁式，次间用五柱七檩，穿斗式。殿内现存光绪八年古匾三块，分别镌刻"广济众生""合境康宁""德敷宏济"。殿内有两副楹联："疏沦决排昭圣德；江淮河汉沐神功""八载劳神昭泽远；千秋咸德休恩深"。

包山村禹王殿：位于云和县元和街道包山村，始建于清咸丰三年（1853）。坐南朝北，占地面积129平方米。前后分二进，由门厅和正殿组成，均为三开间；门厅进深2.1米，五檩用二柱，抬梁式。正殿硬山顶，进深6.36米，明间七檩用四柱，抬梁式；次间七檩用五柱，穿斗式。殿内梁枋、牛腿、雀替等木构件雕刻人物、花卉等图案。

贵庄村平水王殿：位于云和县崇头镇贵庄村，始建于咸丰三年（1853），2006年重修，殿前扩建了回廊。平水王殿坐南朝北，占地123平方米，面阔三间，宽6.1米，进深九檩4.96米，九架梁。明间面阔2.7米，前后九檩用四柱，抬梁式；次间面阔1.7米，前后九檩用五柱，穿斗式。殿三面夯土墙，北面为栏栅门，悬山顶、小青瓦屋面。殿内牛腿、斗栱等木构件雕刻简洁。殿内现存清咸丰年间的木匾一块，上刻"平成永治"四字。2007年11月，云和县人民政府将其列为县级文物保护单位。

仙眠床村神禹庙：位于云和县崇头镇黄地仙眠床村，始建于清光绪三十三年（1907）。坐西朝东，占地面积160平方米，二进三开间，一进门厅深七檩，2.95米，明间面阔3.9米，七檩用二柱，抬梁式。次间面阔3米，七檩用三柱，抬梁、穿斗混合式梁架，次间九檩用五柱，穿斗抬梁混合式。一、二进之间有一个长5.2米、宽4米的天井。天井两侧各有面阔2.4米、进深1.75米的厢房两间。庙四周为夯土墙，中间辟大门，南、北各开一小门。庙内梁枋、牛腿、雀替等木构件雕刻动物、花卉等图案，雕刻精细，施莲花形柱础。2007年11月，云和县人民政府将其列为县级文物保护单位。

安岱后村社庙：位于松阳县安民乡安岱后村，始建于清代，坐西朝东，建筑面积156平方米。庙内供奉大禹王、土地、夫人等。中轴线上两进建筑，正殿面阔三间，五架梁前后双步梁，柱梁枋用材硕大，牛腿有浅浮雕曲带、瑞兽、插花等纹饰。抱柱楹联有："继帝开王度土歌乐利；仁民爱助安澜庆平成""三过其门，虚度辛壬癸甲；八年于外，平成河汉江淮""抗洪水，奠当年，饭美鱼香；澄清时，思俭德，泳勤沐泽"。

界首村禹王宫：位于松阳县赤寿乡界首村，建于清乾隆三十九年（1774），为庇佑村子免遭洪水侵袭而建，坐东朝西，正门外设戏台一座。禹王宫原为三进建筑，1996年遭火灾，现仅存一进门厅。门厅面阔三间，硬山顶，宽11米，进深9.36米，建筑面积103平方米。明间抬梁式，次间穿斗式，梁枋、牛腿、雀替雕狮子、和合二仙、花卉等。台门两边置抱鼓石，四檐柱为方形石柱，上刻楹联四副："四海清流皆圣泽；一溪赤水亦恩波""庙倚寿山山永奠；门环赤水水咸安""寿麓他年传玉简；赤溪今日见黄龙""八年于外，备尝辛苦勤王事；三过其门，历尽风霜忘室家"。禹王宫外长街上有三个拱门，上面有横匾"德被苍生""功垂奕祀""栝水浚疏"等。

迎峰伯仙庙：位于绍兴市柯桥区平水镇下灶村迎峰自然村，系为纪念大禹的大臣伯益而建。伯仙庙现存清代大殿，面阔三间，明间为五架抬梁式，次间为穿斗式，用七檩五柱。西次间壁嵌有石碑两通，东次间内壁嵌有同治年间石碑一通，字迹均漫漶不清。

防风祠：位于德清县三合乡二都村，西晋武康令贺循建。相传防风氏为当地部落首领，大禹在会稽涂山召开庆功会，防风氏因迟到被杀。之后，大禹又下令为之建祠。祠内楹联："五千年藩分虞夏，矢志靡陀，追思洪水龙蛇捍患到今留圣泽；一百里壤守封禹，功垂不朽，试看崇祠俎豆酬庸终古沐神庥。"

浙江与大禹相关的庙宇多属乡土建筑，规模一般不大，保护级别也不高，但在当地民间都有着不容小觑的影响力。多地的禹王庙被称为平水庙，说明了大禹治水在民间影响深远，寄托了人们对大禹的尊崇之情。

第四节　与大禹文化有关的地名

地名不仅是地理信息的标识，还承载着一个地方的历史文化信息，记载着乡土发展的历史，反映着一个民族或群体的生活轨迹，可以说是历史文化的活化石。在浙江，与大禹相关的地名很多，且主要集中于绍兴市，有会稽、禹陵村、涂山村、夏履桥、型塘、诸稽等近20个。另外，杭州市也有余杭、夏禹桥村等与大禹相关的地名。如果加上先前的山水名称，浙江与大禹相关的地名数量在全国都是位居前列的。以下简要做一个介绍。

会稽。会稽是绍兴的古称，因史载大禹在茅山"大会计"而得名。《越绝书》载："禹始也，忧民救水，到大越，上茅山，大会计，爵有德，封有功，更名茅山曰'会稽'。"秦朝建立后，在吴越地设立会稽郡，治吴县（今江苏苏州）。西汉会稽郡领县26个，辖今浙江、江苏和福建等部分地区。此后会稽郡属地逐渐缩小，至清代仅有绍兴府所属的8县。靖康之难后，北宋覆灭，宋室南迁，赵构建立南宋，是为宋高宗。南宋建炎二年（1128），金军再次南下，赵构闻风而逃，南宋建炎四年，在沿海避难的赵构逃至会稽，并题"绍祚中兴"四字，遂以绍兴为年号，并把会稽改作绍兴，一直沿用至今。

　　上虞。上虞位于绍兴市东部，据载因大禹与诸侯在此因相娱乐而得名。《水经注》："舜避丹朱于此，故以名县。百官从之，故县北有百官桥。"亦云："禹与诸侯会事讫，因相虞乐，故曰上虞。"嘉泰《会稽志》引《十三州志》："夏禹与诸侯会计，因相虞乐于此地，故曰上虞。"

　　诸暨。诸暨位于绍兴市西南，据传大禹治水时曾在此地召开部落联盟首领会议，后人为了纪念大禹的功绩，遂名为诸暨，意为"众诸侯会稽之地"。传说古代四大美女之首的西施就诞生在这里。

　　杭州。因境内有余杭，传说大禹治水时曾经航行到此，故名禹航。古代杭、航相通，"杭"本意为木舟，《说文解字》："杭，方舟也。"后引申为以木排渡河。"杭州"之得名，就脱胎于"余杭"。开皇九年（589），隋文帝废钱唐郡置杭州，"杭州"的名称之后便沿用至今。《太平寰宇记》载："杭州在余杭县，盖因其县以立名。"

　　余杭。余杭原名禹航，后俗称余杭。相传大禹治水时曾于此舍舟登陆，因而得名。晋司马彪《续汉书·郡国志》："禹航者，夏禹东去，舍舟登陆于此，因以为名。"《太平寰宇记》："杭因禹而得名，且谓山顶有石穴，相传是禹维舟处。""本名禹航，后人俗讹为余杭。"另传大禹治理苕溪并会天下诸侯于会稽，曾经在这一带留下许多航船，为此专门设立余航国，并派一个儿子管理那些船只。古代航、杭相通，后来余航便成了余杭。今余杭区有余杭镇，余杭镇仙宅村有舟枕山，山上有大禹系舟石和住过的石洞（仙人洞），山下有大禹谷和缆船湾。清代王绍曾有诗《夜宿禹航》："夜舶依沙渚，江天白露浓。溪寒明远火，云泾度疏钟。野戍闻哀柝，孤村起暮春。禹航存古迹，当日负黄龙。"

　　夏履镇。位于绍兴市柯桥区，系绍兴与诸暨、萧山交界处。

《吴越春秋》："禹伤父功不成，循江，溯河，尽济，甄淮，乃劳身焦思以行，七年，闻乐不听，过门不入，冠挂不顾，履遗不拾。"相传大禹（夏禹）治水经过此地，因急于治水，跑得很快，掉了一只鞋子也来不及捡，故名夏履。

平水镇。位于绍兴市柯桥区会稽山、宛委山南麓，东临上虞区汤浦镇，西接诸暨市枫桥镇，南毗稽东镇、王坛镇，北靠绍兴市区。相传大禹治水，到此水平，故称平水。

马山乡。位于绍兴市越城区，今为马山街道。传说大禹治水时，命防风氏到沿海考察治水，防风氏经过一土丘时驻马休息，土丘侧有石脊高隆似为山之余脉，故名马山，并以此为地名。马山街北原有防风庙。宋时，马山属会稽县雷门乡。民国21年（1932）建镇，民国37年改乡。1985年9月改建制镇。1986年，在原镇街土丘附近塑白马，建假山，以应其名。

禹会乡。即今绍兴市柯桥区华舍街道，因北面有涂山，相传为大禹会诸侯与娶涂山氏之地，故名。南宋时已有此名，南宋戊辰（1148）科状元、工部尚书王佐，即越州山阴禹会乡广陵里人。至民国，华舍境内东面张溇、中潭、官华及东南温渎、人利、湖门一带仍称"禹会乡"，其乡公所在当时的张溇村。

禹峰乡。位于绍兴市上虞区东北部，境内有夏盖山，相传大禹治水曾驻此地而得名。《上虞县志》："其形如盖，一名夏驾山，相传神禹曾驻于此。"山南有纪念大禹的净众寺，宋代侍郎张即之曾为之书匾额"大禹峰"。

禹陵乡。位于绍兴市越城区，因大禹葬于此地而得名，2001年已并入稽山街道。相传大禹之子夏启每年春秋都会派使者来越祭禹，至第六世少康，恐禹绝祀，便封庶子无余于越。自此，大禹后裔姒氏家族一直定居在此守陵奉祀。

禹陵村。位于绍兴市越城区，又称守陵村，守陵的姒姓后代至今已传了140余代。

涂山村。位于绍兴市越城区禹陵乡。相传大禹治水来到越地，在涂山遇到女娇，女娇爱恋治水英雄大禹，遂嫁给了他。涂山位于今稽山门外，村仍名涂山，另有涂山路。

界树坊。位于绍兴市越城区灵芝街道，相传大禹之父鲧在此锯树担山而得名。相传鲧治水时要挑山填海，要挑山就得有相应的大扁担，他在此地发现一棵参天大树，便锯下此树做成大扁担，绍兴方言中"锯"发音为"界"，后人遂称此地为"界树"。相传现在的梅山和蕺山（王家山）就是鲧挑来后撂下的。

禹降村。位于绍兴市柯桥区齐贤街道，相传因大禹曾降临此地而得名，村中有禹降桥。

禹会村。位于绍兴市柯桥区张溇、湖门一带。相传大禹治水来到越地，目睹北部一片沼泽，洪水、潮汐泛滥成灾，立即召集各路诸侯开会商议治理水患。治水成功后，后人为感念大禹功德，遂把其会诸侯之地称为禹会村，并建禹会桥。

凤林村。位于绍兴市越城区灵芝街道，原五云门外，五云门是绍兴原九座城门之一。嘉泰《会稽志》："在五云门外，世传禹受图籍，是时麟游其庭，鸾结其巢，凤凰鸣飞，隐于林木。"今为凤林社区。

夏履桥村。位于绍兴市柯桥区夏履镇，相传大禹治水经过此地，曾失履一只，因治水时间紧迫，竟顾不上拾取穿上，便赤脚而去。后人感念大禹治水精神，建桥纪念，名为夏履桥，村庄因桥而名。

西扆村。位于绍兴市柯桥区安昌街道涂山东麓。据明诸万里所著《於越新编》，扆是帝王宫殿上设在门和窗之间的屏风，禹以山为扆，朝见万国诸侯，西扆村由此得名。

型塘村。位于绍兴柯桥区湖塘街道，今为型塘社区。据传大禹治水会诸侯于会稽，防风氏迟到，禹即下令诛杀，但防风氏身高三丈，刑者不及，遂筑高台临之，后人遂名此地曰刑塘。后避讳"刑"字，雅称型塘。

冢斜村。位于绍兴市柯桥区稽东镇，距绍兴市区 32 千米。一说冢斜为越王无余都城嶕岘大城所在地。据《冢斜余氏宗谱》载："余氏始于夏，禹之三子罕者，时则以地建封，禹娶涂山，因涂有余字，遂赐罕为余氏。则自罕而下，千流万派，宁知天壤，间可以亿兆记耶，然则孰宗之为是也。"由此可知冢斜为大禹三子罕的后裔聚居地。冢斜村祭禹之风颇盛，相传大禹之妻葬于该村大龙山麓，俗称铜勺柄的地方。

禹溪村。位于嵊州市剡湖街道，原名了溪，相传因大禹治水毕功于了溪而名。后人为纪念大禹治水之功，建禹王庙，改村名为禹溪。村庄附近的禹岭据说因大禹治水时在此弃余粮而得名，又名禹余粮岭，今禹溪一带山岭还可寻找到禹余粮石。清代了溪上还有了溪桥。

夏禹桥村。位于杭州市临安区玲珑街道，据传古时这个村庄经常遭洪水侵袭，于是筑有防洪堤坝，后称下圩桥。相传清朝时有一年山洪暴发，淹没两岸农田，村内唐、章、黄三姓族长商议治水办法，村内私塾的绍兴塾师指出治水须请大禹，村里便从绍兴大禹陵求得神像，并在桥头建庙供奉，村名后即以谐音改为"夏禹桥村"，可惜村中的禹王庙已毁。

禹甸村。原属建德市上马乡，现上马乡已与大同镇合并。相传南宋时这里遭遇洪灾，洪水淹没田地，百姓流离失所，村民们只得在山顶避难。为祈求洪水退去，村民们搭建了简易的禹郎庙。说来也怪，庙建好时，天就放晴了，洪水也退去了。古时都城的郭外称郊，郊外称甸，甸，王田也，因此人们就把这个村叫作"禹甸"。

石盟垟村。位于台州市仙居县，村前即韦羌溪。传说当时这里一片汪洋，一位叫拓的人受命前来治水，累死在了前线，禹前来祭拜，回忆起和拓共同治水的往事，不禁涕泪。为了纪念拓的治水功业，禹与部落会盟于此，决定刻石纪念，改村名为石盟洋，后来谐音为石盟垟。

浙江与大禹相关的地名多与大禹治水或祈求大禹保佑平安有关。随着时代的变迁和社会的发展，会稽、禹会乡等行政区划地名已成为历史，但大多数地名依旧传承至今，在标识地理实体的同时，也承载着人们对大禹治水的文化记忆，蕴含着丰富的历史文化意义。

第五节　其他大禹文化遗迹

浙江的大禹文化遗迹中，还有一些是自然遗迹，如禹穴、禹足石、韦羌山摩崖、禹龙洞等。并且，除禹陵、禹庙外，还有一些与大禹相关的建筑，如步蟾桥、仁安桥、禹贡通衢坊等。

浙江关于大禹文化的自然遗迹不少，这里主要介绍如下几个：

禹穴。绍兴宛委山中有一巨石，长一丈余，巨石中间有裂罅，阔不盈尺，深莫知底，人称禹穴，亦称阳明洞。一说禹陵为禹穴。相传大禹东巡时在此得到黄帝所藏金简玉字，遂掌握治水之法，大禹得书之后便封闭了洞门。晋贺循《会稽记》云："禹乃斋，登石篑山，果得其文。乃知四渎之眼，百川之理。"唐贺知章《龙瑞宫记》云："洞天第十，本名天帝阳明紫府，真仙会处。黄帝藏书，盘石盖门，封宛委穴。禹至开，得书治水，封禹穴。"

窆石。位于绍兴市大禹陵景区内，呈圆锥状，整体像一个秤砣，高2.09米，底围2.3米，顶部有一圆孔，孔径9厘米。相传为禹葬会稽时所遗留的葬具，距今有4000多年的历史。《说文解字》曰："窆，葬下棺也。"《尔雅·广名》则曰："下棺谓之窆。"《图经》云："禹葬会稽，取此石为窆，上有古篆不可读。"自古以来，人们都将窆石当成大禹陵的标志，窆石所在之处便是大禹陵墓的标志。嘉庆《一统志》说："浙江绍兴禹陵有窆石，形长椭圆，上有穿，传为禹葬会稽时所遗。"据考证，窆石上密密麻麻的题记最早始于东汉，最晚的题刻系民国时期著名书法家徐生翁题："民国二十一年一月，徐生翁，会稽山万古，此石万古。"

禹足石。位于绍兴市越城区稽山公园，因神似禹之足而得名，原在嵊州剡溪三溪江。

韦羌山摩崖。位于仙居县淡竹乡，又称蝌蚪崖，崖上有相传是大禹治水时刻下的蝌蚪文。韦羌山，又称天姥山，山顶有绝壁，刊字如蝌蚪。晋义熙年间，周廷尉曾以飞梯攀崖，拓下蝌蚪文，但拓本未见刊布传世。此蝌蚪文与仓颉书、夏禹书、夜郎天书、贵州红崖天书、湖南岣嵝碑等齐名。北宋仙居县令陈襄有诗云："去年曾览韦羌图，云有仙人古篆书。千尺石岩无路到，不知蝌蚪字何如。"
《临海记》云："此众山之最高大者，上有石壁，刊字如蝌蚪。晋义
熙中，周廷尉为郡，造飞梯以蜡摹之，然莫识其义。俗传夏帝践
历，故刻此石。"为纪念此事，淡竹乡尚仁村用来榨油的桐梓车亦
名"蝌蚪车"。

禹龙洞。位于常山县金川街道新建村（原二都桥乡洞口村）。
相传大禹治水乘船沿常山江而来，曾在洞内逗留，故名。洞前有天
然石桥，洞内有许多奇形怪状的钟乳石。洞上方还有天窗洞、碧泉
洞。清康熙六十年（1721），常山知县孔毓玑来此祈雨，并命工匠
于洞侧镌刻"禹迹仙洞龙王之神"，惜字现已不存。

除上述自然遗迹外，在浙江全省，与大禹文化有关的人文遗
迹，除庙宇外，其他还有不少。这里不再赘述传统的庙宇，只介绍
如下几个：

禹会桥。位于绍兴城西北之华舍张溇江上，宋时初建，明清重
修。直到20世纪80年代末，还是通达集镇华舍的要津。之后，因
该桥属危桥，在2002年被拆。嘉庆《山阴县志》："禹会桥，在县
西六十里。"禹会桥系三孔梁式石桥，"之"字形，有5个桥墩，造
型独特。桥南北走向，中孔略高。全长14.5米，每孔净跨分别为
3.7米、4.6米、2.4米，桥面宽1.65米，由3块石梁铺成，矩形条石
叠砌桥墩，实体素面座栏，高0.5米，厚0.22米。南桥堍设7级踏
垛，北桥堍设11级踏垛，中孔桥面西侧座栏外侧楷书阴刻"禹会
桥"三字。陆游有诗句赞咏禹会桥："手扶万里天坛杖，夜过前村
禹会桥。""禹会桥边最清绝，忆曾深夜叩渔扉。"

步蟾桥。位于庆元县举水乡月山村，始建于明永乐年间，民国
6年（1917）重修。由石拱券和廊屋两部分组成，单孔拱跨16.4

米，矢高8米。廊屋全长50.2米，共18间，明间为桥之通道，梁架用九檩四柱。廊屋当心间和东西桥头各一间分设3个重檐歇山顶亭子，东南向次间设神龛供奉平水王大禹，其上悬有匾额"步蟾桥"。桥上游50米，溪中有一蟾岩，东南面阴刻"中流砥柱"四字，由明崇祯元年（1628）兵部司务吴懋修书。

仁安桥。位于松阳县玉岩镇周安村，建于清康熙年间，为单孔木梁廊屋桥，桥长14.7米，宽5.07米。仁安桥跨周安坑，孔跨10.7米，东西桥台块石砌筑，木梁九根，梁上铺设木板。上覆廊屋五间，硬山顶，明间重檐歇山顶，各间均为抬梁式结构，五架梁前后单步梁。牛腿雀替浮雕曲带、S纹、云纹等。神龛坐南朝北，供奉大禹王。

禹贡通衢坊。位于定海县。嘉靖《定海县志》载："禹贡通衢坊。镇远门外，嘉靖四年潘倣建。"现已无存。

此外，浙江有一批致力于传承大禹文化的学术机构和文教单位。学术机构主要有浙江越秀外国语学院大禹与中国传统文化研究中心、浙江省大禹文化发展基金会、大禹陵大禹文化研究院等。浙江越秀外国语学院大禹与中国传统文化研究中心前身为成立于1995年的会稽山文化研究所，系浙江省优秀传统文化科普联盟单位，浙江省非物质文化遗产大禹传说责任单位，绍兴市哲学社会科学重点研究基地示范性基地、非物质文化遗产优秀传承基地和科普基地，是全国高校中第一个专门从事大禹文化研究的科研机构，组织成立了国家级学会中国先秦史学会大禹文化研究分会，并任会长单位兼秘书处。浙江省大禹文化发展基金会，目前是浙江省大禹研究会秘书处。大禹陵大禹文化研究院，目前是绍兴市大禹研究会秘书处。另外，还有绍兴市鉴湖研究会、浦江县文化馆等。文教单位有绍兴市大禹小学（前身为稽山小学）、杭州市余杭区大禹小学、杭州市大禹路小学等。

"芒芒禹迹，画为九州。"浙江大禹文化遗迹众多，除少量已无存外，大多自然遗迹、人文遗迹保存完好，"莽莽神州思禹迹，定洪涛、驱得蛟龙走"，可供人们凭吊、游览，缅怀大禹的功绩和精神。

第五章

绍兴祭禹与国家记忆

大禹祭祀是大禹崇拜的具体表现方式，也是大禹信仰最重要、最核心的表现形式。祭祀要有确定的空间，一般通过建筑的形式体现出来。例如太庙是帝王祭祀自己祖先的家庙，祠堂是以家族为单位祭祀本族祖先的场所。大禹祭祀同样也离不开祭祀建筑，即禹庙。浙江、四川、河南、安徽等地自古以来均有禹庙，但是从立庙时间、影响来看，浙江绍兴的禹庙建立时间最早、影响最大，且地位最高。从宏观历史的角度来看，以1911年为分界线，大禹祭祀可分为古代大禹祭祀和近现代大禹祭祀。从祭祀者身份来看，古代的大禹祭祀可分为帝王祭祀、地方官祭祀和民间祭祀三大类。现代大禹祭祀主要有国家公祭、地方政府祭祀、民间祭祀等形式。

第一节　国家祭祀的赓续

从古至今，大禹祭祀一直受到古代帝王和现代国家领导人的高度重视，是名副其实的国家级祭祀。从祭祀者的身份来看，近代以前，历代帝王的祭祀代表了大禹祭祀的最高等级，秦始皇、秦二世、康熙、乾隆都曾亲祭大禹陵。辛亥革命以后，大禹祭祀依然不断。1935年10月16日，浙江在大禹陵举行了民国时期规模最大的一次公祭大禹活动，当时的浙江省政府主席黄绍竑主持祭祀典礼。1995年4月20日，浙江省人民政府和绍兴市人民政府联合举行了中华人民共和国第一次高规格的祭禹仪式。2006年，大禹陵祭祀典礼申请成为国家级非物质文化遗产，开启了新时期固定的祭祀模式。

一、秦始皇祭禹

在中国历史上，第一位祭祀大禹的帝王是秦始皇。公元前210年10月，秦始皇南游绍兴并祭祀大禹。《史记·秦始皇本纪》载：

> 三十七年十月癸丑，始皇出游。左丞相斯从，右丞相去疾守。少子胡亥爱慕请从，上许之。十一月，行至云梦，望祀虞

舜于九疑山，浮江下，观籍柯，渡海渚。过丹阳，至钱唐。临浙江，水波恶，乃西百二十里从狭中渡。上会稽，祭大禹，望于南海，而立石刻，颂秦德。

这里对出行时间、路线、地点、主要事迹都有所描述。

《越绝书·越绝外传记地传第十》在《史记》记载的基础上做了细化和补充：

政更号为秦始皇帝，以其三十七年，东游之会稽。道度牛渚，奏东安、东安，今富春。丹阳、溧阳、鄣故、余杭轲亭南。东奏槿头，道度诸暨、大越。以正月甲戌到大越，留舍都亭。取钱塘浙江"岑石"。石长丈四尺，南北面广六尺，东面广四尺，西面广尺六寸。刻文立于越栋山上，其道九曲，去县二十一里。是时，徙大越民置余杭、伊攻、□故鄣。因徙天下有罪适吏民，置海南故大越处，以备东海外越。乃更名大越曰山阴。已去，奏诸暨、钱塘，因奏吴。

这里，对秦始皇从到九嶷山祭祀舜帝之后，来会稽祭祀大禹的路线做了较为详细的描述。

以上是记录秦始皇巡游浙江最重要的两个文献。根据记载，秦始皇带着李斯、胡亥等人开启了南巡之旅。他从咸阳出发，至云梦泽（今属湖北武汉）改行水路，再经九嶷山（今属湖南宁远），沿长江而下，过丹阳（今安徽马鞍山），溧阳（今江苏溧阳），到达钱塘（今浙江杭州）。因钱塘江风急浪大，于是西行120里，经诸暨再抵达大越（今浙江绍兴）。前后历时两月余，可谓山高路远。以今日高速公路距离核算，咸阳与绍兴之间有1400多千米，长途跋涉、舟车劳顿，实属不易。是什么促使秦始皇不远万里，亲自来到江南"卑湿"之地呢？《史记》说"上会稽，祭大禹，望于南海，而立石刻，颂秦德"，其实概括起来就两件事，一是为了"祭禹"，二是为了"立石刻"。《越绝书》提到秦始皇此行还有移民、将"大越"更名为"山阴"等事宜。以上所做，目的都只有一个，即将大越纳入帝国的版图，宣示秦帝国的统治。

从上古至帝制时代，祭祀权力与政治权力一直都紧密联系。《左传》称"国之大事，在祀在戎"，《礼记·祭统》云："凡治人之道，莫急于礼；礼有五经，莫重于祭。"在周人的礼乐文明制度中，祭祀典礼是崇礼的重要内容和形式。祭祀典礼一般都有程式化的仪式，根据祭祀对象而各有损益。秦始皇祭祀大禹的仪式以及过程，史无明文，陈成国指出："秦朝祭祀天神地祇人鬼（祖宗）之礼，与先秦各个时期有同有异，唯其仪难于究诘尔。"所以只能依据秦朝的祭祀制度大体推测一二。据《史记·封禅书》，秦始皇封禅泰山时，"其礼颇采太祝之祀雍上帝所用，而封藏皆秘之，世不得而记也"，又云"始皇遂东游海上，行礼祠名山大川及八神，求仙人羡门之属……皆各用一牢具祠，而巫祝所损益，圭币杂异焉"。据此推测，秦始皇在大禹陵的祭祀仪式也如泰山封禅和祭祀名山大川一样。

禹在大洪水时代治水有功，又是夏王朝的缔造者，他既是夏人的祖先神，又是殷商和周人的社神。越国被视为禹的后裔，"越之先君无余，乃禹之世，别封于越，以守禹冢"。越人心目中的大禹神圣而伟大，是他们的祖先。秦始皇祭祀大禹，也有安抚和笼络越人的用意。

秦始皇到会稽祭禹，影响深远。第一，他开启了帝制时代帝王祭禹新模式。以往的大禹祭祀，都属于民间祭祀。第二，"追首高明"，承继大禹法统，从而拥有了"宣省习俗""大治濯俗，天下承风"的合法性，加速推进了文化融合。秦始皇亲祭大禹，既是对大禹功绩的认可，也是对越地历史悠久的崇禹文化的尊重。这种文化上的尊重使得越地在被纳入帝国版图以后，对秦帝国代表的中原文化产生了自觉的认同和接纳。《过秦论》云："既元元之民冀得安其性命，莫不虚心而仰上"，及至秦始皇驾崩之后，"邑人刻木为像祀之，配食夏禹"。从秦代开始，越地就有民间自发为秦始皇所立之祠庙，且数量不少，至明清仍有存续。无论是配享禹庙的荣光还是独立祠庙的奉祀纪念，都从一个侧面印证了秦始皇祭禹策略深入人心，影响深远。

二、康熙祭祀

秦始皇以后，历代禹祭主要由帝王派遣使臣或地方官按例祭祀，帝王很少亲自主祭，即便南宋时高宗驻跸越州，也只是派特使代为祭祀。直到清代，才再次显示出对大禹不同以往的浓烈兴趣，祭祀次数之多，规格之高，可谓历代之最。据徐承烈《越中杂识》记载，从顺治八年（1651）到乾隆五十五年（1790），各类禹祭约有28次。乾隆五十五年以后，又有12次。总计40次，其中康熙亲祭1次，乾隆亲祭2次。中国古代帝王对会稽禹庙最为重视者，当数康熙和乾隆。

康熙一生6次巡游江南，亲祭会稽大禹陵则发生于康熙二十八年（1689）第二次巡游之时。此次巡游，康熙时年35岁。此前，康熙收鳌拜、亲政；平定吴三桂、耿精忠叛乱；打败郑经，收复福建，统一台湾；平定西南、西北兵变；收复被沙俄侵占20多年的雅克萨；查办明珠，整顿吏治。外患平定，政局逐渐稳定，经理民生自然成为首要任务。唐宋以来，京杭大运河一直是国家的经济命脉，但明末清初的战乱，致使运河河道堵塞，管理不善。康熙二十三年十月，康熙第一次南巡，主要意图就是考察运河沿线。康熙从北京出发，先到山东济南，再到江苏，沿途主要考察河道情势，详勘地形，与河道总督靳辅商讨治河方略。后康熙命于成龙开浚黄河，疏通漕运。经过5年的治理，"淮、黄故道，次第修复，而漕运大通……至于创开中河，以避黄河一百八十里波涛之险，因而漕挽安流，商民利济，其有功于运道民生，至远且大"。治黄业绩突出，运河畅通，经济复兴，有利民生，35岁就有这样一番作为，这也是康熙自信有资格祭拜大禹的重要原因。

行前，康熙在写给杭州地方官的上谕中指出：

兹行次浙省，禹陵在望，念大禹功德隆盛、万世永赖，应行亲诣，以展企慕之忱。其致祭典礼，所司即察例举行。

"应行亲谒"一词，十分明确地表达了他想亲祭大禹陵的意愿。礼部回复，应参照康熙二十三年（1684）致祭明太祖陵的惯例，先遣官致祭，再皇帝亲诣奠酒。康熙对礼部的安排很不满意，表示"尧、舜、禹、汤皆前代至圣之主，先遣官致祭，后方亲诣奠酒，未为允惬，朕应亲诣致祭"，他甚至对礼节、相关筹备人员都做出了详细要求和指示：

祭以敬为主。禹陵僻处荒村，恐致亵慢，凡贡献粢盛，礼仪诸事，令都御史马齐、侍郎席尔达同往省事。

可见康熙非常重视这次禹陵祭拜，而礼部未能深察帝心。君臣之间有过一番较量与摩擦，最后是帝王的权威战胜了惯常礼制的约束。

《清史稿》记载了康熙南下祭祀大禹的经过：

> 二月辛丑，上驻苏州。丁未，驻杭州。诏广学额，赉军士，复因公降谪官，赐扈从王大臣以次银币，赐驻防者民金。辛亥，渡钱塘江，至会稽山麓。壬子，祭禹陵，亲制祭文，书名，行九叩礼，制颂刊石，书额曰"地平天成"。癸丑，上还驻杭州。

这一年农历二月十三，一路南巡的康熙乘船经钱塘江抵达会稽山下禹陵村。二月十四，他率领扈从、大臣、侍卫举行了祭拜大禹仪式。祭祀仪式非常隆重，康熙亲自撰写祭文并致祭，行三跪九叩之礼，"制颂刊石"。当看到禹陵破败不堪时，康熙认为这与"大禹道冠百王，身劳疏凿，奠宁率土"的功勋着实不符，于是"令地方官即加修理，毕备仪物。守祀人役，亦宜增添，俾规模弘整，岁时严肃。兼赐白金二百给守祀之人，此后益令敬慎。守土之臣，亦须时为加意，称朕尊崇遐慕之怀"。康熙命官方出资修缮禹庙；赐白金二百，增守祠人；要求"守土之臣"加强对禹陵的保护。

康熙帝的《祭夏禹王文》如下：

> 惟王精一传心，俭勤式训。道由天锡，启皇极之图畴；功

在民生，定中邦之井牧。四载昔劳胼胝，永赖平成。九叙早著谋谟，惟歌府事。行其无间，德远益新。朕省方东南，道经吴越，睹长江之浩渺，心切溯洄；瞻高巇之嵯峨，企深仰止。幸矣！松楸伊迩，俨然律度可亲。特荐馨香，躬修祀事，惟祈灵爽，尚克来歆。

此文充分歌颂了大禹的功绩，由衷地表达康熙内心对大禹的景仰之情。

关于这次祭祀活动，康熙撰写并留下了大量文学与艺术产品。除了致祭的祭文，又御书"地平天成"匾额，御制"江淮河汉思明德，精一危微见道心"对联一副悬于大禹陵正殿，作《御制禹陵颂并序》等。这些文字，一方面表达了对大禹治水功绩的夸赞与景仰之情，如"地平天成""接二帝之心传，开三代之治运。昏垫既平，教稼明伦"；另一方面，也暗含着康熙自诩为大禹治统继承者的意味，如"朕自御宇以来，轸怀饥溺，留意河防，讲求疏浚，渐见底绩，周行山泽，益仰前徽"，而"九载随刊力，千年统绪崇"则把这层意思表述得更为清楚明白。康熙亲祭禹陵，不仅提升了绍兴禹陵的地位，加强了对禹陵的保护，也达到了借助大禹而政治一统的目的。

三、乾隆祭禹

清朝第四位皇帝乾隆先后6次巡游江南。这6次巡视的时间跨度近30年，从乾隆十六年（1751）至乾隆四十九年。乾隆十六年，第一次巡游江南，乾隆就抵达绍兴，因为他这次是专门为祭祀大禹而来的。

乾隆十六年（1751），农历三月初七，乾隆乘船抵达绍兴府城西。初八，率领内大臣、侍卫、五品以上文官、三品以上武官以及地方官等亲祭禹陵。三月初十，下诏曰：

> 朕时巡至杭州，禹陵在望，缅维平成之德，万世永赖，皇祖圣祖仁皇帝曾亲祀焉。爰东渡浙江，陟会稽，式遵皇祖旧典，躬荐馨于宇下。厥有姒氏子孙，世居陵侧，应世予八品官奉祀，该督抚择其有品行者一人充之。

诏书对巡查绍兴府的原因、目的及相关祭祀的安排做了交代。"缅维平成之德，万世永赖"是祭祀大禹陵的主要目的；仪典依然遵守康熙时立下的规矩，"式遵皇祖旧典"，行三跪九叩大礼，读祝文、奠酒；另外对禹陵姒姓子孙加以优抚，由督抚监督执行，择子孙中有品行者充八品官世代奉祀。此后乾隆5次巡视江南，其中4次到浙江，都是省察完杭州后就返回了。最后一次南巡，他又来到绍兴祭祀大禹。乾隆四十九年（1784）四月，乾隆抵达绍兴，初八日亲自祭祀大禹。关于这次祭祀，《清史稿·高宗本纪》记述比较简略。

乾隆祭大禹陵，留下不少文学作品。他为禹庙题写匾额"成功永赖"，书楹联"绩奠九州垂万世，统承二帝首三王"，作《谒大禹庙恭依皇祖元韵》《禹庙览古》《夏禹诗》诗3首，另有《高宗纯皇帝亲祭夏禹王》祭文1篇。乾隆赞颂大禹，一是围绕大禹治水功绩，如"成功永赖""绩奠九州""天地并鸿功""益凛亮天工"；二是赞禹之德行，如"勤俭鸿称永""深惟作民牧""不矜不伐""时拜昌言"。乾隆赞禹之作，楹联写得最好，将大禹治水功绩与政治

《乾隆南巡图》第九卷《绍兴谒大禹庙》（局部）

地位和历史影响融为一体，四个简单的数字"九""万""二""三"相对应，对仗工整，极有气势，与康熙楹联呼应而不相伯仲。但他未能体察祖父康熙将自己视为禹之治统继承者这层用意，少了些霸气与自信。

　　1911年以前，以清代的祭禹最为兴盛。如何理解清代两位帝王亲临绍兴祭祀大禹的行为呢？《礼记》云："有天下者祭百神。"这即是说，祭祀权力与统治权力是一体的，有合法的统治权力才能拥有合法的祭祀权。于是，是否有权力祭祀神祇、祭祀什么神祇、祭祀哪些地方的神祇就成为国家统治权力的象征。禹庙的存在同样是一种象征和符号。对禹庙的营建、管理与祭祀，实际上成了每一个新朝代其政权合法性的礼仪规范标识，清朝作为少数民族入主中原，禹庙祭祀规格尤高，也更为重视。

四、1935年浙江省祭禹

辛亥革命以后，官方的大禹祀典基本停止。1919年，孙中山先生在胡汉民的陪同下瞻仰大禹陵；1930年，浙江省成立"祭禹学会"，修禹庙、禹祠，奠定了日后禹庙建筑之基本规模；1935年，大禹陵重修完成，在时任浙江省主席黄绍竑的倡议下，成立了以王子余等17人组成的祀禹典礼筹备处，参合古制，拟定典礼仪式，正式开启了民国大禹祀典制度。

1935年10月16日，浙江省政府在绍兴特祭大禹。浙江省政府主席黄绍竑主持典礼，恭读祭文，另有分祭、陪祭人员，绍兴县县长以及下属萧山、诸暨、余姚、上虞、新昌各县县长等政界官员，社会贤达，姒姓后裔共60多人参加了祭祀典礼。典礼从上午9点半开始，至10点半结束，持续一小时。祭典的主要程序是：先鸣炮

1935年浙江省政府特祭大禹陵留影（绍兴市政协文史资料委员会编：《绍兴大禹陵》，中国文史出版社2011年版，第164页）

九响，擂鼓三通，奏乐；乐止，主祭、分祭就位，鸣钟九响，奏乐；乐止，三上香，全体三鞠躬；读祝文，三献，全体三鞠躬；撤馔，奏乐，送神，鸣钟，鸣炮。礼成。典礼新旧参合，以古制为主，改跪拜礼为三鞠躬。此次祭典所用经费由浙江省政府开支，并提出自下一年开始，典礼经费由"绍兴县政府列入地方预算"，形成常祭。

此次祭祀，有《黄绍竑祭告夏禹王祝文》《祭大禹陵碑记》留存。《祝文》云：

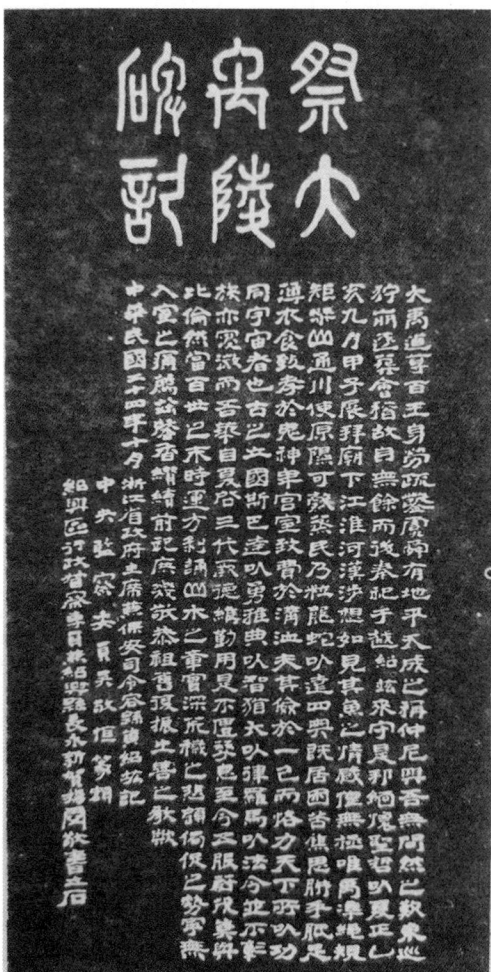

1935年《祭大禹陵碑记》（沈建中编：《大禹颂》，浙江人民出版社1995年版，第210—211页）

> 惟王克勤克俭，成允成功。善政在乎养民，声教讫乎四海，随山刊木，九泽既陂。祗召德先，庶士交正。蒸民乃粒，百谷用成。明德惟馨，万事永赖。

《碑记》中云：

> 夫其俭于一己而恪力天下，所以功同宇宙者也。古之立
> 国，斯巴达以勇，雅典以智，犹太以律，罗马以法，今并不
> 彰，族亦浸微。而吾华夏自夏启三代，厥德维勤，用是不匮，
> 孳息至今，五服蔚茂，莫与比伦。然当百世之末，时运方剥，
> 诵山木之章，实深荒秽之悲。顾局促之势，宁无入室之痛！荐
> 兹馨香，续续前祀，庶几敬恭祖旧，复振生善之教欤。

与《祝文》的平淡典雅相比，《碑记》将中华文明与西方几大
文明相对比，又有对近代以来国家命运多舛的时运之叹，视野宏
阔，让此次特祭大禹有了"复振生善之教"、继承大禹精神，振兴
中华民族的意味。

1936年，绍兴县县长贺扬灵上呈浙江省政府公文，提出定每
年九月十九日为会稽山大禹陵庙年祭之期，由县政府主办，著为常
典，俎豆千秋，经费列入预算。1939年，周恩来回到故乡拜谒
禹陵。

五、1995年浙江省祭祀

中华人民共和国成立后，大禹祭祀活动一度停止。1978年以
后，大禹祭典逐渐恢复。1995年4月20日，浙江省人民政府和绍
兴市人民政府联合举办了公祭大禹陵活动，这是新中国第一次高规
格的祭祀大禹。为了筹办这次祭祀典礼，绍兴市政府做了充分扎实
的准备工作，从酝酿决策、组织领导，到筹备实施，再到举行隆重
的祭祀盛典、及时的新闻宣传，以及事后祭禹文献资料《公祭大禹

陵》的整理与出版，都做得非常到位。

祭祀典礼庄严隆重，仪式完整，在继承传统的基础上融入现代礼仪。公祭典礼主要成员有主祭、陪祭和司仪。仪式包括：肃立，主祭人登拜厅，陪祭人登拜厅，主祭人盥手就位，陪祭人盥手就位，鸣铳，击鼓，撞钟，奏乐，献酒，敬酒，向大禹像三鞠躬行礼，主祭人恭读祭文，献舞，礼成。典礼开始，鸣放九响礼炮，纪念大禹平洪水、治理九州的功绩；擂鼓34响，代表全国31个省市自治区和台湾、香港、澳门。撞钟12响，代表12亿炎黄子孙。典礼还举行了水利系统"大禹碑"颁奖仪式，召开了大禹国际学术研讨会，举行了"大禹颂"文艺晚会。

这次祭祀活动产生了极大影响。参加祭祀活动的有1000多人，日本、美国、韩国、伊朗、波兰、印度等国驻上海的总领事馆都派人出席。《人民日报》（海外版）、台湾《中国时报》、香港《文汇报》和《大公报》等都做了专题报道。这次公祭，大大提升了大禹陵的知名度和影响力，此后每天到大禹陵参观的人数都有二三千人，最多时一天可达到7000人。

1995年的大禹陵祭祀活动为绍兴禹陵保护与旅游开发奠定了

江泽民主席题写的大禹陵牌坊手迹（沈才土主编：《公祭大禹陵》，浙江人民出版社1996年版，插图）

良好的基础。同年5月15日，国家主席江泽民视察大禹陵，并亲自题写了大禹陵牌坊，为大禹陵题词："大禹，中华民族之魂。"他肯定了新时期的大禹精神。这就为接下来大禹祭典的程式化、规模化做了准备。

2006年绍兴公祭大禹陵，习近平致信绍兴市委指出，公祭大禹陵是一件十分有意义的事情。大禹以其疏导洪患的卓越功勋而赢得后世景仰，其人其事其精神，展示了浙江的文化魅力，是浙江精神的重要渊源。2006年5月20日，绍兴市申报的大禹祭典经国务院批准，被列入第一批国家级非物质文化遗产名录，自此，大禹陵祭典与黄帝陵祭典成为南、北方两个重大的祭祀活动。2007年，文化部批准祭禹典礼由文化部和浙江省政府主办，绍兴市人民政府承办。自此，大禹祭典恢复为国家级祭祀典礼。2007—2024年，绍兴市本着"每年一小祭，五年一公祭，十年一大祭"的原则，每年举行祭祀活动。这个时期的大禹祭典由政府部门支持筹办，民众积极参与，因此也被称为"公祭"。

大禹祭典吸引了社会各界人士的参与，受到了海内外人士的广泛关注。大禹祭祀对弘扬大禹精神、展示地域文化、传承与守护民族传统文化等都具有深远的意义。

第二节　家族祭祀的传承

祭祀大禹，最初起源于家族祭祀。从夏启开始，历代禹裔都在各地对大禹进行祭祀，此后祭祀大禹，成为传承大禹文化的一种重要仪式。

一、夏启祭禹

司马迁在《史记》中说："或言禹会诸侯江南，计功而崩，因葬焉，命曰会稽。"司马迁以史学家求真求实的精神，对夏王朝世系做了详尽叙述与记录，但是对禹的身后事，尤其是夏朝的祭祀制度则付诸阙如。《礼记》说："夏后氏亦禘黄帝而郊鲧，祖颛顼而宗禹。"至于如何"宗禹"，却无细节。从考古和历史文献的记载来看，殷商的宗庙祭祀制度已经非常完备，夏人宗庙制度究竟是何种样貌，从汉代开始的相关文献做了大量"层累"的补续工作。

东汉赵晔所著《吴越春秋》，从越人的视角对夏朝的祭祀做了补充。

启遂即天子之位，治国于夏。遵禹贡之美，悉九州之土以种五谷，累岁不绝。启使使以岁时春秋而祭禹于越，立宗庙于南山之上。禹以下六世而得帝少康。少康恐禹祭之绝祀，乃封其庶子于越，号曰无余。余始受封，人民山居，虽有鸟田之利，租贡才给宗庙祭祀之费。乃复随陵陆而耕种，或逐禽鹿而给食。无余质朴，不设宫室之饰，从民所居。春秋祠禹墓于会稽。无余传世十余，末君微劣，不能自立，转从众庶为编户之民，禹祀断绝。十有余岁，有人生而言语，其语曰：鸟禽呼，咽喋咽喋，指天向禹墓曰："我是无余君之苗末。我方修前君祭祀，复我禹墓之祀，为民请福于天，以通鬼神之道。"众民悦喜，皆助奉禹祭，四时致贡，因共封立，以承越君之后，复夏王之祭，安集鸟田之瑞、以为百姓请命。

据此可知，在汉朝人的认知中，大禹祭祀的制度化始于夏启。一般认为，阳翟（河南禹州）是大禹受封之地；阳城（河南登封）是躲避商均的临时居地；即位后，曾居住于平阳（山西夏县）。大禹巡狩天下而殁于会稽，并葬在会稽，启于是在南山之上建宗庙，派遣使臣每年春秋两季特为祭祀。宗庙是古时天子、诸侯祭祀祖宗的场所，一般要建在都城王宫之内。都城与陵寝相距如此遥远，除非迫不得已，否则不会就地安葬。《吴越春秋》对大禹祭祀制度的"重建"，不排除是赵晔在本朝制度基础上的合理推测和假想。因其是推测，故只说大概，而缺少细节的描写，如祭祀的时间、祭祀的仪式、祭品等，都鲜少描述。

启开创了祭禹制度，之后的文献可见禹祭的传承者仅有少康、无余、勾践等。少康封其庶子无余于越，专为守陵人，所需耗费来自祭田，行春秋两祭。《史记·越王勾践世家》载："越王勾践，其先禹之苗裔，而夏后帝少康之庶子也。封于会稽，以奉守禹之祀。"

可见勾践属于无余一脉。无余后十余世，为编户之民，禹祀断绝；又十有余岁，无余之苗裔在民众的支持下恢复禹祭，四时致贡，与春秋二祭相比，频次有所增加。

《今本竹书纪年》云："始屋夏社。"《古本竹书纪年》云："夏桀末年，社坼裂，其年为汤所放。"据此可知，夏朝的宗庙可能叫作社，"夏代所崇拜的社神实际上就是禹，他既是祖神，也是社神，一身体而二任"。夏朝的宗庙建制、礼制究竟是何种样貌，文献的记载是模糊的，就连孔子都说"杞不足征也"。目前所见，大概只有二里头考古遗址及出土文物绿松石龙形器或能说明夏朝的宗庙制度。二里头二期宫城以北分布有大量与宗教祭祀相关的建筑，在约2200平方米的巨型坑内有大量陶片铺垫的活动面和以幼猪为祭品的祭祀遗迹；出土的长达65厘米的绿松石龙可能是墓主祭祀天地、祖先、神灵时使用的特殊工具，墓主或为巫师或为贵族。

关于二里头二期的年代，有学者断定为夏王孔甲、皋的时代。按照夏商周断代工程定夏朝为公元前2070至公元前1600年，则二里头二期所在年代距离夏朝灭亡不足百年。也有学者认为"二期绝对年代跨度可涉及公元前19世纪至公元前18世纪之间约100年"，那么时间可能提前到少康时代。不论是夏代中期还是晚期，二里头遗址及其出土文物至少可以说明夏代应该有独特的祭祀文化和宗庙

二里头出土绿松石龙形器（许宏：《溯源中国》，河南文艺出版社2021年版，第115页）

制度，据此或可推测夏人对禹的基本祭祀已经非常成熟。

二、绍兴禹裔祭祀

绍兴禹裔祭祀是大禹祭祀的一种特殊类型。夏代的大禹祭祀可能有国家祭祀与地方社稷两种形式。到少康时，封庶子无余于越地，世代守护禹陵，行春秋祠祭，开启了大禹祭祀的新形式族祭。

《史记·夏本纪》说夏人的后裔有夏后氏、有扈氏、褒氏、杞氏、辛氏、缯氏等十二姓。夏朝灭亡后，商王朝是否分封夏人后裔并祭祀大禹，尚不得而知。但依照后世祭祖的惯制，分出的姓氏依然会崇祀祖先，但这个时期的文献很少，具体情形亦不可知。周武王克商以后，分封夏人后裔于杞国，杞人应该有祭祀大禹的礼制，但或许受到周礼的同化，掺杂了周人的礼乐文化，变得面目不清，所以孔子说"杞不足征"。秦始皇统一六国以后，亲赴会稽祭大禹，开启了封建时代帝王祭祀模式。此后，官祭、民祭、族祭的祭祀模式延续两千年。近代以来，大禹祭祀又演变为国家公祭、民祭与族祭的形式。在各类祭祀形式中，族祭是渊源有自、历史悠久，且最稳定的一种祭禹类型。

绍兴会稽山大禹陵前有禹陵村，本为绍兴大禹后裔姒姓家族世代居住并守陵之地。古代有专门管理禹庙和主持大禹祭祀的"奉祀生"，在清代，这还是世袭制的八品官。

禹陵村姒姓家族每年祭祀大禹两次。第一次是农历元旦，第二次是农历六月初六。元旦祭祀规模较大，祭仪隆重。祭祀当日清晨，全族聚集在禹庙大殿，族长主持祭祀。祭品有猪、羊、鸡、鹅、鱼。仪式中要鸣铳、放炮。由族长带领族人向大禹塑像行跪拜礼，四跪四叩首，双手抱拳而不合十。祭拜之后族人之间又行拜年之礼。凡是参加祭祀的人，结束后可得到竹筹一支，结束后向操办者换取铜钱百枚，称为"百岁钱"，相当于一块祭肉。姒姓家族认为六月初六是大禹生日，如此，这一天的祭祀就相当于诞辰祭。这一日的祭祀仪式与元旦祭相仿，只是将乐器换为鼓乐。祭礼由姒姓四大家族轮流操办，有祭田20亩，收益皆用于祭祀。

第三节　民间祭祀的发展

民间祭祀是大禹崇拜与信仰的重要组成部分。古代的帝王祭、官方祭，现代的国祭、公祭代表着大禹祭祀的"大传统"，而从古至今的民祭则是大禹祭祀的"小传统"。不管祭祀的形式多么复杂多样，大禹祭祀的"大传统"与"小传统"却有着几乎一致的目标——深切缅怀与纪念大禹的治水功劳与立国业绩。在各种形式的大禹祭祀中，民间祭祀以其丰富的形式、独特的内涵意蕴引人注目。有时因为政治、战争等因素的影响，在官祭中断的情况下，民祭以其独特的形式延续着对大禹的祭祀，成为大禹崇拜的重要形式，守护着大禹文化，传承着大禹精神。《吴越春秋》载，越国君主无壬出生时，指着上天说要恢复已中断许久的禹祭，于是"众民悦喜，皆助奉禹祭，四时致贡"。可见，民祭的传统其来有自，历史久远。相对于帝王与官员，民祭的参与者是广泛的社会大众，人数多，范围广，体现了民众的意愿。与隆重典雅、仪式烦琐，程式化的官祭相比，民间祭祀显示出娱乐化的倾向。大禹民祭还具有区域性的特征，浙江绍兴、河南登封、四川北川、安徽蚌埠等地的民间祭祀均历史悠久，且各有特点，成为当地独特地域文化的重要内容，至今依然发挥着重要的影响。

一、绍兴大禹民祭

绍兴民间祭禹的空间主要围绕大禹陵和禹庙。最迟在南宋，就产生了以会稽山禹庙为活动中心的禹庙庙会。绍兴民间还三月初五为大禹生日的说法，故于此日举行庙会活动。

嘉泰《会稽志》记载的绍兴风俗节日中，说每年三月初五为大禹生祭，当日"禹庙游人最盛，无贫富贵贱，倾城俱出，士民皆乘画舫，丹垩鲜明，酒樽食具甚盛，宾主列坐，前设歌舞，小民尤相矜尚，虽非富饶，亦终岁储蓄以为下湖之行。春欲尽，数日游者甚众"，亦竞渡，规模"不减西园"。据此推断，在南宋甚至更早，绍兴地区就形成了以纪念大禹为目的、以禹庙为中心活动区域、以竞渡为主要内容的地区性庙会。陆游诗歌对此亦多有描述，如《次韵范参政书怀》其五："年少从渠笑衰懒，相呼禹庙看龙船"，又如《故山》："禹祠行乐盛年年，绣毂争先罨画船。十里烟波明月夜，万人歌吹早莺天"和《吴娃曲》之句"二月镜湖水拍天，禹王庙下斗龙船"等，都是对禹庙竞渡盛况的描写。这种禹庙游戏的形式一直延续到当代，周幼涛先生曾指出，在绍兴的传统习俗中，普通百姓向来一不祭祀禹，二不拜禹，只是以游嬉禹庙代替，所以民间多有"平民不拜禹，拜禹要肚痛""拜了禹王要肚子痛，拜了南镇爷爷要发呆"的谚语。这些谚语的禁忌功能，也是古代帝王和官方垄断祭禹权力的一种体现。但是民间自有民间的智慧，他们以游戏和娱乐的方式寄托对大禹的怀念、感恩与崇敬之情。

2018年4月20日，绍兴成立了浙江大禹文化发展基金会，该基金会是在浙江省民政厅登记管理的慈善组织，主要职能就是以民间力量保护与大禹相关的非物质文化遗产。2019年，在公祭大禹陵典礼结束后的当天下午，举办了第一次民祭大禹陵典礼。2022年4月20日，浙江大禹文化发展基金会民祭大禹组委会正式成立，民祭进入常态化管理。2023年11月13日，以姒姓、夏姓、余姓为代表的600多名大禹后裔宗亲代表、大禹文化研究机构、社会各界团体以及个人在大禹陵举行了本年度的祭祀典礼，并计划今后都在"寒衣节"当天举行大禹民祭，目的是将传统节日与禹祭相结合，凝聚大禹后裔力量，促进族群融合。民祭接受社会各界人士在大禹陵享殿开展民间祭祀仪式，这充分考虑与照顾到了民间各类群体的诉求与意愿，体现出对民间祭祀的尊重与理解，也更能发挥社会各群体在大禹文化建设与传承中的智慧和力量。

二、河南大禹民祭

河南新时期民间祭禹的主要空间是登封大冶镇北五里庙。五里庙大禹祭祀典礼始于2011年，2014年被列入登封市第三批非物质文化遗产，是登封大禹传说文化实践的重要场域，登封大禹文化艺术节暨禹王祭祀典礼都在这里举办。

北五里庙本为一座山神庙。现有正殿一座，东西殿各一座。正殿供奉关帝圣君、镇山山神、大禹王、太上老君、虫王伯益。西殿供奉送子观音和山神奶奶。山神庙对面有一座戏台。庙西为大禹文化广场，广场立有一座手持耒耜的大禹像。大禹像东有八角亭，象征大禹治水地平天成之意。八角亭共八面，镶嵌了八款石碑。很明显，作为新时期大禹文化传播地域的北五里庙是经过现代改造与转化而来的，是一个融合大禹崇拜、民间祠神信仰与文化娱乐的文化传播空间。

北五里庙的大禹祭祀在每年的农历七月初一。参加者以河南各界大禹文化研究者、爱好者为主，文化界与民间共同参与，有浓郁的民祭特点。祭祀大禹的典礼由鸣号、击鼓、鸣锣，敬献花篮，献三牲、五谷、珍果，献酒献爵献玉璧，恭读祭文，敬香，献乐，献舞以及表演文化节目等仪式组成。祭典流程的设计与绍兴大禹陵祭有不少相似之处。朱鹏指出，围聚在场的成百上千的四方乡邻并非专为祭典仪式而来，真正吸引着他们的是此地每年上演的持续十天乃至半月之久的演剧活动。普通百姓除了在典礼现场作为顺道的观众，更重要的身份其实是演剧活动的观众和进庙上香的香客。可见北五里庙的大禹祭祀更多具有民间庙会的性质。庙会人数多，参加者身份驳杂，使得祭典恰好成为一个宣传大禹文化的空间。北五里庙的大禹祭典正是通过深植于当地的民俗文化传统而得以顺利举办，当地的信仰传统也因得到官方认可和地方文化精英的保护而得到了生存空间。传统民间文化有提供娱乐、维护个体精神的积极的一面，但依然有不少需要改造的地方。登封的大禹民祭将当地民间文化整合到大禹文化的教化与传播当中，提供了一个引导和发展民间文化的新思路。

三、四川大禹民祭

四川地区的大禹崇拜不仅有地域性，还有民族性，其独特的民族性又赋予大禹崇拜鲜明的地域特征。在我国各少数民族中，奉禹为神灵且顶礼膜拜者，仅见于羌族。禹被羌族视为民族保护神，羌族地区也一直被视为大禹故里，自先秦以来就有"禹生石纽"的记载和传说。另外，当地也有石纽山、刳儿坪、涂禹山、禹碑岭等自然与文化景观。有学者提出，羌族对大禹的认同是出于"运用本民族的民间话语构建自己的华夏身份，以摆脱'蛮夷之地''化外之地'的歧视之目的"。不论如何，相关传说、史实、景观等，都塑造出羌族主要聚居地四川地区与禹的密切关联，其中以北川和汶川最为突出。

据相关调查和研究，北川羌族自治县在20世纪80年代就开始恢复民间大禹祭祀仪式。此后，通过召开学术会议、修建纪念馆、重修禹王宫、编印研究文集和史料汇编、申报"大禹文化之乡"等，大大提升了北川大禹文化的影响力。

2006年，在国家级大禹祭典非遗项目花落浙江绍兴以后，四川尝试通过建设省级非遗项目、培育国家与地方非遗传承人来构建具有地方和少数民族文化特色的大禹文化保护与开发路径。2009年7月，北川县的大禹祭祀习俗被列入第二批四川省非物质文化遗产名录。2011年，北川羌族自治县和汶川同时申报的"禹的传说"被列为国家级非遗项目（民间文学类，项目编号：I-91），为大禹文化的保护与传承开拓了一条新思路。目前有国家级传承人一位（尧一山），省级传承人两位（李加碧、王官全）。2017年7月，大禹被列入四川省首批十大历史名人名录。总体而言，大禹和大禹文化已成为四川文旅建设的一张名片。

北川一带民间祭禹的历史非常悠久。唐代以前，石纽山下就建有禹庙，每年农历六月初六被认为是大禹诞辰，往往在这日举行祭祀仪式。近年，其大禹民祭的空间主要有两处，一是禹里镇禹穴沟禹王宫，二是广莲寺禹王庙。禹穴沟禹王宫重修于1994年。禹王宫立有一高十余米的大禹塑像，大禹正襟危坐，头顶冕冠，为帝王形象，当地老百姓称作“禹王爷”。

禹里镇广莲寺禹王庙重建于2010年，这里也有悠久的祭禹习俗。他们的祭祀活动一般在上午8时开始。仪式具有浓郁的羌族特色，羌族释比穿传统服饰，头戴猴头帽，手持羊皮鼓主持祭祀。羌族民众抬着猪、羊、水果、五谷杂粮等祭品，来自白什乡的马马灯、板凳龙和马槽乡的唢呐锣鼓队，青片乡的火枪队、龙灯队，墩上乡的许家湾十二花灯等非物质文化遗产项目传承人与表演队伍经过禹里老街，来到鸪里大桥上，进行祭桥仪式。接着上沿河公路，在途中的泫水举行祭水仪式。随后，祭祀队伍走向广莲寺的禹王庙。上午9时，在鞭炮声中，祭祀活动正式开始。敬献祭品、诵读祭文后，各个展演队伍在不同区域表演，羌族民众在大禹塑像前叩首、敬香。

北川大禹祭祀习俗被列入四川省非物质文化遗产。2014年6月，中国水利学会水利史研究会将北川确立为“大禹祭祀地”；2019年7月8日，北川举办“第一届海峡两岸大禹文化交流活动暨2019（己亥）年大禹诞辰祭祀典礼”，开启了两岸共祭大禹诞辰的先河。

汶川一带的大禹祭祀历史也比较悠久。汶川石纽山下的凤头关自唐代始就修有庙塔，供祭祀大禹及其母亲。清道光十一年（1831），绵虒修建禹王宫，以农历六月初六为大禹生日，并举行祭祀活动。2008年“5·12”汶川地震，致使禹王宫建筑被毁。2010年，在广东省珠海市的援建下，绵虒石纽山重修大禹祭坛。祭坛为三层，一层为长道回廊，二层为汉阙和石雕，三层为大禹塑像。笔者曾受邀参加2019年的汶川祭典，祭祀地点就在大禹祭坛，祭坛立有高大雄伟的金身大禹塑像。汶川的大禹祭也富有羌族特色。祭祀仪式由释比做前导，人们跟随释比的鼓点拾级而上，由当地官员恭读祭文，民众献祭贡品，敬献羌红、鲜花、烧香。在绵虒镇大禹村，大禹后裔还举行大禹华诞食礼。为大禹请牌位，敬献三牲饭菜、三茶五酒，读祝文，焚烧祝文，叩拜大禹。

四川省汶川县绵虒镇大禹塑像（毕旭玲：《大禹创世神话图像谱系》，上海人民出版社2022年版）

四、安徽蚌埠大禹祭祀

安徽蚌埠一带自古便流传着大禹治水的神话传说，如禹会涂山、禹锁无支祁等。2007年5月，中国社科院考古研究所对蚌埠禹会村禹墟遗址展开发掘，根据出土文物以及相关文献，确定遗址是淮河岸边的一处规模较大的龙山文化晚期古人类聚落遗址，距今约4100年，与传说中的大禹时代基本相符，并认定蚌埠禹会村曾是大禹治理洪水的地点之一。

安徽大禹祭祀的历史也非常久远。每年农历三月廿八，蚌埠怀远县会举行涂山禹王庙会。人们认为这一天是大禹治水成功、大会诸侯的会期。大概自唐代起，民众就开始自发举办涂山庙会。庙会当日，沿淮民众十万余人敲锣打鼓、载歌载舞，从数十里乃至百里外涌向涂山，参加祭祀大禹的盛会。新时期大禹祭祀典礼的过程是鸣长号、礼炮，撞钟、击鼓，敬献牛首、猪首、羊首、稻、黍、稷、麦、菽等贡品，敬献鲜花。

蚌埠涂山大禹祭祀的最大特点是将地方花鼓灯艺术与大禹祭祀融为一体。花鼓灯集舞蹈、音乐、民歌于一炉，盛行于怀远城乡，具有独特的民族特色和地方特色，是安徽省标志性文化形象之一。它既是淮河文化、大禹文化的重要代表，也是怀远县重要的非物质文化遗产和特有的文化资源。怀远县早些年在举办涂山禹王庙会期间，同时举办怀远县花鼓灯艺术节，目的就是展示怀远悠久的历史和深厚的文化底蕴，扩大怀远的知名度和影响力，提升城市形象，促进怀远县经济与社会加快发展。借力打力，以祭祀大禹的庙会为契机，发挥地方文化优势，文旅融合，推进地方经济发展，这是安徽蚌埠大禹文化的特点。

第六章

大禹文化传播及其影响

大禹文化不仅在中国大陆流传甚广，在中国台湾以及亚洲其他地区也广为流传。大禹精神哺育着中华民族，乃至整个东方民族，成为东方民族生存发展重要的精神资源。不仅台湾和琉球群岛有很多禹迹和文献记载，在朝鲜半岛、日本、越南等地，也有很多大禹遗迹与文献记载。大禹文化的广泛传播，显示了中华文化的巨大影响力。

第一节　大禹文化在宝岛台湾的传播

　　台湾岛是中国最大的岛屿，台湾人民对于中华优秀传统文化的接受与传播，是非常自觉的。台湾因其独特的地理位置，台风水灾频繁，而大禹作为治水英雄，其治水文化对于台湾同胞来说具有特殊的意义。目前，台湾各地皆保存有不少关于大禹事迹的名胜，以大禹命名的场域很多，如花莲县的"大禹里""大禹街""大禹小学"，中横公路上的"大禹岭"等。台湾的工程师节以大禹诞辰为纪念日，神明信仰则以大禹为水官大帝、水仙尊王等。大禹在台湾地区被奉为"海神"，地位仅次于妈祖。在台湾现有的古籍中，记载大禹的很多，与大陆并无二致。只是在对大禹的信仰上，与大陆有所区别。我们将从这个角度介绍一下大禹文化在台湾的传播情况。

　　杜英贤在《大禹崇拜在台湾》一文中说，台湾众神信仰源自大陆移民对祖居地的眷恋，康熙三十三年（1694），清军攻克台湾，百姓闻台湾土地肥沃、物产富庶，纷纷前来开拓。然而，大陆居民往来台湾必须横渡俗称"黑水沟"的台湾海峡，由于洋流湍急，加上时有台风侵袭，来往的移民抑或以捕鱼为业的居民，其生命安全饱受威胁，为了祈求庇佑，沿海百姓便将家乡的"水仙"信仰带至台湾。根据清代郁永河所撰《裨海纪游》:"水仙王者,洋中之神,莫详姓氏,或曰帝禹、伍相、三闾大夫,不一其说。帝禹平成水土,功在万世;伍相浮鸥夷;屈子怀石自沉,宜为水神,神爽不泯。"《台湾的祠祀与宗教》一书则纪录,明末至雍正初,水仙大致已被公认为禹王、伍员、屈平、项羽、奡(一说鲁班),当时的重要港口,如台湾府城、笨港、澎湖等地,均建有水仙庙。百姓感念大禹治水之功,将其位列水仙之首,台湾诸多地区设有水仙庙宇,供奉大禹等诸神以祈求护佑。本章节主要透过主祀大禹之相关庙宇,了解台湾民众对大禹的信仰与其相关文化。

一、台湾北部庙宇

在台湾北部的新北板桥江子翠,有潮和宫、保安宫和天后宫三庙合一的特色庙宇。这是江子翠地区民众的信仰中心,也是台湾北部一个比较重要的大禹文化遗迹。

(一)潮和宫

潮和宫是为抵御台风和暴雨而建。当地早期常遭台风侵袭,大汉溪河水暴涨而导致洪患,河岸周边百姓苦不堪言。1882年,在保正林溪珍的带领下,村民在岸边竖立供奉二位神祇之石碑,一位尊称水仙王公,一位尊称水官大帝(三官大帝之禹帝)。在二位神祇的护佑下,水患受到控制,百姓感念水官大帝庇佑之神恩,便于1882年集资建庙,希望神明能使"潮和",并因此将其命名为"潮和宫",同时奉祀尧、舜、禹三代圣君,至今香火鼎盛。"水官星君"的神祇石碑,为建庙尚未雕刻神像时所设立,祈望的是大禹能驱逐水患,护佑黎民百姓。

1925年,当地民众将水仙尊王祀奉于溪头公园内活动中心,并在1930年增建一座两层楼新庙"江子翠溪头水仙宫"。水官大帝祀于潮和宫，水仙王公祀于水仙宫。2013年位于江宁路三段的"江子翠天后宫"于该年6月关闭，经由地方人士及台北三妈会协助，将镇殿妈祖及开基妈祖神尊移驾，并入三楼潮和宫的妈祖殿。于是，该庙成为由潮和宫、保安宫、天后宫三庙合一的特色庙宇。

潮和宫的一个突出特色在于，宫外两根龙柱分别命名为"龙门"与"禹门"，庙方人员表示其寓意为取"鱼跃龙门"中"鱼"以及"禹"之谐音，嘉许善男信女皆能鱼跃龙门。

（二）江子翠溪头水仙宫

新北市板桥江子翠溪头水仙宫也是为抵御洪灾而修建的。新北板桥江子翠，地处华江要冲，早期居民多为福建泉州府同安县移民。这里是大汉溪与新店溪交会处，历史上水灾频发。同治元年（1862）台风侵袭导致大汉溪水灾泛滥，侵袭当地田地一千甲。保正林溪珍于当地树立两尊石碑，一曰"水官大帝神位"，一曰"水仙王公神位"（水仙尊王），以祈神明护佑百姓平安，乡民皆虔诚膜拜。光绪八年（1882），台风过境，待水退后，却浮出八百甲农田。乡民咸以为神佑，筹资建庙奉祀。后奉神示，全江子翠百姓团结一致，16岁以上、60岁以下男丁，全部趋往坪顶（今新北市林口区）取回松木树苗种植防风林，从此土地不再流失。

（三）艋舺水仙宫

艋舺水仙宫位于今新北市万华区，为清乾隆年间艋舺郊商为祈求海运顺安所筹建，主祀大禹（禹帝）。夏禹因治水功绩，被后世尊为水神。艋舺（今万华）早年倚赖水运而成为商业重镇，为祈求出航平安，经商者和台湾渔民常奉妈祖、水仙尊王、海龙王为守护神。

艋舺为台北市发源地，清康熙四十八年（1709）福建省泉州之晋江、南安、惠安三邑人士渡海来此，逐渐形成聚落，当时平埔族人以独木舟自淡水河载运地瓜等农产品与汉人交易，独木舟在平埔族语言中之发音为 Banka，汉人音译为"艋舺"。

艋舺水仙宫于道光年间因年久失修以致倾圮，加上都市计划被迫拆迁已湮没于历史之中。宫中神像已移至龙山寺祭祀，原寺庙地址目前由台北市文献会立一纪念碑以兹纪念。

（四）龙山寺

龙山寺位于今新北市万华区，为三大来台旅游名胜之一。现今所供奉的水仙尊王即为原艋舺水仙宫内的主神"大禹"，配祀伍子胥、李白、屈原和王勃。该庙建于清朝乾隆三年（1738），由福建泉州三邑——晋江、南安、惠安三县来台的居民，将福建晋江县安海龙山寺观世音菩萨分灵迎请至台湾所兴建，后多次经历天灾侵袭，修复数次，为艋舺地方郊商、贸易商奉祀重要航海神所在，以求舟楫平安、航运平顺。

龙山寺的水仙尊王以大禹为主神，神像前设立"水仙尊王神位"的神牌，据说是因消防队希冀每次出任务皆能"以水克火"，顺利完成救火，拯救人民生命，因此常至龙山寺恭请水仙尊王，期许能借助神力协助灭火，拯救子民免遭祝融之灾。然而屡次出动神像不便，因而庙方特别再刻制一块神牌以利行事。

龙山寺有"泛舟利济"匾额，为徐宗干所献。清同治丙寅年（1866），徐宗干任兵部侍郎兼都察院右副都御史和福建巡抚提督军务，兼理粮饷。他深感水患对民众之害，组织到龙山寺祭拜，亲自给龙山寺敬献了这块匾额。

二、台湾中部庙宇

在台湾中部地区，也有一些纪念大禹的庙宇，显示出台中地区对大禹文化的敬仰和崇拜。

（一）北屯水仙宫

北屯水仙宫建于1980年，也是因抵御洪灾而建，主祀水仙尊王——大禹。该庙大门上有斗大的"水仙宫"和"大禹帝"的匾额及题额。从建庙历史沿革来看，可以感受到百姓对大禹的信仰寄托。每年农历十月初十大禹诞辰皆有盛大祭典，以酬神谢恩，祈求庇佑风调雨顺、平安顺利、时和年丰。

根据北屯水仙宫沿革记载，1959年八七水灾时，在柳川大浚中，水仙尊王神像迁回滞驻，始终未被冲走，被一施姓信士发现，后由张旺迎回并供奉于本市北屯区旧街一巷张家自家宅院内，早晚虔诚焚香奉祀。嗣后，地方父老募捐建庙。许多地方人士慷慨解囊，1979年农历十月，主神显赫，托梦信众，指定现址，后购地兴建本宫，历时3个多月，于1980年农历二月初七入火安座，以供全省各地善男信女膜拜，奉祀迄今，香火旺盛。

（二）嘉义县笨港水仙宫

嘉义县建有笨港水仙宫，是为祈求大禹保佑航行安全而建。明朝末年，大陆先民陆续从嘉义笨港登陆台湾；清乾隆四年（1739），郊商（今贸易商）和船户兴建此庙。水仙宫奉祀水仙尊王——奉祀禹帝（大禹）、楚王项羽、伍盟辅匠伍子胥、楚大夫屈原、鲁师匠鲁班公，保佑航行平安。乾隆四十五年（1780），贡生林开周倡议募资扩建。嘉庆八年（1803），笨港溪（今北港溪）泛滥，河床改道，笨港街被冲毁，街上的水仙宫和其北侧的协天宫也遭冲毁。嘉庆十九年，水仙宫在笨南港（今南港村现址）重建，新建筑为两进两厢式的庙宇，是嘉义县的古迹。

笨港水仙宫建筑很有特色。它保存了清代乾隆、嘉庆、道光和第二次世界大战刚结束时4个时期的原始建筑材料，构工亦含括不同年代的技法，是研究台湾地区传统庙宇的珍贵资料。根据碑记记载，嘉义笨港水仙宫始建于1739年，道光三十年（1850）重修，距今近三百年，也是一处三座宫庙——笨港水仙宫、协天宫、天后宫汇聚的民间信仰胜地。2013年，水仙宫荣获台湾宗教百景殊荣。

笨港为清乾隆之前台湾中南部贸易要港，史载"商贾辏集，台属近海市镇，此为最大"。因与大陆间的海上贸易活动频繁，此处百姓除信奉妈祖之外，亦奉祀水仙尊王——帝禹。

三、台湾南部庙宇

在台湾南部，也建有一批大禹庙宇，这是台南人祈福消灾愿望的表现。

（一）台南水仙宫

台南水仙宫位于永乐市场与水仙宫市场内，创建于清康熙二十二年（1683），曾是台湾府"七寺八庙"胜景之一，主祀大夏圣帝——禹帝。庙址在旧时五条港的南势港，地处五条港枢纽，为清代航运相关贸易商贾的信仰守护神殿。宫内高挂"大禹庙"匾额。清乾隆六年（1741），三郊（清代地区型商业公会组织）曾于宫内设置"三益堂"处理郊务，今仍存。

水仙宫内除祭祀玉皇大帝、主祀水仙尊王（大禹帝），还祀"二王"（西楚霸王项羽、白盟尊王寒奡）、"二大夫"（伍子胥大夫、屈原大夫）。据康熙六十一年（1722）巡台御史黄叔璥撰《台海使槎录》所载："水仙宫，并祀禹王、伍员、屈原、项羽，兼列晏，谓其能荡舟也。"商人于出行走水前将他们视为心灵守护神，多于此参拜，希冀神明护佑他们出海顺利，保障其平安。

清初至中叶，水仙宫为"三郊"总部，成为繁荣的五条港商区的中心。咸丰年间，清代台湾彰化诗人陈肇兴曾作《赤崁竹枝词·其六》："东溟西屿海潮通，万斛泉源一叶风；日暮数声欸乃起，水船都泊水仙宫。"其《赤崁竹枝词·其九》曰："水仙宫外是侬家，往来估船惯吃茶，笑指郎身似钱树，好风吹到便开花。"两首皆描述了当时水仙宫外人声鼎沸、茶楼林立，富贾商旅往来频繁之荣景。

根据《台湾通史》记载："三郊者，南郊苏万利，北郊李胜兴，糖郊金永顺也，各拥巨资，以操胜算。南至南洋，北及天津、牛庄、烟台、上海，舳舻相望，络绎于途。"当时，台郡三郊共同出资修筑运河，使得五条运河贯通，成为台南府城的经济要脉，五条港汇聚商贸，各类郊商店铺与货栈汇聚于此，盛况非凡。

（二）台南永康盐行禹帝宫

台南永康盐行禹帝宫主祀水仙尊王，供奉大夏圣帝——夏禹，并尊其为主神。其创建与盐行地区早年的产业开发密切相关。明朝郑成功时期，陈永华于洲仔尾北面辟设盐场，引海水灌晒，百姓想到这里总是潮汐以时，风涛晏息，认为是水仙调剂之功，便在盐行东北建庙。

康熙二十三年（1684），台湾首任府知事蒋毓英将盐田官营化，由官方出资，令百姓在此开辟盐田，至此产量倍增，量冠全台，庄民为感恩水神之庇护恩德，再供奉大夏圣帝，并尊其为主神，名为"禹帝庙"。其后因暴风雨，加之年久失修，乾隆四十二年（1777）

由知府蒋元枢捐献俸禄，并号召信众集资重建庙宇。1946年台南新化大地震，殿宇毁损坍塌，翌岁迁至原址东南方（即禹帝宫今址）重建。

禹帝宫最初仅崇祀项羽、屈原，清时再奉大夏圣帝——夏禹，后渐次增祀，目前主祀大禹、项羽、奡王、屈原与伍员"五水仙尊王"。据《禹帝宫庙志》记载，乾隆四十三年（1778），蒋元枢重建盐场时，目睹禹帝宫摇摇欲坠，认为亵渎神明，乃捐献俸禄号召信众集资重建庙宇。

（三）高雄林园平水禹王庙

平水禹王为浙江省台州大陈人的原乡信仰，也是浙江信仰之一。1955年，浙江省台州市大陈岛百姓移居台湾，因大部分的百姓皆以捕鱼为业，最后辗转至高雄市林园区的中芸渔港落脚，建立"力行新村"。渔民为了祈求每趟出海皆能安全地满载而归，故将家乡的守护神"平水禹王"信仰移祀至此以求庇佑。

平水庙主神供奉"平水天王"禹帝，配祀三大侯王、三官大帝、福德正神及财神爷，中殿供桌两旁有大型侍者神像，墙壁两侧有四个元帅的大型雕像，为少见的塑像。平水庙始建于1973年，1977年改建，1998年为给远道而来的信徒提供休憩之地，在庙旁兴建香客大楼。

（四）屏东凤尾平水禹王

平水禹王庙位于屏东县潮州镇凤尾新村。平水禹王庙始建年份不详，庙内石碑仅记载于1985年改建。当地因地势低洼，常因地下涌泉而泛滥成灾，又总有台风过境带来无情的水患，居民饱受淹水之苦，辛苦种植的作物亦泡烂于水中，经过居民商议，于是将家乡浙江台州大陈岛的守护神平水庙信仰移祀至此，主神供奉平水禹王，期许能缓解水患带来的灾害。自从建庙后，水患的侵袭趋缓，因而也让人民的信仰更为坚实。至今，即便是已经移居北部的子民，每年照样会在庆典时包车返乡，同庆平水禹王圣诞千秋。

四、外岛庙宇

在台湾岛周围的一些岛屿上，也有一些纪念大禹的庙宇，这反映出大禹文化的传播之广。例如澎湖县马公市崹里水仙宫。

根据崹里水仙宫庙中的碑文记载，乾隆八年（1743），来自福建金门以捕鱼为业的陈姓移民，因感念大禹圣神灵应，从古迄今泽被群生，于是倡议筹建水仙宫，奉祀神灵，俾能保境安民。崹里水仙宫中存有鼎湾众弟子敬献的"元亨利贞"及澎湖总兵邵连科等献上的贺匾，落款年份为乾隆丙寅年，可知崹里水仙宫应是于乾隆十一年（1746）竣工的。

崹里水仙宫自创建起，经历多次重修，但清代时期的修建无文字记录可考。目前可知在1919年，地方人士陈进达、吴清江敬邀居民与渔网船主商议，各网主捐献十分之三的渔业收益，用于庙宇重建基金，并于1923年竣工，同年开办鸾堂，即"勤心社化善堂"，着善书《醒生金篇》一部。

1958年，澎湖因第二次世界大战遭受美军空袭，加上长年遭受暴风雨侵袭，庙体严重毁损，地方人士吴便、陈根三等人遂发起庙宇重建募款工程，后于1961年顺利落成。此后历经近三十载风霜，水仙宫因殿内屋顶及内部所有结构系采用桧木建成，日久龟裂腐烂，又受到韦恩台风侵澎，庙体遭到严重破坏。1986年，居民陈纯来、陈清山、吴德明、陈水胜等人再度号召重建，于1989年5月兴工，1993年落成，即今日所见之规模。庙身坐北朝南，面朝

嵵里前渔港，为三层楼之建筑格局，内有彩绘雕龙，建筑工艺
精湛。

台湾主祀大禹庙宇（排序由台湾北部至南部、外岛）

创建日期	寺庙名称	地址
乾隆年间	艋舺水仙宫	台北市万华区
同治元年（1862）	江子翠潮和宫	新北市板桥区
1925年	江子翠溪头水仙宫	新北市板桥区
同治四年（1865）	新竹水仙宫	新竹市北门
1959年	北屯水仙宫	台中市北屯区
顺治十年（1653）	鹿港龙山寺	彰化县鹿港镇
乾隆四年（1739）	笨港水仙宫	嘉义县新港乡
康熙二十二年（1683）	水仙宫	台南市西区
乾隆四十三年（1778）	禹帝宫	台南市永康区
1951年	代天宫	高雄市盐埕区
1973年	平水禹王庙	高雄市林园区
1946年	小琉球水仙宫	高雄市东港镇
1985年	平水禹王庙	屏东市潮州镇
康熙三十五年（1696）	澎湖水仙宫	澎湖县马公市
乾隆十一年（1746）	嵵里水仙宫	澎湖县马公市

综上所述，大禹文化在台湾的传播，又具有了地域性的特色，
其核心内容是大禹作为水神菩萨的形象。刘家思指出，这是台湾同
胞对于大禹治水故事的记忆，是对大禹作为治水英雄的认可。大禹
在台湾同胞的心目中是中国远古时代救国救民的伟大的治水英雄，

是一位救苦救难的水神，实际上是一位菩萨。这是基于台湾特殊的生存环境的一种集体无意识反映。台湾地处海洋之中，台风水灾频繁，浪高风急，生存环境恶劣，下海捕鱼谋生，往往船覆人亡。因此，为消灾避祸，台湾同胞求助于超自然的"神力"心切，岛内供奉海洋之神的水仙宫遍地开花，便是极其自然而合乎情理之事。

第二节 大禹文化在琉球群岛的传播

琉球群岛位于中国东海的东部外围，东北为日本九州岛，西南为中国台湾，北面为朝鲜半岛，由60余个有人居住的岛屿和400多个无名小岛组成，南北总长度达1000多千米。公元6世纪中后期，隋炀帝派遣大将羽骑尉朱宽出海寻访海外异俗，见琉球群岛"若虬龙浮在水面"，遂为其取名"流虬"。唐朝编纂《隋书》时，为避帝王讳，更名为"流求"。洪武五年（1372），朱元璋将该地命名为琉球，琉球诸国成为明王朝的藩属国。明亡后，琉球继续向清政府朝贡。康熙二年（1663），琉球国王正式被清王朝册封，从此使用清朝年号，向清朝纳贡，历代琉球王都向中国皇帝请求册封，从未间断。

琉球群岛一直受中华文化的深刻影响，大禹文化也在那里得到广泛传播。不仅碑刻中有大禹文化的遗存，其诗文中也留下了大禹文化的印记，同时当地还有一些大禹文化的遗迹。

一、琉球国碑文中对大禹的书写

高津孝、陈捷主编的《琉球王国汉文文献集成》，是学界首次对琉球王国汉籍的系统收集，所收文献中不乏对大禹文化的书写。其中第十七册《琉球国碑文记》为抄写琉球各地散佚的碑铭、挂轴、匾额等文字内容集结而成，其著录的碑文从最早的明弘治十年（1497）的《万岁岭记》至1889年的《与那国岛祖纳村字兼久碑》，共计收录约90件。其中多篇碑文提到大禹，体现了大禹文化在古代琉球王国的传播与影响力。

《安里桥之碑文》。位于琉球首都首里之西、琉球最大港口那霸港之东的石桥安里桥，是琉球国王巡行那霸时的必经之处，也是明朝使臣出使琉球时的必经之桥，遗憾的是，此桥在康熙九年（1670）被洪水冲垮。康熙十六年（1677），琉球国相与三法司官员奏请重修安里桥。安里桥重修后，人们树立石碑记载建桥经过。碑文写着："曷有异禹三过其门而不入之世乎？"此是以大禹治水的事迹来称赞当时修筑安里桥以防治洪水的功绩。

《石门之东之碑文》。这座石碑位于石门之东，碑文作者是三柱山圆觉寺一位号称仙岩叟的和尚。据传当时有一位号称"宝剑神仙"的道人，擅长炼制金丹，因而受到琉球国王的青睐，于是琉球国王命人为之"雕石刻名"，树立石碑。碑文中对当时琉球国王治世功绩极力称赞，称其"开功业于邦畿，施仁恕于士庶。舜禹之智，不相渝矣"。虽是赞颂国王，但是可见在当时人心中，大舜与大禹是足智多谋、取得不朽功勋的圣贤明君之表率，故而以琉球国王同他们作比。

其他碑文中的大禹文化。康熙五十五年（1716），琉球国王下令建造孔子庙，孔子庙建成以后又命人立石碑，命当时著名学者程顺则撰写碑文《孔子庙碑文》，碑文中回顾了儒道的传承脉络："盖尝稽古危微精一之旨，尧以是传之舜，舜以是传之禹，禹以是传之汤，汤以是传之文武周公。至我孔子，而集其大成。"这表明了在琉球人的认知中，大禹在儒道传承中的重要地位。

二、琉球汉文学中的大禹文化

琉球人创作的诗文，尤其是汉诗与诗联中，常常有大禹文化的印迹，此处仅举二例。

康熙三十八年（1699），程顺则以正议大夫身份奉表入贡。此次入贡中国途中，程顺则一路上写了许多诗，完成使命后，他将所积之诗编为《雪堂燕游草》，其中收录的《渡黄河》一诗，有一联写道："大势吞秦障，丰功勒禹碑。"诗句描写了黄河势吞秦岭的非凡气势。据传，大禹取得治水成功后，在湖南省衡山县云密峰树立岣嵝碑。程顺则诗中所谓"禹碑"，虽然未明确指出是岣嵝碑，但在程顺则看来这座"禹碑"的树立是为了纪念大禹的"丰功"，因此很有可能指的就是岣嵝碑。

《醒世锦囊正家礼大全》一书，收录的皆是琉球人日常生活中使用的对联。这些诗联中有一些涉及大禹。例如：

1. 年开禹日江山晓，人乐尧天宇宙新。
2. 春回禹甸山川外，人在尧天雨露中。
3. 永怀禹德，益普尧仁。
4. 尧天遍覆，禹甸咸宁。
5. 威震八荒，功敷九域。

6. 敬式汤铭, 仕教翔五风十雨; 功厥禹服, 生灵着九垓八荒。

7. 大化洽于神人, 娲笙羲瑟; 薰风吹于寰内, 禹扇舜琴。

上述诗联中提到如"禹日""禹甸""禹德""禹服""禹扇"等与大禹相关的词汇, 以下做一些简要的解释。诗联中多次出现"尧天禹日"。古代, 人们常以"尧天禹日"指代太平盛世,"禹日"也即相关的意思。关于"禹甸", 典出《诗·小雅·信南山》:"信彼南山, 维禹甸之。"禹治而分成丘、甸, 后世因而称中国的疆域为"禹甸"。关于"禹服",《书·仲虺之诰》曰:"表正万邦, 缵禹旧服。"孔传:"继禹之功, 统其故服。"服, 王畿以外的疆土, 后用以称中国九州之地。唐王维《兵部起请露布文》:"亿兆广尧封之时, 郡县加禹服之外, 而犬戎小丑, 蜗角偷安, 动摇远边。""禹服"指的便是中国九州之地。关于"禹扇", 典出《帝王世纪》:"夏禹扇暍"。宋廖莹中校正《朱子校昌黎先生集传》中转引《帝王世纪》称:"《帝王世纪》曰:禹扇暍。暍, 伤暑也。"《史记》亦载:"夏禹扇暍。"六朝刘孝威将禹扇与娲笙、羲瑟、舜琴并举, 其《侍宴乐游林光殿曲水》云:

> 蒸哉轩顼, 赫矣尧心。女娲补石, 重华累金。
> 汤罗禹扇, 羲瑟农琴。皇乎备矣, 受命君临。
> 试舟五反, 和乐九成。钩楯秘戏, 协律新声。
> 丹枻水激, 缝彩蔼荣。天吴还往, 海若逢迎。

可见上述琉球人所撰诗联, 当受到刘孝威此诗的影响。

从这些琉球人所撰汉诗与诗联中运用的大禹相关典故，可以看出琉球人对记载大禹文化的相关中国典籍与诗文还是相当熟悉的。

三、琉球群岛的大禹文化遗迹

在琉球群岛，有不少大禹文化遗迹。至今日，琉球群岛与大禹相关的遗迹有石桥8处，孔子庙等3处，国王表彰2处，共计13处。这些都是在琉球王府、琉球王国的命令下建造而成的。可见，琉球群岛的统治者，非常重视对中华文化的传承。琉球王宫首里城是琉球王国的政治和权力中心，这里保持着浓郁的中华文化气氛，不仅门牌为红色，是红色大门牌楼，而且文字也是中文，上面写着"守礼之邦"四个大字，充分显示了与中华文化的血缘联系。其大禹文化遗迹，最重要的有3处：国王颂德碑、浦添城前石碑、宇平桥。

国王颂德碑是琉球群岛最古老的大禹遗迹，位于首里城公园中，建于嘉靖三十一年（1552）。这是琉球国王尚真的功德碑，刻有"舜禹之智"字样，深刻反映了大禹在琉球人心里的崇高地位。

浦添城前的石碑。这块石碑建于万历二十五年（1597），刻有"神禹登岣嵝峰头"等字样，是琉球群岛现存十分重要的大禹文化遗迹，其存在历史仅次于国王颂德碑。

宇平桥碑。这是记载宇平桥由木桥改成石桥的竣工纪念碑。康熙二十九年（1690），宇平川上的木桥损坏后，琉球人重建石桥，名之为"宇平桥"。宇平石桥建成后，当地人立石碑纪念，碑文中写道："体皇天好生之德，而念及大禹治水之功。"这表明了当时琉球人对大禹治水功劳的敬仰。王敏在《禹王与日本人》中说："只要看一看保留下来的石碑，就会不由得感受到……当地居民对禹王的亲切感和爱乡之心，是值得向世界夸耀的遗产。"这块石碑上至今还有一些横线印痕，可能是第二次世界大战时期被坦克碾压过的印记。该碑也成为日本发动战争之后，给世界带来灾难的罪证之一。

由上可见，大禹文化对琉球人的影响是深刻的，已经深深融于在他们的生产和生活中。

第三节　大禹文化在朝鲜半岛的传播

朝鲜半岛自古以来就受到中华文化的巨大影响，这也使得大禹文化在朝鲜半岛传播非常深广。在今日，韩国不仅有许多"禹"姓之人，而且还有不少含有"禹"字的地名，如禹山、禹津江、禹池里等，都显示了与大禹文化的联系。在韩国和朝鲜的文献史料中，记载大禹和夏禹的史料也是比较多的。韩国禹成旼博士撰写的《有关大禹的韩国史料记录以及韩国丹阳禹氏的现状》可算是开拓性的成果。她以《三国遗事》《高丽史》《高丽史节要》《朝鲜王朝实录》《承政院日记》等古代文献资料和《中国古代金石文》《韩国古代金石文资料集》等近现代时期的史料为中心，对古代朝鲜半岛上的居民敬仰大禹、传播大禹文化的情况展开了比较深入的研究，为我们了解大禹文化在朝鲜半岛的传播提供了重要信息。

一、朝鲜王朝对大禹文化的学习

《尚书·禹贡》与《尚书·大禹谟》篇，对大禹事迹及其精神有直接展示，是与大禹文化直接相关的典籍。随着《尚书》东传朝鲜，载入其中的《禹贡》篇与《大禹谟》篇，受到朝鲜国王和文臣的重视。在朝鲜王朝经筵上，国王与文臣一起研讨这两篇文章。根据《承政院日记》的记载，仁祖七年（1629）四月二十八日至九月六日的经筵昼讲中，仁祖与周边文臣一起研讨过《尚书·禹贡》，前后长达4个多月。孝宗元年（1650）十一月六日至孝宗二年二月二十二日的昼讲中，孝宗与身边的文臣一起研讨过《尚书·禹贡》。经研究，其所阅读的《尚书·禹贡》的底本是明胡广所撰《书传大全》。孝宗元年七月二日至八月十日的昼讲中，孝宗与文臣一起研讨过《尚书·大禹谟》；肃宗五年（1678）三月十五日至三月二十七日的昼讲中，肃宗与文臣一起研讨过《尚书·大禹谟》；英祖四年（1727）二月二十五日至二月二十八日的昼讲中，英祖与文臣一起研讨过《尚书·大禹谟》；纯祖元年（1800）二月十日至二月十六日的的昼讲中，纯祖与文臣一起研讨过《尚书·大禹谟》。这是大禹文化在朝鲜王朝权力阶层中传播的重要方式与途径，显示了大禹文化对于朝鲜执政者的深刻影响。

二、《岣嵝碑》东传朝鲜

清嘉道年间，在清朝金石热潮的刺激之下，朝鲜半岛也刮起金石热风。一些出使中国的朝鲜使臣，开始关注中国境内流传的《岣嵝碑》拓本。出于对金石的爱好，他们不惜重金将《岣嵝碑》等拓本购买回国。同时，中国的使节也有赠送《岣嵝碑》拓本给朝鲜。

《岣嵝碑》作为大禹文化的重要遗迹，在朝鲜得到了传播，显示出大禹文化的影响力。

关于朝鲜使节购买《岣嵝碑》拓本之事有不少记载。英祖三十一年（1755），朝鲜徐命膺被任命为进贺兼谢恩使书状官，随正使海运君李椐、副使黄景源一同出使清朝。《承政院日记》中记载："以海运君椐为进贺兼谢恩使，黄景源为副使，徐命膺为书状官，金汉老为掌令，李基敬为辅德，元景夏为判义禁。"徐命膺在出使清朝时多有购书活动，如英祖三十二年四月二十三日，英祖即命人将黄景源、徐命膺从燕京购得的《皇明纲目》"持入"。《承政院日记》记载："上命持入黄景源、徐命膺，新自燕行，所购来《皇明纲目》。"可见徐命膺在出使燕京时，十分留意购求中国图书。他在创作的《岣嵝碑歌》中写到，自己出使中国时在北京一家书肆旁见到《岣嵝碑》拓本（"我昔衔命使幽燕，篆隶旁求堆满前"），于是掏出口袋中所有的钱，将这件拓本买下来带回朝鲜，并请人装裱，挂在自家中堂中（"倾橐换取归东天，招工为障挂中堂"）。

除朝鲜使臣自行购买拓本外，中国使节也有向朝鲜赠送《岣嵝碑》文本。朝鲜李圭景在《夏禹岣嵝山碑辨证说》载："愚于纯庙辛巳间，燕士抵我东（按：原文脱"赠"字）洪尚书义浩《岣嵝碑》一本，阴刻白文，字大如掌，乃古文科斗书，然未知何本也。"尤旭东在《遥领芝告向东藩——清朝出使朝鲜使臣研究》一文中对清代出使朝鲜的使臣名单作了整理，由此表可知李圭景所谓纯庙辛巳间出使来到朝鲜的"燕士"（清朝使臣），正使是散秩大臣花沙布，副使是内阁学士恒龄。清道光元年（1821），朝鲜孝懿大妃去世后，道光皇帝派遣花沙布、恒龄二人出使朝鲜问吊。由李圭景上述记载来看，花沙布出使来到朝鲜时，曾将《岣嵝碑》的拓本赠送给洪义浩。中国人主动将《岣嵝碑》拓本送至朝鲜半岛的，目前已知唯此一例。

李裕元专门撰写的《岣嵝碑歌》中，提到自己在出使中国时"洞庭友生"向其赠送经折装《岣嵝碑》拓本事："洞庭友生赠蝉翅，叠叠摺摺入装池。"李裕元曾先后两次出使清朝：一次是在道光二十五年（1845）作为冬至使的书状官出使，一次是光绪元年（1875）以奏请使的身份出使。第二次出使中国时作《蓟槎日录》，收入林基中编《燕行录全集》中。由李裕元的诗句可知，这件薄如蝉翼的《岣嵝碑》拓本是湖南洞庭一位朋友所赠。

除以上两种方式外，甚至还有大海漂流过去的木板《岣嵝碑》到了朝鲜。朝鲜正祖年间，一张《岣嵝碑》的木板（或许是从中国沿海）漂流至朝鲜半岛，为朝鲜人梁进永所得。梁进永《书岣嵝碑板后》中记载有此事，并于记文下小序称："康津青山岛人，得此于舟中，今置之县司厅。"正文中有如下记载：

> 岣嵝碑，世传是夏禹治水之迹……经数千百载之久，经几千百里之远，漂荡汨没于沧波浩瀁之间，为吾人吾（按：吾字疑衍）得者，乃所谓《岣嵝碑》板本也。其文佶屈，难于盘诘。字亦古篆，非蝌非籀，则禹之手书，信可征也。

可见这件《岣嵝碑》木板是从海上漂流到朝鲜半岛的。梁进永在获得这件《岣嵝碑》木板后，"置之县司厅"，挂在任职的"县司厅"中，他相信这块《岣嵝碑》是真的，是"禹之手书"。

古代朝鲜人对《岣嵝碑》的认识主要集中在两方面，一是《岣嵝碑》的真伪。如金正喜在写给金迫根的信《与金黄山迫根》中，认为"岣嵝碑后人赝作也，金石家不之褆也。或另作一帖，以存面目，切不可混并于玉敦珠彝之间耳"。姜世鼎在《题手摹李阳冰城隍碑后[又题]》中说："自谓出于禹碑。岂知禹碑是后人赝作。"《题手摹李阳冰城隍碑后》中说："禹碑赝也，峄刻讹也。"可见他们都认为《岣嵝碑》是伪作。二是《岣嵝碑》的字体风格。朝鲜人更多的评论集中在《岣嵝碑》的书法风格，如申锡愚在《万年松瓢歌》一诗中写道："蝌蚪蟠屈《岣嵝碑》，蛟螭缺嚙秦人玺。"他将《岣嵝碑》上的蝌蚪文，形象地评价为"蝌蚪蟠屈"。朴绸在《赠李汝闻读书序》中评价司马迁的《史记》与《老子》、《庄子》、《战国策》、韩愈诗歌"雄健奇古，不循俗间觳律。使人读之，噬腊肉而钳在口，如见岣嵝碑上之文也"。张锡英在《清溪书堂记》一文中说："又作读书序曰：文章雄健奇古，如见岣嵝碑上文。"显然，许多人都认为《岣嵝碑》上的风格为"雄健奇古"。

朝鲜人对《岣嵝碑》的运用。1860年，韩运圣在获得《岣嵝碑》拓本后，对之评价很高，并摹写《岣嵝碑》赠送给同学"任明老"（按：指任宪晦）。他在《敬书禹篆后，赠任明老庚申》一文中写道：

此八幅，盖大禹岣嵝碑古篆也。阅历四千岁，屡经枣木传刻。其奇屈苍健，犹自如，尽旷世稀宝。且书者心画也，大禹得精一心法于重华授受之际，启万世心学渊源。则一字一画，固非精一攸寓，可但视之若曲阜履舄而责之哉。余同门畏友任明老甫，治圣门传心之学，深造乎体姚而法姒。苟使奉玩其心画而有所默契，亦或不无助于精一之工。肆以家藏一本，千里奉赠，而略识下方，用表我同心讲学之意。禹之元年丁巳后四千一百三十四年崇祯四庚申。同门韩运圣谨识。

　　遗憾的是，这件《岣嵝碑》摹写本未见传世。朝鲜时期著名书法家韩濩曾摹写过《岣嵝碑》，今晋州安溪河氏丹轩河禹善宗家藏有韩濩《岣嵝碑》摹写本残本3张（见下图）。不过这件韩濩摹写本不全，仅见此3张。

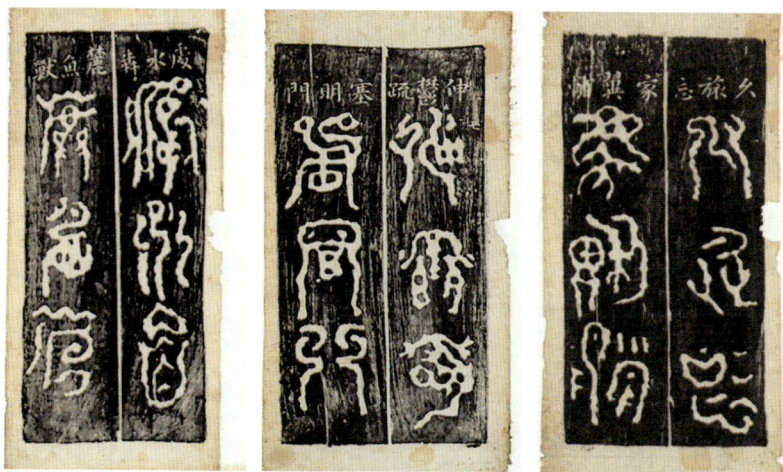

从左至右分别为："处水犇，麓鱼兽"；"伸郁疏，塞明门"；"久旅忘，家翼懈"

　　此外，朝鲜文人许穆曾从《岣嵝碑》大禹手篆77字中选出48字，编成压缩变异本《平水土赞碑》。韩国学者朴现圭认为"这可能与为减少三陟海边波浪造成的侵害而竖立的《三陟东海碑》有关"。为减少三陟海边波浪造成的侵害，人们在江原道三陟市海边竖立"大韩平水土赞碑"。此碑现位于江原道三陟市许穆路13-9号，建有大韩平水土赞碑碑阁——禹篆阁以保护石碑。碑身正面书写"大韩平水土赞碑"七字，碑身后面篆刻的是朝鲜时期书法家许穆从《岣嵝碑》大禹手篆77字中选出的48字，能辨认出的文字如下：

　　久作忘家，翼辅承帝。劳心营智，衰事兴制。泰华之定，
池渎其平。

　　处水犀麓，鱼兽发形。而冈不亨，伸郁疏塞。明门与庭，
永食万国。

　　纯祖年间，朝鲜宫中多次以木板刊刻《平水土赞碑》。纯祖三
十四年（1833），纯祖命内阁将以木板刻成的《平水土赞碑》悬挂
在会祥殿，朴允默为此写作了《大禹古文歌》一文称颂此事。根据
《大禹古文歌》的记载，世子春宫邸下曾为48字本《平水土赞碑》
写过匾额，这件匾额曾悬挂在庆熙宫会祥殿，但后来宫中失火，这
件匾额因此遗失。后来会祥殿重建时，纯祖又命内阁以春宫藏本重
新刻板并悬挂其上。

三、朝鲜燕行使臣对山东禹王宫的记载

　　自明天启元年（1621）至崇祯十年（1637），朝鲜"朝天使"
走海路，经山东半岛出使燕京。在山东境内行走时，多半会经过禹
城县。禹城县是唐天宝元年（742）为纪念大禹功绩而设立的。明
万历十二年（1584）建禹王庙，以缅怀禹王治水功德。此后，禹王
庙陆续于天启四年（1624）、清康熙四十年（1701）至雍正、道光、
咸丰年间不断得到修缮。作为禹城县文化地标之一的禹王庙，是朝
鲜使臣必往观瞻之所，他们在《燕行录》中对山东禹城县禹王庙多
有记载，这也成为大禹文化在朝鲜传播的重要途径。

　　天启二年（1622），吴允谦出使中国，其《楸滩朝天日录》中
的诗歌《过禹城漯水》记载了他在禹城县内滞留时的闻见："平成
奠粒九州功，何独名城又建宫。试向漯水西北望，方知帝德此偏

蒙。"他在题目下注明，所谓"宫"当指禹王庙，所谓"像"当指大禹神像。首句就用了《尚书·大禹谟》中"地平天成"一说，可知诗题中的"宫"确为禹王庙，"像"确为大禹神像。天启四年，李民宬以司宪府掌令的身份作为奏请使书状官出使中国，他在《朝天录》中记载了禹城县内的禹王庙："十一日己亥，到平原县。朝，发晏城，行四十里，抵禹城县，憩察衙。西墙外有禹庙设塑像。"据李民宬的记载，禹王庙的位置在禹城县察衙西墙外，他还说禹王庙中有大禹塑像。天启四年，吴翿作为奏请正使、洪翼汉作为书状官出使明朝。吴翿《青州途中》一诗云："默算梯航路，还疑梦里行。尧沟昌乐县，禹庙益都城。民物唐虞盛，烟尘海岱清。男儿好古意，今日最平生。"其中颔联"尧沟昌乐县，禹庙益都城"表现了对尧和禹文化的赞扬。洪翼汉在其日记《花浦先生朝天航海录》中也记载了这次造访禹王庙的经历，他遇到了老僧，听老僧介绍了建造禹王庙的背景，描述了前来进香祈福之人络绎不绝的盛况。

天启五年（1625），金德承作为冬至使书状官出使中国，所作燕行录《天槎大观》中的《禹城县》一文，记载了其在禹城县的经历与见闻："禹庙在城西门之内，伟像卟塑。治水台，在县之南十里，禹时筑之。"他指出，禹庙在禹城县西门外，庙中有大禹神像，县之南十里建有治水台。天启六年，朝鲜仁祖国王派遣廷臣金尚宪等入明"陈情辩诬"，金尚宪将此次出使经历写成《朝天录》，其中《暮宿禹城县》一诗，尾联"日暮旅亭何处是，禹园秋色古城边"记录的就是自己看到禹王庙的情形。崇祯元年（1628），申悦道作为书状官出使明朝，作有《朝天时闻见事件启》，其中写道："夕抵禹城县西馆驲，距济河七十里，城中有禹庙。"

总之，自天启元年（1621）至崇祯元年（1628），走海路经由山东半岛出使明朝的朝鲜使臣，在经过禹城县时大多造访了禹城县的禹王庙。在出使日记后的纪行诗中也皆提到了禹王庙，提到了禹王庙中所供奉的大禹神像，这些对于中国文献中关于禹城县禹王庙的记载是很重要的补充。

四、朝鲜王朝文臣月课中的"禹迹"命题与应制

为了培养擅长汉诗文写作的人才以应对来朝中国使臣的诗文唱和，以及推动对仗工整且极具仪式感的骈体表笺文的写作，便于让燕行使带往中国，彰显文教之盛的国家形象，朝鲜王朝在科举考试、成均馆月课以及抄启文臣月课（世宗时又创设湖堂月课）中，十分注重考核考生与文臣的诗赋，尤其是骈体表笺文的写作，有意发掘与培养这类人才。随着大禹文化的传播，朝鲜王朝文臣月课中出现了以"禹迹"命题，命文臣应制的现象。在《韩国文集丛刊》的记载中，朝鲜王朝至少有3次曾以"禹迹"相关题目进行命题，命文臣应制，这显示了大禹文化的影响。

朝鲜显宗五年（1666），以"禹鼎"进行命题与应制。至少有李敏叙、金万基、任堂所代之人（具体是何人待考）等人参加了此次月课应制。此次月课上三人各作五言古诗一首。李敏叙诗载其文集《西河先生集》卷之一《五言古诗》中，金万基诗载其文集《瑞石先生集》卷三《诗》中，任堂诗载其文集《水村集》卷之一《诗》中。第二次月课中以"禹庙"进行命题与应制，所做诗文目前仅见李回宝《禹庙月课》一诗，载于其文集《石屏先生文集》卷之二《诗》中，诗题中小字注中明确交代"月课"二字，不过其他月课参加者的诗作未有发现。第三次"禹迹"月课，以"禹会村"命题，至少有金中清、慎天翊、朴弘中等人参加了此次月课。此次

月课上文臣各作五言短律一首，金中清作《禹会村月课》，载其文集《苟全先生文集》卷之二中，丁运熙代慎天翊作《禹会村——弘文馆月课题——慎素隐天翊属余作》，载于《孤舟集》卷一诗《五言短律》、朴弘中作《禹会村》，载其文集《秋山先生文集》卷之上《五律》。金中清诗题下小字注中明确交代"月课"二字，丁运熙代慎天翊作诗题下小字注亦明确交代了"禹会村"是"弘文馆月课题"，而且交代是代慎天翊作。为更清楚，兹列表整理如下：

朝鲜王朝月课的"禹迹"命题与应制情况

月课命题	文臣姓名	月课作品题目	月课作品载录文献
禹鼎	李敏叙	《禹鼎月课》	《西河先生集》卷之一《五言古诗》
	金万基	《禹鼎此下五首课制》	《瑞石先生集》卷三《诗》
	任堅代人作	《禹鼎自此二首月课代人作〇丙午》	《水村集》卷之一《诗》
禹庙	李回宝	《禹庙月课》	《石屏先生文集》卷之二《诗》
禹会村	金中清	《禹会村月课》	《苟全先生文集》卷之二
	丁运熙代慎天翊作	《禹会村弘文馆月课题》	《孤舟集》卷一诗《五言短律》
	朴弘中	《禹会村》	《秋山先生文集》卷之上《五律》

文臣月课的对象是弘文馆官员，因此参加月课的应该不止上述人员，不过其他人的月课诗作未能发现，故仅列出上表的相应人物及作品。值得注意的是，这种月课考核，诞生了一批优秀的作品，加深了弘文馆官员对大禹文化的理解与认识，也反映出朝鲜王朝对

大禹文化的重视。

五、韩国历史典籍对大禹精神的弘扬

据禹成旼博士介绍，在韩国史网站上搜索"夏禹"时，可搜索到800篇文章，可见大禹文化在韩国的传播之广。据他介绍，韩国有关大禹文化的历史典籍，主要有《高丽史》《朝鲜王朝实录》《备边司誊录》《承政院日记》《日省录》以及丹阳禹氏家谱《丹阳禹氏礼安君派谱》等。

《高丽史》于1449年开始编撰，到1451年完成，是以纪传体整理高丽王朝时期的政治、经济、社会、文化、人物等内容的官方史书。大禹文化在这本史书中出现了9次。除《大禹谟》篇外，大部分是大禹作为圣人典范的内容，是对大禹崇高品德的讴歌，突出表现在卷一百七《列传》卷二十中权近进谏时的赞颂："昔者大禹，勤俭而得天下。"此外，在卷一百七十《列传》卷第二十中对"大禹之戒"，卷一百十八《列传》卷三十一中对大禹"爱民"思想等分别做了强调。他们将大禹勤俭的品德作为理想国王的典范，致力于帮助国王树立崇高的品德和伟大的形象，以期将朝鲜建设成为理想国家。

《朝鲜王朝实录》是编年体史书，共1893卷888册。它按时序记录了朝鲜太祖到哲宗25代472年的历史。据禹成旼博士统计，其中有关大禹的传承记载在372次以上。如在《太宗实录》卷三太宗二年（1402）四月一日癸丑第一记事里记载，内书舍人李之直和左证言田可植谈论国事，在上书时称颂大禹的勤俭："故大禹卑宫室恶衣服。"在《太宗实录》卷十太宗五年（1405）十一月二十一日癸丑第二记事中称颂大禹敢于担当的精神："当尧之时，泽水横流，大禹不作，人其鱼鳖矣。"可见，在朝鲜，大禹作为个体的道德与人格，都成为人们学习的楷模。

他们对大禹文化的弘扬还表现在制度上。《朝鲜王朝实录》中的《世宗实录》卷四九世宗十二年（1430）八月十日戊寅第五记事中记载，朝鲜前期的文臣河演以判吏曹事的身份进入议政府，负责吏曹事务。他在创立贡税法时，学习与继承了大禹实施的税法制度："夫以中国之土，大禹之制，贡法之行，未免不善，况我东方土地之肥沃，跬步相异，耕田沃饶者，不费人力，而一结之田，可取百石。"于是，他按照天地等级分别制定了田分六等法和地分九等法的税制。在治世理想上，朝鲜王朝也对于大禹文化有所接受。《朝鲜王朝实录》中的《世宗实录》卷五一世宗十三年（1431）二月八日癸卯第一记事中记载，世宗统治时呈现太平景象，世宗统率百官之时含誉星出现，都总制成抑参判李孟畛便写了一篇表笺予以祝贺，文中有："窃闻至治之隆，必有休徵之格。河呈图于伏羲之世，洛出书于大禹之时。"以灵龟背着"书"出现于洛水的故事，比喻吉祥征兆，显示了大禹文化的影响。

在古代朝鲜，对于大禹文化的传播与宣扬，已经内化为他们的日常行为。《朝鲜王朝实录》中的《成宗实录》卷七二成宗七年（1476）十月二十一日辛卯第八记事中记载，成宗当时让人在屏风上画贤明君王图，不仅画了《神农图》《帝尧图》，而且画了《大禹图》。在《大禹图》上的题字是：

　　禹以五音听治，悬钟、鼓、磬、铎、鞀以待四方之士，为铭于簨虡曰："教寡人以道者击鼓，论以义者击钟，告以事者振铎，语以忧者击磬，有狱讼者摇鞀。"一馈十起，一沐三握，以劳天下之民。出见罪人，下车问而泣之，左右曰："罪人不顺道，君王何为痛之？"禹曰："尧、舜之人，皆以尧、舜之心为心，寡人为君，百姓各自以其心为心，是以痛之？

这里引用的是《淮南子》记录的大禹用"五音"治理国家的方案，足见大禹文化精神对朝鲜的影响力。

六、韩国的大禹文化遗迹

在韩国，不仅有大量的历史文献记载与大禹相关，还有许多大禹文化历史遗迹。除了前面所述的大韩平水土赞碑与禹篆阁之外，这里择要介绍几种：

一是大禹文化碑。韩国有关大禹文化的石碑很多，但主要有四块。一是磨云岭真兴王巡守碑。它坐落在韩国咸庆南道利原郡东面寺洞万德山福兴寺后面的云施山上，建于真兴王二十九年（568），为真兴王巡守该地区时所立。碑文中"夫纯风不扇则世道乖真"，而"〔德〕化不敷则耶为交竞，是以帝王建号莫不修己以安百姓，然朕历数当躬仰绍太祖之基篡承王位兢身自惧恐违乾道，又蒙天恩，开示运记"等句，化用了《尚书·大禹谟》中的"罔违道以干百姓之誉，罔咈百姓以从己之欲。无怠无荒，四夷来王"的意蕴。

二是刘仁愿纪功碑。这是百济最后的首都扶余扶苏山城出土的，为唐高宗龙朔三年（663）刘仁愿平定扶余后所立，碑文为刘仁愿所撰，引用了《尚书·大禹谟》中"帝德广运，乃圣乃神，乃武乃文；皇天眷命，奄有四海为天下君"的句子称颂唐太宗，显示了新罗人对于大禹文化的熟悉和理解。

三是崇福寺碑。该碑是真圣王十年（896）所立，被全罗北道淳昌郡龟岩寺收藏。碑文是宪康王十二年（886）命崔致远所作。崔致远18岁在唐参加科举，中宾贡科，宪康王十年，28岁的崔致远回到新罗，成为侍读兼翰林学士，孝恭王二年被罢免后开始流浪，晚年隐居深山。碑文中"宜闻龟筮协从"一句，引用了《尚书·大禹谟》"禹曰：'枚卜功臣，惟吉之从。'帝曰：'禹！官占惟先蔽志，昆命于元龟。朕志先定，询谋佥同，鬼神其依，龟筮协从，卜不习吉。'禹拜稽首，固辞。"这种对《大禹谟》的间接运用，反映了新罗人对于大禹文化的传承状况。

显然，大禹对于朝鲜半岛的影响很大。古代朝鲜人十分重视对大禹德政的宣扬和继承。在当今韩国，近年创作的《檀君古记》等作品中，其建国神话中不仅有大禹文化出现，而且有禹王登场。这种描写本身就表明，朝鲜半岛的人们对于大禹是非常信仰和崇敬的。

大禹文化对朝鲜半岛的影响很大，其根源在于大禹身上体现的自强不息、奋发图强、艰苦奋斗、敢作敢为、攻坚克难等精神，符合朝鲜王朝治国理念，满足了其治国需要。

第四节　大禹文化在日本的传播

日本接受大禹文化较早。大约在公元6—7世纪，大禹文化就已在日本传播。但是，与朝鲜半岛接受大禹文化侧重于大禹精神品德不同，日本人接受大禹文化时，不仅重视大禹的品德，还十分重视大禹的治水功绩，更加突出其神性，目的是希望发挥其神力作用，为日本人消除水灾。

一、日本汉诗文中的大禹文化

同处于东亚汉字文化圈的日本人，留下了大量汉文创作，其中不乏大量对大禹文化的书写。在日本的汉诗文中，或赞美大禹治水之功绩，或赞美禹德，或提到大禹事迹、化用大禹相关典故。

镰仓幕府时期的三代将军源实朝在其所创作的诗歌中有"洪天漫水，土民愁叹"的描写，以此表现大禹治水的功绩。五山时期的诗僧虎关师炼的五言汉诗《曝书》中有"禹凿山川曲，恬堑地脉断"的描写，歌颂的是大禹治水开凿山川的事迹。正宗龙统之父东益之效仿禹在美浓国郡上治水，东益之曾高度评价大禹治水的功绩："禹何人也？驱聚治内万姓，迭山石筑陂堤者里许。新凿沟洫，汩其道路，而远挽河水于安光乡。变原野作水田者，凡一万六千余。岁贡倍前。"丰臣秀吉曾派家臣前田利家前往治理宇治川，前田利家亲自拿铲带领百姓治水，令丰臣秀吉赞叹不已，称赏其有禹王的遗风："昔夏之禹王拿锄断金花山之洪水，以救众生。今利家公之心亦然。"江户时期，不仅赞颂其治水的功绩，如儒者中江藤树说："大禹治水，勤劳至极，快活其乐也。"大儒荻生徂徕亦说："夏禹治水之功，今犹钦慕其德，祀其灵"，而且肯定其治水方法。如儒官室鸠巢说："大禹九州岛治水，自下流按地形高下治理，此治水之第一工夫也。"石田梅岩在《都鄙问答》中说："古时中国贤人禹治水之道，眺地势，观其高低，测其水流之方向及势力。非特别之事也。此所谓圣知也"，对大禹十分敬佩。明治时期，仍然在歌颂大禹的治水功绩。如诗人梁川星岩《御塔门》写道："连山中断一江通，禹凿隋开岂让功。薄夜潮声驱万马，平公塔畔月如弓。"歌颂的是大禹治水时开凿山川的功绩。

日本汉诗文中常将日本帝王之德与大禹比较，侧面上反映了其对大禹之德的赞美。如《古事记》（712年成书）序文中盛赞元明天皇，说其可以"名高文命（指夏禹）、德冠天乙（指殷汤王）矣。"平安初期的史书《日本后纪》中，称赞迁都平安的平城天皇"声滔嗣禹"。到了江户时期，大儒荻生徂徕将尧、舜、禹、汤、文、武、周公七位古代圣人之道列为其理想的"先王之道"。他在《弁名》中赞美禹的"不伐"之德，曰："夫不伐者，禹之德也。让者，尧舜泰伯之德也。禹之功赖万世而不伐，大矣哉！尧让舜，舜让禹，正德之道于是乎！"在称赞帝王品德时，将中国古代尧舜禹等上古帝王进行比拟，这是东亚汉字文化圈中的一种共有现象。此外，日本汉籍中还歌颂大禹的治国策略。他们颂扬大禹五音听政的方法。如《日本书纪》（720年成书）记孝德天皇下诏时曾引《管子》"禹立建鼓于朝，而备讯望也"之语。可见，日本对大禹文化的接受与传播更突出其德治效果。

日本的汉诗文还对大禹的典故进行了化用，最主要的有禹门和黄龙负舟这两个典故。如快川绍喜于天正十年（1582）获正亲町天皇（1517—1593）御赐"国师"，其诗《黄丽化龙》中化用了"禹门"的典故："莺入禹门改旧容，金衣八十一鳞重，桃花开口叫希记。"他将自己比作一登"禹门"（龙门）、声价十倍的"莺"。"龙门"亦称禹门，后人多以"禹门"代指古代科考士子及第或加官晋爵。这里通过化用这个典故，形象地表达了内心的喜悦。对大禹治水"黄龙负舟"的故事也多有化用。日本汉诗人林春信所作《黄》

一诗中"蝶随隋帝辇，龙负禹王舟"之句，就巧妙地化用了"黄龙负舟"的故事来进行艺术表现，反映了日本汉诗人对该典故的熟悉。

二、"禹典"在日本的传播与典藏

所谓"禹典"，是指与大禹文化紧密相关的典籍。先秦典籍经秦火后，亡佚甚多，流传下来的只有一小部分。但即便是这一小部分典籍，也广泛记载了大禹的生平与事迹。经部如《诗经》《尚书》《周礼》《礼记》《左传》《论语》《孟子》等，史部如《竹书纪年》《国语》《战国策》等，子部如《庄子》《墨子》《管子》《韩非子》《荀子》《列子》《尸子》《吕氏春秋》《孙膑兵法》等，集部如《楚辞》等，都记载了与大禹相关的内容。与大禹相关的典籍，是日本人接触、了解大禹文化最重要的途径。日本华裔学者王敏说，《日本国见在书目录》的记录，证实了日本人有机会通过汉籍知道禹王。这里我们利用日本汉籍数据库，对与大禹文化直接、密切相关的历代典籍在日本的典藏情况进行了调查、整理。根据刘毓庆、张小敏编著《日本藏先秦两汉文献研究汉籍书目》，我们可以知道日本典藏的大禹文化相关典籍有19种：

1. 《禹贡古今合注》五卷，[明]夏允彝撰，尊经阁文库、内阁文库藏明版。

2. 《禹贡解》，[明]何□撰，内阁文库藏明崇祯四年序刊本。

3. 《禹贡纂注》，撰者未详，内阁文库藏清刊本（首阙）。

4. 《禹贡汇疏》十二卷，[明]茅瑞征撰，东京大学综合图书馆、内阁文库、日本国会图书馆等藏明崇祯五年刊本（附《神禹别录》一卷）。

5. 《夏书禹贡广览》三卷、附《禹贡总图》一卷，[明]许胥臣撰，东京大学综合图书馆藏明崇祯六年序刊本。

6. 《禹贡锥指》二十卷，[清]胡渭撰，东洋文库、内阁文库、新潟大学等藏清康熙四十四年恭进漱六轩刊本。

7. 《禹贡会笺》十二卷、附图一卷，[清]徐文靖撰，东京大学综合图书馆、新潟大学藏清乾隆十八年刊本，东洋文库藏清同治十三年慈溪何氏重刊本常惺惺斋藏板（四册）。

8. 《禹贡汇览》，[清]夏之芳撰，市村文库藏清乾隆十年序刊本。

9. 《禹贡三江考》三卷，[清]程瑶田撰，东京大学东洋文化研究所藏《通艺录》本、《安徽丛书》第二期《通艺录》本。

10. 《大誓答问》一卷，[清]龚自珍撰，东京大学东洋文化研究所藏《湧喜斋丛书》本、《翠琅玕馆丛书》本。

11. 《禹贡集释》三卷，[清]丁晏撰，新潟大学藏清同治元年山阳丁氏六艺堂刊本（附《蔡传正误》一卷《锥指正误》一卷）。

12. 《禹贡说》二卷，[清]魏源撰，八木文库、新潟大学藏清同治六年序刊本。

13. 《禹贡谱》二卷，[清]王澍、金询撰，东洋文库、东京大学综合图书馆藏清康熙四十六年自序刊本（积书岩藏板，四册）。

14. 《禹贡便读》二卷，[清]吴墇撰，日本国会图书馆藏清道光七年刊本（师善堂藏版）。

15. 《禹贡班义述》三卷，[清] 成蓉镜撰，东京大学综合图书馆、小岛文库、东洋文库等藏清光绪十四年广雅书局刊本（附《汉糜水入尚龙溪考》一卷），东京大学文学部中国哲学中国文学研究室、新潟大学藏清光绪十一年刊本。

16. 《禹贡正诠》四卷，[清] 姚彦渠撰，大阪天满宫御文库藏清光绪十一年跋刊本。

17. 《禹贡山川简易图考》，[清] 雷柱撰，东京大学总合图书馆藏清宣统元年石印本。

18. 《禹贡新图说》二卷，[清] 杨懋建撰，东京大学总合图书馆藏清同治六年刊本。

19. 《禹贡川泽考》二卷，[清] 桂文灿撰，八木文库藏清光绪十三年粤东十八甫森宝阁刊本（活字版）。

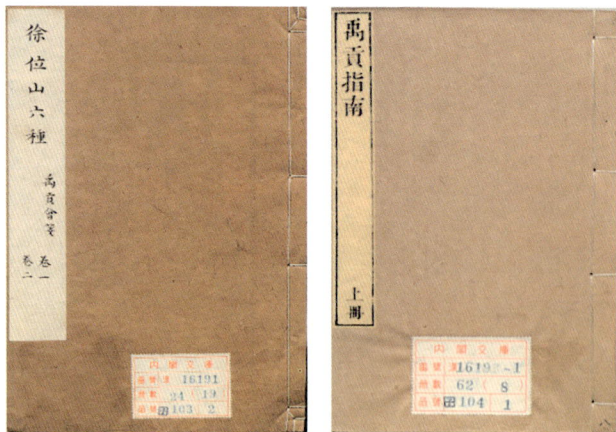

左图为日本内阁文库藏 [宋] 毛晃《禹贡指南》，武英殿聚珍版丛书本；右图为日本内阁文库藏 [清] 徐文靖《禹贡会笺》，《徐位山六种》本。

其实，尚有如下 12 种"禹典"不为刘《日本藏先秦两汉文献研究汉籍书目》著录。兹补列如下：

1. 《胡氏禹贡图考正》一卷，[清] 陈澧撰，蓬左文库藏《皇清经解续编》（卷九百、四十四本）收录本。

2. 《五岳真形图神禹碑》，东北大学藏《中国金石文拓本集》（一百七十三）收录本。

3. 《古文尚书·禹贡》一叶，神外大藏《敦煌秘籍留真》（卷上）收录本。

4. 《禹贡澜说》一卷，[宋] 吕祖谦撰、[宋] 时澜修定、[清] 纳兰成德校订，九州大学藏康熙十五年原序写本，东洋文库藏有《丛书集成初编》收录本。

5. 《东莱先生禹贡图说》一卷，[宋] 吕祖谦撰、[宋] 时澜修定，东京大学图书馆藏有经解书本、滋贺大学、山口大学藏有《新刊经解》本；神户市立中央图书馆、京都大学人文科学研究所（京文研）、饭田市立中央图书馆、文教大学越谷校区图书馆及东洋文库藏有《通志堂经解》本。

6. 《夏禹王岣嵝碑》，东北大学藏有清拓本一种。

7. 《大禹九鼎图述》一卷，[明] 王希旦撰、[明] 林翰校，国立公文书馆藏有明刊本一种。

8. 《大禹陵庙重修记》，[清] 宗稷辰撰，咸丰四年建国会图书馆有藏，收入《绍兴禹陵碑拓本三种》中。

9. 《岳麓山神禹碑》，东北大学藏有《中国金石文拓本集》（一百七十九）收录本。

10. 《广禹贡楚绝书》二卷，[明] 陈士元撰，京都大学人文科学研究所（京文研）、国立公文书馆、蓬左文库藏有《归云外集》收录本。

11.《摄山神禹碑》，东北大学藏有《中国金石文拓本集》收录本。

12.《摄山禹碑记》，东北大学另藏有《中国金石文拓本集》收录本，另藏有［明］杨时乔拓本一轴。

今日本各图书馆所藏与大禹相关的典籍，既在古代日本人接触、了解大禹文化过程中发挥过重要作用，也将对当下及将来日本人了解大禹文化发挥重要作用。

三、日本的禹迹分布

日本境内分布着大量的禹迹，包括石碑、祠庙、桥梁等。中日学者不断致力于日本境内禹迹的调查与发掘，发掘的日本禹迹数量，呈现出逐年攀升的态势。日本民俗文化探索者大协良夫，日本佛教大学教授植村善博，以及竹内晶子、王敏、吴为民等，都是有不小成就的日本禹迹研究者，出版了《探访治水之神——禹王》《日本国内禹王遗迹一览表》《日本禹迹图》《日本禹王事典》等著作。2023年日本古今书院出版的《日本禹王事典》详述了至全书出版时在日本发现的164处禹王遗迹，覆盖全日本列岛，包括北海道东北地区7处，关东49处，中部39处，近畿21处，中国地方的四国岛21处，九州14处。遗迹主要有禹王神像、禹王画、禹王庙、文命宫、祈祷坛等。日本由于受到于温带季风气候、暴雨灾害等影响，经常发生水灾和泥石流，因此大禹作为治水神，时至今日依然受到日本人的敬仰。日本学者王敏指出，日本所保留的禹王遗迹数量仅次于中国。

吴伟明的《和魂汉神：中国民间信仰在德川日本的本土化》一书中对德川时期的日本禹迹作了介绍，重点介绍了九大禹迹：（1）京都鸭川禹王庙；（2）香东川大禹谟碑；（3）关东埼玉郡久喜文命圣庙；（4）相模国（今除东北部分外的神奈川县）酒匂川文命神社；（5）九州岛丰后国（今大分县北部）臼杵川禹稷合祀坛碑（通称禹王塔）；（6）大阪本町淀川夏大禹圣王碑；（7）美浓国高须藩（今岐阜县海津市）海津揖斐川的大禹画像与大禹祭典、（8）关东埼玉杉户町大禹像勒碑；（9）陆前国（今宫城县）加美郡味ケ袋大禹碑。

上述禹迹，在日本禹迹中各有特色，具有不同的地位。以下我们参考吴伟明此书，对上述九大禹迹作简要介绍。

京都鸭川禹王庙。该庙是日本最早的禹王信仰遗迹。根据黑川道祐《雍州府志》的记载，1228年8月，鸭川洪水泛滥，地藏王菩萨化作僧人，建议建禹庙及辩才天社以镇灾，是为京都鸭川禹王庙的创建缘起。后来多种日本汉籍中都提到这座禹王庙，反映了禹王信仰与佛教的融合。

香东川大禹谟碑。此碑位于今香川县，1625—1639年间，西坞八兵卫于受津藩藩主藤堂高虎之命前往治理香东川，1638年完成东香川治理后，树立了写有"大禹谟"的石碑，这块石碑是日本历史最悠久的禹王碑。

关东埼玉郡久喜文命圣庙。这是一座关涉大禹信仰的神庙。1708年，在德川幕府第五代将军纲吉的养女八重姬的建议之下，建成此庙。关于这座禹庙，《文命皇神尊御由来记》对此庙的建造背景与过程作了详细的介绍。由记文来看，关涉的是治病、祈福，不涉大禹治水事迹。

相模国酒匂川文命神社。在小田原藩藩主大久保忠增的请求之下，幕府八代将军德川宗吉派田中丘隅前往酒匂川治水。1726年，田中丘隅建造文命社（今福泽神社）以祭祀大禹。吴伟明介绍称，社内有文命东堤碑（竖立于1726年）、文命西堤碑（竖立于1726年）、文命宫（建于1726年）以及文命社御宝前塔（建于1807年）。

九州岛丰后国（今大分县北部）臼杵川禹稷合祀坛碑，即通称的"禹王塔"。1740年臼杵藩儒官庄子谦建议竖立该坛碑，臼杵藩第九代藩主稻叶泰通主持完工。这座坛碑主要用作祭祀治水之神大禹与五谷之神稷，祈求免除水患、五谷丰登。庄子谦在所作《禹稷合祀碑记》一文中详细介绍了坛碑的竖立经纬，服部南郭的《大禹后稷合祀碑铭》一文中也大力赞颂了大禹治水的功绩。

大阪本町淀川夏大禹圣王碑。此碑系1719年所立，位置在大阪本町淀川堤防，碑身刻有"夏大禹圣王"五字。此碑后由大阪本町淀川堤防转移至武内神社。

美浓国高须藩（今岐阜县海津市）海津揖斐川的大禹像与大禹祭典。美浓国高须藩海津揖斐川一带常年受水患侵扰，1838年9月，高须藩藩主松平义建专门绘制了禹王木像，并将木像供奉在谛观院（今日本法华寺），以祈求免除水患，后又命人绘制四幅大禹画像，分别安置在高须藩境内。1843年，又举行了禹王祭。

关东埼玉杉户町大禹像勒碑。此碑是1849年地方官员关口广胤在完成水利修筑工程后在杉户町安置的，主要是为了纪念治水有功的官员。这块石碑上，刻有大禹半身像以及儒学学者龟田绫濑的赞诗。

陆前国（今宫城县）加美郡味ケ袋大禹碑。此碑树立在味ケ袋地区，这一地区常受到洪水威胁。1862年，当地居民自发建造了这块大禹碑，旨在祈求免除洪水之患。碑身刻有"大禹之碑"四字。

众所周知，日本由于其地理环境，自古以来多地震与洪涝灾害。这是大禹在日本被尊为治水神、日本全国境内广泛竖立相关碑刻的重要原因。

还值得注意的是，如前所述，日本涌现了一批研究大禹文化的著作。如三原一雄的《夏后の研究》、岗村秀典的《夏王朝——王权诞生的考古学》、大协良夫与植村善博合著的《探访治水之神——禹王》、王敏的《大禹和日本人——连接东亚的治水神》以及植村善博等合著的《日本禹王事典》等，其治水神禹王研究会每年定期开展学术活动，将大禹文化在日本的传播推向深入。

从左至右分别为：禹王木像（日本）、大禹尊像（日本）、禹王之碑（日本）

第五节　大禹文化在越南的传播

在历史上，今天的越南属于华夏文化圈。自古以来，越南就受到中华文化的影响。古代的越南北部属于百越中的雒越之地。秦朝时，越南北部（即骆越）归属于秦朝象郡管理，后来成为中国的藩属国，一直受到中华文化影响，大禹文化也因此在越南得到了传播。

一、古代越南科考士子对大禹文化的学习

自1075年起，越南李朝仿效中国实行科举，此后陈、黎、莫、阮诸朝都采用科举，至1919年停废，科举在越南历史上延续了844年。古代越南科考主要考察士子对四书五经的熟悉程度。《禹贡》《大禹谟》是《尚书》中的重要篇目，也是越南考生应考前必须烂熟于心的内容。

古代越南科考时，常以《尚书·禹贡》命题。一些越南汉文小说中就记载了古代越南科举考官以《禹贡》或《大禹谟》命题，考生不得不积极应对的情节。如越南汉文小说《进士陈名标记》描写了主人公陈名标参加科举考试之前，梦到神人显灵向他透露考题，说第二天将考《禹贡》中的相关内容，建议陈名标将此篇烂熟于

心。第二天，越南国王所出考题果然为《禹贡》的相关内容。因为
有神人泄题，陈名标早有准备。陈名标的科举文章的文辞起初不为
内场官看重，却受到外场提调官范谦益的重视，认为陈名标对《禹
贡》的阐释"做得详尽"，最终陈名标得以考中，被列为第41名。
以上是这篇小说中的一段，虽然旨在讲述神人帮助科考士子考中的
奇异故事，却透露出越南科考中曾以《禹贡》为题的重要信息，这
表明古代越南科举考试中对《尚书·禹贡》篇的重视。

古代越南士人注重对《史记·夏本纪》的阅读。司马迁《史
记·夏本纪》中对大禹治水的经过做了较为详细的记载：大禹之父
鲧，以淹堵的方式治水，结果失败了。大禹吸取父亲治水失败的教
训，以疏导的方式治水，终取得治水成功。《史记》传入越南后，
在越南的汉文教育、童蒙教育中，都是非常重要的一部书。多部越
南汉文小说收录的《阮光宅记》这篇讲述进士阮光宅事迹的小说
中，提到阮光宅7岁时阅读《史记·大禹本纪》，小说中写道："丁
未年，赐进士三名。阮光宅，中至灵杰特人，七岁读书，至《大禹
纪》，有父执出对，曰：'七岁神童子。'公对曰：'八代黄帝孙。'"
文中的《史记·大禹本纪》是小说家对于《史记·夏本纪》的改
名。这里上联"七岁神童子"显然指的是说话人——眼前这个正在
阅读《史记·大禹本纪》的童子阮光宅。7岁神童阮光宅对出的下
联"八代黄帝孙"，显然指的就是大禹。可以看出，阮光宅不仅对
仗工整，而且思维敏捷、反应迅速，不愧神童之称。虽然上述《阮
光宅记》一文被今人视作越南汉文小说，却也反映了古代越南童蒙
汉文教育中，对《史记·夏本纪》的阅读状况。

古代越南士人也注重对《大禹谟》的阅读。古代越南十分重视
对中国历史典籍的阅读。越南阮朝第四任皇帝阮翼宗时期，尤其重

视《尚书·大禹谟》。越南汉文笔记《野史》中就有这样的记载：
"粤惟我皇祖翼宗英皇帝，御极三十六年，圣德隆盛，文治敷贲，
诸臣多以词学受宠遇。而从善、绥理王，花萼联辉，宸眷特至。嗣
德七年（按：1854年），天子视学行礼，命讲《尚书·大禹谟》
《中庸·天下之达道五》等章。"这段记载虽然简短，但可以想见嗣
德帝在位期间对《尚书·大禹谟》的重视，由此可以感知他们对大
禹文化的青睐。

二、明清时期越南使臣对岣嵝碑的探寻

在越南，大禹文化一方面通过《尚书》《史记》等著作传播，
另一方面越南使臣出使中国时探寻中国的禹迹，也使大禹文化在越
南得到了传播。在其诗文和《燕行录》中，他们留下了在中国探寻
禹迹的相关记载。《他山之石》一文记载了越南使臣对于岣嵝碑的
探寻："尝考清国有峨眉山，有夏禹碑，至今三千余年犹存，登山
者思明德焉。"这里的"夏禹碑"应该指的即是岣嵝碑，这表明
《他山之石》这篇文章的作者是熟悉岣嵝碑的。在其《野史》中收
录了《衡山舟次望衡岳》一诗，全文如下：

> 罗列冈峦一万重，嵯峨七十二南峰。
> 星辰是处通呼吸；柴望当年凛肃雍。
> 神禹遗碑丹石老；邺侯旧隐白云封。
> 紫阳不到衡州恨；我亦山灵惜未逢。

这首诗描写了越南使臣在出使中国，途经湖南衡山岣嵝峰，寻
访岣嵝碑的所思所想。诗中提到李泌隐居衡山烟霞峰事，以及南宋

朱熹与张栻、林用中三人寻访岣嵝山神禹碑事。这表明越南人对中国前人寻访岣嵝碑的历史十分熟悉。《国朝诗抄》中还收录了另外一首关于越南使臣的诗作《望衡岳，和杜少陵诗》，诗中描述了探寻岣嵝峰的过程以及山中所见景象，诗中"岣嵝碑字古，宝露泉流香。舜禹不复作，往绩犹未忘"四句，不仅高度评价了岣嵝碑，而且表现了对于大禹文化精神的追求，而倒数第二句"奇书发委宛，金简纷裔皇"，更是表现了越南使臣对大禹"金简玉书"故事的熟悉。

三、越南汉诗文对禹迹的描写

在越南诗文中，有一些描写禹迹的作品，这说明大禹文化在越南的传播比较广泛。越南汉文小说《敏轩说类》中对"禹门山"这样描写：

> 禹门山，在香山县界之西，一名开帐山，极南峻，山腰有瀑布，数百里望之如匹练。每四月八日，常有迅雷风雨，相传鲤鱼以是日溯瀑而跃，能上者化为龙；否则伤额损鳞而退。每先期旬日，渔人相戒此溪下流不攻鱼也。

禹门山在贵州遵义，香山县在广东，相距很远。小说是以作者的履历为材料而写的，可见其对大禹文化的青睐。

在越南的汉籍中，"禹余粮"经常被提到。禹余粮是浙江嵊州了山东北余粮岭盛产的一种小石头，石大如拳，打碎后，内有赤糁。相传，大禹治水，毕功了溪，剩下一些馒头和包子等粮食，遗弃在了山后化为石头，便称为禹余粮，或称余粮石。这个传说传入越南，越南汉籍中就讲到"禹余粮"。有的将它看成山谷中产出的一种化石。如越南汉籍《山居杂述》中说："禹余粮，形如鸭卵，外有壳，重叠如石，轻敲则碎。"有的将其看作是一种带刺的、藤蔓植物的名称，如越南汉籍《公暇记闻》中记载：

> 禹余粮，藤生，有刺。山居人言：其魁熟者味最甘，但难得耳。生者，山蛮俚子亦取以充粮，剥其皮，浸流水中，去涩味，晒干，略捣煮食。邢昺《尔雅疏》："麦冬，一曰禹余粮。"然则古今称呼，多不一也。诸藤魁在地中，惟此藤附根旁，浮地中。

根据记载，越南山中居民"取以充粮"，具体做法是"剥其皮，浸流水中，去涩味，晒干，略捣煮食"。

四、越南汉诗文中的大禹用典

大禹文化在越南的传播，还表现在一些越南的汉诗文中经常运用一些大禹的典故。主要有禹甸、禹鼎与黄龙负舟等。夏禹分九州，九州也称为禹甸。东亚汉籍中常以"禹甸"来指称中国，这在日本、韩国、越南汉籍中多次可见到用例。如越南汉籍《安池灵郎录》中写道：

> 及长，聪明资智，博学高材；远近称之，如出一口。年几二十，最好游方，屡表求出家，帝后皆不准许。遂更衣微服，遁之南昌，即于禹甸邑邵陵康公家受业法教。

小说中主人公威郎长大后来到南昌，跟随"禹甸邑邵陵康公"求学。这里的"禹甸"指称的就是中国。大禹治水成功后铸九鼎，越南汉籍中亦多次提及"禹鼎"，如《鸟探奇案》序文中写道："夫民畏神奸，禹鼎斯铸；水潜百怪，温犀乃燃……况乎禹鼎销而温犀煅……禹鼎耶，温犀耶，吴道子画耶？"文中三次提到"禹鼎"，作者希望这部著作能像大禹所铸之鼎、温峤所燃之犀以及吴道子之画一样，起到惩恶扬善、警示后人的作用。

关于大禹治水中"黄龙负舟"的故事，文献中多有记载。越南汉籍中亦多次提到这一传说，如《本国异闻录》中的《阮氏点记》载，阮卓轮之妹阮氏点在对联中运用大禹"黄龙负舟"的故事，写道："阮氏点，海阳唐豪人也。监生阮卓轮之妹，五六岁读《外纪·周威》，习作对联云：'禹之心从可识矣，尧之功固不钜乎？'又出对曰：'白蛇当道，季拔剑而斩之。'对曰：'黄龙负舟，禹仰天而叹曰。'"

可见，大禹文化对越南的影响是很大的。虽然有文献记载大禹曾到过越南，但越南境内尚未发掘出禹迹，中越两国也尚未展开过对越南境内禹迹作系统调查的工作。尽管如此，我们从越南历代典籍中发现的大禹文化在古代越南传播的大量信息，也足以显示出大禹文化在越南传播并产生影响的状态。

东亚和东南亚，自古以来同处汉字文化圈，深受中华文化沾溉。大禹文化作为中华文化的重要内容，不仅传入了宝岛台湾，传入了琉球群岛，而且很早就传入了朝鲜半岛、日本群岛和南亚。至今，宝岛台湾和琉球群岛地区的人民仍深受大禹精神的影响，朝鲜、韩国、日本、越南等国家的历史文化和社会心理都铭刻着大禹文化及其精神的印记。进一步发掘大禹文化在东亚和东南亚传播状

况，有助于加深中华文化的国际影响力，也有助于进一步推动东亚
国家文化命运共同体的构建。

第七章

大禹文化的时代价值

根据历史文献的记载，大禹不仅是中国历史上的治水英雄，也是夏朝的开国始祖，是中华文明重要的开创者。大禹文化与中华民族国家的关系已经超越了时间与空间的限制。大禹治水是一次关系到民族生存与发展的大事，大禹建立夏朝则是推动社会转型与民族进步的大事，开启了一个新的历史时代。浙江是大禹文化的重要发祥地，又是大禹文化的核心源之一，大禹其人其事其精神展示了浙江的文化魅力，是浙江精神的重要渊源。4000多年来，浙江儿女敬仰大禹、学习大禹、守卫大禹，延续大禹品质，传承大禹文化，弘扬大禹精神，与时俱进地创造了璀璨的浙江文明。在世界正处于百年未有之大变局的当下，在加速推进中华民族伟大复兴进入关键时期的今天，深入学习大禹文化，具有重要的现实意义。大禹文化蕴含着中国式现代化建设的精神力量，具有重要的当代价值。

第一节 科学创新的治水方法

中国是农业大国，从古至今，治水都是头等大事。从某种意义上讲，水关系着中华民族的兴衰存亡，谁能解决农业生产中"水"的问题，谁就是"神祇"。大禹治水是中华民族的骄傲和象征，更是人类征服大自然的自信心的表现。"太史公曰：'禹之功大矣，渐九川，定九州，至于今诸夏艾安。'""渐九川"是大禹治水的功绩，而"定九州"则是大禹对千秋万代的贡献，"至于今诸夏艾安"。事实上，大禹治水带来的"红利"已经延伸到今天。无论是在广袤的中国大地上，还是在日本、朝鲜和韩国，至今仍存在着许多禹王庙和龙王庙，大禹文化更是成为人们战胜洪灾的精神力量。

目前，从各地发掘出来的有关大禹治水的故事和传说来看，大禹治水涉及多个省区，其范围已经超出以往的认知。如此大面积的治水工程，在技术层面是如何实现与保障的呢？传世文献记载颇为简略，使得进行深入研究变得十分困难。随着考古学的发展，我们逐步认识到大禹在治水过程中本着实事求是的态度，采用当时最新的技术，因地制宜，灵活运用多种方法，先易后难，步步推进，最终完成治水工程。这种治水的科学创新精神，值得我们学习。

一、测量高山大川，科学规划蓝图

如前所述，大禹治水重视科学规划，这是其科学治水方法的重要表现。他以严密可行的规划为蓝本分步推进。在治水之前，大禹通过详细的测量，规划出治水途径和治水的工程量，从而为后来科学治水决策提供了完整的资料，史称"伯禹念前之非度，厘改制量……高高下下，疏川导滞"。由于以前的测量不够精确，大禹重新制定标准，采取了类似于今天的测量技术，其技术规范有"行山表木，定高山大川"和"左准绳，右规矩"。他在精确勘测和调查研究的基础上，制定出切合实际的工程方案，总体上贯穿着改"围"之壅堵为以排流为主的"疏导"的策略和方法，这成为他治水成功的重要保证。

世界各大文明的传说中，有两次大洪水的侵害。第一次在距今12000年左右；第二次正是距今4200年前后，范围涉及整个北半球，特别是在"距今4000年前后黄河下游的南北大改道，时间上大致和大禹治水时间相吻合"，并且与五帝末期帝喾、尧、舜、禹时期相始终。此次大洪水持续时间长，灾情严重到难以想象的程度。《孟子·滕文公上》记载：

当尧之时，天下犹未平，洪水横流，氾滥于天下；草木畅茂，禽兽繁殖；五谷不登，禽兽逼人，兽蹄鸟迹之道，交于中国。

依据孟子所说，当年水灾情形之严重简直惨不忍睹。长时间的洪灾使田土荒芜，草木繁盛，以至于出现了禽兽当道与民众争夺生活空间的恐怖场面，还浸害到帝尧执政时期的都城，即今山西临汾市襄汾县的陶寺一带。有迹象表明，这座城（陶寺）曾经一度毁于洪水，而后又经重建。大洪水危害的不仅仅是广大民众，帝尧自身也难保，真正到了非解决不可的地步。《国语·周语下》记载：

> 昔共工弃此道也，虞于湛乐，淫失其身，欲壅防百川，堕高堙庳，以害天下。皇天弗福，庶民弗助，祸乱并兴，共工用灭。其在有虞，有崇，伯鲧，播其淫心，称遂共工之过，尧用殛之于羽山。

《国语》此处记载涉及上古两位治水专家：共工与鲧。共工是我国历史上著名的治水专家，亦是官名，凡谈及共工都与水有关。共工曾经领导过治理大洪水的工程，但效果不太明显。鲧，亦称"伯鲧"，是中国古代最著名的治水专家，是大禹的父亲，为大禹治水成功和创建夏王朝奠定了基础。在共工治水失败后，帝尧主持会议与"四岳"（四方诸侯）商讨治水的人选，大会上尧向大家征求意见，大家认为鲧最合适。遗憾的是，鲧治水9年，终以失败而告终。共工、伯鲧相继治水失败而被处理，洪灾继续肆虐。舜不得已，只好启用伯鲧的儿子禹全权负责治水之事。

禹接手治水的重任后，首先寻找父亲鲧治水失败的原因所在："河所从来者高，水湍悍，难以行平地"。于是他调整治水思路，重新制定新的治水的方案。《史记·夏本纪》记载：

> 禹乃遂与益、后稷奉帝命，命诸侯百姓兴人徒以傅土，行山表木，定高山大川……陆行乘车，水行乘船，泥行乘橇，山

行乘樏。左准绳，右规矩，载四时，以开九州，通九道，陂九泽，度九山。

大禹治水是当时的头等大事，各地首领都必须在各自的土地上，按照大禹治水的统一规划，组织工役，分工合作予以实施。所谓"行山表木"，就是在治水工程开工之前，发动民众先做前期的勘测工作，并且刻木为桩标配合测量，同时规定单位之间的进位关系。禹治水时曾用准绳和规矩的工具，并且应用数学的方法使之更加精确无误。治水前扎扎实实的勘测工作，是治水成功的重要步骤。所谓"定高山大川"，指的是首先确立高山大川的基本走势，遂公盨铭曰："天命禹敷土，随山浚川"；其次，分辨清楚高山大川与洪水之间的关系，因为中国的水系并非全都是由西向东流，不少水系恰恰是随山依势由东向西，由南向北，民间称之为"倒流"。"定高山大川"与"行山表木"一样，都是记录前期测量工作的内容。作为工程施建的重要环节，丈量长度与计算面积土方等正是大禹治水成功的科学依据。所谓"左准绳，右规矩"，《史记索隐》称："左所运用堪为人之准绳，右所举动必应规矩也。"准、绳、规、矩，分别是测量平面的水平仪、丈量长度的绳索、校核圆的规和平面长方的矩。大禹借助准绳和规矩，配合自己发明的"六尺为步"的"禹步"，以三百步为一里，在精确勘测与调查研究的基础之上，规划蓝图，制定出切合实际的工程方案，分步实施，改"围"之壅堵为以排流为主的"疏导"方法，获得了巨大的成功。《清华简·厚父》载："王若曰：'父！遹闻禹敷土，随山刊木，奠高山大川，乃降之民，建夏邦。'"意思是太甲说：厚父，我听说大禹接受帝的命令带领百姓勤恳劳作，治理洪水，始定九州，建立了夏朝。

二、率先使用青铜工具，加速治水工程

治水是一项综合工程，包括人力物力的调动和生产工具的分配。大禹能够治水成功，在很大程度上与使用青铜器有关。中国最早的黄铜出现在距今6000多年的陕西姜寨遗址，而青铜器至少在黄帝时期已有使用。

《史记·封禅书》载："黄帝作宝鼎三，象天地人。禹收九牧之金，铸九鼎。"黄帝铸鼎是天下大事，发生在距今4750年左右，这一时期，我国已开始使用青铜器，与世界范围内出现青铜的时代相当。延至大禹治水的时代，青铜工具应该也有使用。《左传·宣公三年》记载：

> 昔夏之方有德也，远方图物，贡金九牧，铸鼎象物，百物而为之备，使民知神奸。故民入川泽山林，不逢不若。魑魅罔两，莫能逢之，用能协于上下，以承天休。

大禹让九牧之长捐献铜料，为各州铸造代表当地政权的标志青铜鼎，并在鼎上刻画重要的人事鬼神百物等图形信息，提升人们对国家的认识。《越绝书》则称大禹用铜来做兵器。有专家认为，夏代进入王国文明时代，最突出的一点就是科学技术和文化艺术有了长足的发展……进入夏代可以说是中国进入到早期青铜时代。青铜器铸造可以说是当时一种高科技手工业，也是对社会发展起到重大作用的一项科学技术。毫无疑问，青铜器的使用，正是完成全国性治水工程的保障。

从世界范围内考察，距今4000年前后的巴比伦、希腊、印度

等地都有过洪水毁灭文明的故事，而上述地区均已进入青铜时代。毫无疑问，大禹治水是人类抗击世界性大洪灾中的亮点之一，这个故事同世界其他地区的治水故事一样，流传了下来，经过历史学家的考证与整理，成为我们今天所要追寻的精神源泉。

三、"五水共治"，创新性传承大禹治水精神

大禹科学的治水方法，是留给中华民族的宝贵精神财富，具有超越时空的意义，在当代社会仍然具有重要价值。人类与自然共处，自然界总是按照自己的规律运行，虽给人类生存提供了丰富的资源，但也常常给人类带来灾难。人类总是在与自然做斗争，以求生存和发展，这是亘古不变的。大禹治水就是世界人民抗击大洪水的典范，是人类与大自然斗争的生动案例。在当代社会，人类如何科学地利用自然资源，如何去抵抗自然灾害，如何与自然和谐相处，是时代的重大课题。应该说，大禹科学治水的方法，显示了人类的智慧，为世界人民抗击洪水、利用水资源提供了重要的启示。

浙江省开展的"五水共治"正是对大禹治水精神在新形势下的创新性传承。浙江儿女的这种发明创造，为浙江的发展筑牢了泽被浙江的千秋基业，提高了人民的幸福生活指数。浙江与大禹治水渊源颇深，历史上有大禹治水，毕功了溪的传说，了溪即今绍兴剡溪。据《越绝书》记载：

> 禹始也，忧民救水，到大越，上茅山，大会计，爵有德，封有功，更茅山曰会稽。及其王也，巡狩大越，见耆老，纳诗书，审铨衡，平斗斛。因病亡死，葬会稽。

如前所述，从最初的治水，到巡狩浙江，大禹不止一次到过浙江，充分证明了浙江与大禹的渊源之深。《越绝书》曰："昔者，越之先君无余，乃禹之世，别封于越，以守禹冢。"4000多年来，大禹精神一直激励着浙江儿女，在治水富民的道路上不断前行。数千年来，大禹的表率作用一直是浙江儿女奋发向上治理水患的重要精神支柱和动力来源。

进入新世纪，浙江首创的"五水共治"，正是大禹科学治水精神的提升和发展。"五水共治"即治污水、防洪水、排涝水、保供水、抓节水，在尊重自然规律的前提下，对因经济社会发展而导致自然水资源不合理开发利用的问题进行综合整治，从源头遏制污染源，恢复河道的清洁，并通过保供水、抓节水来节约水资源，提高水资源的利用率，实现水资源的可持续发展。这是在新的历史条件下，使水利国利民的创新，是推进中国式现代化建设在水利工作中的重要创举。"五水共治"不仅是浙江生态文明建设的重要组成，更是创新浙江发展优势，建设美丽浙江、提升美好生活的重要举措。目前，浙江"五水共治"的智慧治水项目已显现出一定的社会效益和经济效益，它不仅可以合理有效地利用水资源，确保水质、水量以及供水安全，还为全社会提供了更高水平的水务市场，有力地促进了我国智慧水务建设的快速发展。以数字赋能创新"五水共治"，以数据应用"五水共治"智慧治水平台作为发展战略，顺应形势把握机遇，开拓进取，全面推动以信息化、网络化和智能化发展的智慧治水模式，继续成为引领大禹治水精神的高地。

大禹科学创新的治水方法，在中国式现代化建设中的当代价值，并不仅仅限于水利工作的推进，在许多工作上都具有启示意义。我们只要认真学习其创新精神和科学方法，尤其是因地制宜，采取以疏导为主的多样化手法，切实地解决推进水利工作的做法，就能在推进中国式现代化建设中获得精神动力和启示。

第二节　民为邦本的治国宗旨

治国理政的宗旨，决定着一个国家的安危和人民的福祸，也决定着治国者政治生命的长短。尧舜禹时期，洪水长期浸扰，民不聊生，社会混乱，各部落各行其是，甚至相互损害。大禹治水成功后如何灾后重建，恢复正常的社会秩序和民众生活，是迫切需要解决的问题。但是，松散的部落联盟已经不能适应整个社会发展的需要，建立组织严密、号令统一的国家成为时代的需要。也许正是因为这样，大禹称帝后建立了第一个王权国家——夏朝。大禹建立夏朝后，努力推进国家文明，致力于推动国家进步和社会发展，为广大民众谋利益。他明确提出了民为邦本的治国思想，树立了爱民、敬民、养民和靠民的治国宗旨，开创了政和人通，国定民安的太平盛世，为后来的执政者提供了启示，在当代社会具有重要的价值。

一、以民为本源自大禹的治国理念

大禹执政忠于国家，以身作则，乐于奉献，全心全意为民众服务。为了人民的利益，他不惜牺牲自己的一切，甚至三过家门而不入。大禹文化的核心之一是民为邦本的国家治理理念。以民为本、以德治国是中国传统治国理念的最高境界，亦符合古代中国的国情和民情，历史上以三代为榜样，源于大禹，起自夏朝。

在过去的4000多年，历史的更迭如同走马灯一样，反反复复，但实际上始终贯穿着一条主线，就是执政为谁的问题。大禹提出"民为邦本"的治国理念，解决了以往部落联盟时期执政者模糊不清的问题，抓住了治国的根本问题，使执政者的思想指向更明确，行动方向更准确。大禹提出民为邦本的国家治理，实际上顺应了民心。

大禹的民为邦本，简而言之就是将人民视作国家的根本，而不是会说话的生产工具任意驱使。在他看来，人民是国家的基础，是国家的依靠，因此敬民、养民、安民是最重要的。这种思想实际上在大禹做尧舜的大臣时就已经有了。《尚书·皋陶谟》记载：

> 皋陶曰："都！在知人，在安民。"禹曰："吁！咸若时，惟帝其难之。知人则哲，能官人安民则惠。黎民怀之，能知而惠，何忧乎驩兜，何迁乎有苗？何畏乎巧言令色孔壬？"

深入考察大禹民为邦本的治国宗旨的提出过程，我们就知道这不是他凭空想象出来的，而是在治水的过程中逐渐形成并完善的。应该说，五帝末期原始的平均主义也为他的治国思想打下了一定的社会基础，为大禹实施民为邦本、以德治国创造了外部环境。

大禹治水的最终目的是保护广大民众的生命财产安全、恢复生产和延续正常的生活秩序，这是大禹提出并践行民为邦本的治国宗旨的前提。民为邦本的思想要求治国者必须全心全意为人民谋幸福。孔子说夏禹富有天下而不为自己，贵为天子却为平民辛劳。宁可自己吃得很差，也要使祭品丰盛；宁可自己穿得很破，也要把祭服做得十分华美；宁可自己住得很差，也要把精力全用在治理国家和水患上，用在发展农业生产上。这是想民之所想，急民之所急，全心全意为人民服务的主要表现。他勇于担当，在险恶的环境下毅然接受治水任务，毫不畏惧，敢于奋斗，敢于胜利，救民众于水火之中，是其民为邦本治国思想的体现。

二、民为邦本理念是中国思想界的革命性创新

远古时期，鬼神与天地观念是最基本的世界观和宇宙观，敬鬼祈神、敬天祀地不仅是重要的社会活动和政治活动，也是普遍的社会意识和政治哲学思想的体现，并进而成为一种普遍的文化现象。无疑，这是社会发展到一定程度的文明表现。《史记·天官书》云："天则有日月，地则有阴阳。天有五星，地有五行。天则有列宿，地则有州域。"古人相信"五星分天之中，积于东方，中国利"。这种在历史上长时期存在的社会现象，现在看起来似乎是不可思议的事情，但是在尧舜禹时期不仅是日常生活的重要内容，也是治国理政的重要行为。

从敬鬼祈神、敬天祀地到人民至上观念的革命性改变，是一个艰难的意识转变过程。在科学不昌明的时代，人们敬畏大自然的伟力，相信天命和鬼神的存在。夏朝建立之后，敬鬼敬神、敬天祀地的现象也并没有消失。对于统治者来讲，如何平衡人与敬鬼敬神、敬天祀地之间的关系，数千年来一直存在着不同的认识。从敬鬼敬神、敬天祀地转变为人民至上、民为邦本，是大禹开展的一次思想革命，是一场意识形态的重大变革，他不仅使人成为社会的主宰，自觉认识人在社会中的主体作用，更重要的是引导治国者转变观

念，将精力放在民生工程上，善待人民。这是大禹政治思想的核心，也是他安定民心，发展国家的强大精神力量，更是大禹留给后世的重要遗产。这种理念被周朝继承沿袭，发扬光大，最终成为治理国家的根本而被固定下来。

在漫长的历史进程中，中华民族长期以农业为主体。农业民族的特点之一就是居住相对稳定，由最小的一家一户联合成为拥有千家万户的国。在生产活动中，虽然有些个体属性的特征比较张扬，但还是离不开集体力量，尤其是在抗击灾难时。百人左右的小部落往往会有不同的分工，对内部来讲，只有通过高度的统一才能形成共同体。对外只有团结一致，才能防止自己的利益受到侵害，在此前提下，民为邦本就成为最好的治理理念和最好的治理方式。

三、民为邦本理念在21世纪的成功实践

民为邦本的治国思想确立了人民在国家中的主体地位，精辟地说明了人民对于国家的重要性，也对治国者提出了明确的根本性要求，就是必须要敬民、爱民、养民、安民，让人民过上幸福的生活，进而实现社会安定，国家富强。大禹的这种思想在历史发展中不断得到丰富和发展，被历代贤明的领导人所践行。

民为邦本以国家和民族利益为治理导向。今天，在中国共产党的领导下，中国全面实践了以民为本的治国理念。党和政府制定的各项政策都以人民的利益为出发点和归属点，不忘初心，为人民服务，全面推进中华民族的伟大复兴。在这里，中共浙江省委、省政府有着成功的实践。他们将大禹民为邦本的治国理念内化为浙江省建设与发展的积极养分，创新实施"八八战略"，形成了全新的治理理念，大力推动以公有制为主体的多种所有制经济共同发展，大

力支持民营经济的发展，不断完善社会主义市场经济体制，实施藏富于民的战略，实现了浙江的大发展、大繁荣，创造了祥和安康的社会景象，走出了一条共同富裕的康庄大道，在富民、养民、安民上取得了突出成绩，成为全国的样板。

民为邦本具有高度的概括力，内涵丰富全面，是一个系统化的理论表述。要实现民为邦本的理想构建，必须赋予民众主人公地位，激活其主体意识。大禹的敬民、爱民理念就充分地显示了这一点。浙江非常重视教民，通过强化基础教育和社会教育，全面提高人的综合素质。多年来，浙江积极打造新时代社会主义道德建设高地和文化建设高地，大力实施浙江文化工程，深入挖掘浙江文化资源，不断推进大禹文化、黄帝文化、良渚文化、宋韵文化、上山文化、南孔文化、和合文化、阳明文化、古越文化、吴越文化等方面的研究，充分发挥大禹文化等文化基因在中国式现代化建设中的重要作用，启发和激活人民的思想，增强精神力量，激发浙江人民改革创新的积极性和主动性，在民族国家的伟大复兴过程中展现了浙江人民独特的风采，是以民为本社会管理理念的成功实践。

民为邦本的治国理念具有广泛的影响力，对于各项工作都具有启示性。

第三节　德惟善政的从政原则

大禹建立夏朝后，在执政方式上提出了一个重要的原则，就是德惟善政。这是实践他的民为邦本治国理念的基本原则和重要举措。正是因为在执政时贯穿这一原则，所以大禹开创了一个太平时代，让人民过上了幸福生活。他的这个执政原则，对后世产生了重要影响，显示出超越时空的价值。中国从周朝开始便出现了以德治国还是以法治国的讨论，大体上形成了以德为主、以刑为辅、德主刑辅三种执政模式，但是从中国社会发展的主流来考察，终是以德为主，以刑为辅，强调的是德治为主、德惟善政。这正是对大禹执政原则的认同和传承。我们认为，即使到了今天，大禹提出的德惟善政的原则，同样具有重要的价值。

一、大禹惟德贵民理念的开创与实施

大禹治国，在行政管理上倡导德惟善政的原则，倡导惟德贵民，奉公爱民，显示了崇高的境界。孔子说："巍巍乎，舜、禹之有天下也，而不与焉。"舜和禹自己不求天下而得之，为什么呢？司马迁说得好："昔虞、夏之兴，积善累功数十年，德治百姓，多摄行政事，考之于天，然后在位。""积善累功"与"德治百姓"，是司马迁对大禹德惟善政的最高褒奖。夏朝开国之艰，世人皆知，大禹治水是功，德是治国理念，民是治国之本。所以古人评价说："美哉禹功，明德远矣！"

至少从周代开始，对大禹的崇敬就进入到崇神一般的阶段。出土器物遂公盨铭文载：

> 天命禹敷土，堕山浚川，乃釐方设征，降民监德，乃自作配享，民成父母。生我王，作臣。厥贵唯德。民好明德，忧在天下。用厥绍好，益求懿德，康亡不懋。孝友讦明，经齐好祀，无凶。心好德，婚媾亦唯协。天厘用考，神复用祓禄，永御于宁。遂公曰：民唯克用兹德，亡侮。

遂公盨铭文所载的治国理念以大禹之德为标准，禹的"德"是什么？是上天命禹治平水土，任土作贡，让住在禹域之内的人民衣食有自，生生不已。可见圣人的"德"，作为榜样的"德"，其实是"生民之道"，是来自上天的授命。生民之道正是以民为本的民生之道。遂公盨的珍贵之处就在于记录了大禹以德治国的做法至少在西周时期就已经形成共识，这是以往出土的器物所没有的，因而具有重大的意义。铭文中所载大禹以德治国的事实完全可以与《尚书》《诗经》等元典相印证。其中"厥贵唯德，民好明德"的记录正是西周传承"德治"的源泉，所以"周人将其刻在食器上，就是念念不忘'德治'的重要，前所未见，弥足珍贵"。

2019年5月，在湖北省随州市枣树林墓地第169号墓发现的芈加编钟，其铭文写道"伯括受命，帅禹之绪，有此南洍"以及"以长辝夏"。此处"帅禹之绪"即《诗经·閟宫》之"缵禹之绪"，

《国语·周语下》之"帅象禹之功"。毫无疑问，芈加编钟铭文同样是记载大禹德善之政的，对于进一步认识大禹之德有着极为重要的意义。

商汤说："古禹、皋陶久劳于外，前有功乎民，民乃有安。"孟子称："禹、稷、颜回同道。禹思天下有溺者，由己溺之也。稷思天下有饥者，由己饥之也。是以如是其急也。禹、稷、颜子异地则有然。"禹的言行举止符合于教，合乎于礼，以身作则，堪为天下表率。

二、六府三事：德惟善政的养民举措

在大禹看来，治国理政的唯一目标就是"善政养民"。只要将民众的利益维护好了，使民众衣食无忧，生养有靠，民众就会拥护，国家就会安定，社会就会发展。那么，如何实施德政？如何去养民？大禹和舜帝谈的六府三事，就是大禹从治水开始，实施德惟善政的具体实践。《尚书·大禹谟》载：

> 禹曰："於！帝念哉！德惟善政，政在养民。水、火、金、木、土、谷，惟修；正德、利用、厚生、惟和。九功惟叙，九叙惟歌。戒之用休，董之用威，劝之以九歌俾勿坏。"
>
> 帝曰："俞！地平天成，六府三事允治，万世永赖，时乃功。"

在这段记载中，大禹对舜帝提出了"六府三事"的治国安邦的具体建议，得到了舜帝的充分肯定。实际上，这是大禹对自己执政理念的一次全面阐述，是其"民为邦本"思想的具体化，是其主张执政为民的具体措施与实践经验。"六府"即"水、火、金、木、土、谷"等六种自然生活资料，他强调六府"惟修"，实质上就是强调如何指导人民从自然世界中获得生活资料，以使生资丰沛，从而实现"养民"的根本政治目的。

大禹把水列为六府第一，与当时人们恐惧大洪水相关，也与水和人类生存关系最为密切有关。水是生命之源，人类最早就是逐水而居，沿河而行。考古发现，远古人类迁徙的路线，大多是沿着河流。六府三事之"三事"，主要指的是正德、利用、厚生。核心是民生、治民、德治与惟和。治理国家首先要有德，以德来治理国家，以德来安抚百姓，这是基本原则，也是大禹治理国家的成功经验。"三事"之利用，即大禹说的利用，与我们今天讲的利用并不是一回事。大禹"所讲之利用，重在制节俭用，减少糜费，而以充裕的财务用来为民兴利除害。所讲之厚生，重在轻徭薄敛，不夺民时，使民生富足"。厚生，关乎老百姓的生活，指的是减轻老百姓的负担，让人民过上好的日子，这是中国古代国家社会治理的底线，德治是底线，和谐万邦是底线，最关键的是怎么样对待老百姓，让老百姓能够生存下去，能够看到希望。自然，其意义非常重要。

大禹的"六府三事"，代表了中国古代治国理政的基本理念，得到了舜帝的赞同。正是因为大禹切实做好了"六府三事"等方面的工作，他不仅获得了治水的成功，而且使国家得到很好的治理。司马迁更是对此高度赞誉，他说：

于是九州攸同，四奥既居，九山刊旅，九川涤原，九泽既陂，四海会同。六府甚修，众土交正，致慎财赋，咸则三壤成赋。中国赐土姓："祗台德先，不距朕行。"

司马迁认为"六府三事"是大禹治国时期的经济政策，是利国利民的好政策，所以实施以后产生了很好的效果，形成了"九州攸同""四海会同"的大一统盛况。

大禹提出"六府三事"的治国方略，在周朝得到了很好的实践。周王朝之所以能够统治近800年，正是以大禹为楷模，成功实践以德治国的理念，遂成为中国帝王时代治国理政的模板。由此可见，"六府三事"的治国方略对于不同历史时期的国家治理，都有可取之处，对于中华民族的发展与和谐社会建设，有着重要的现实意义和深远的历史价值。

三、"六府三事"的历史性实践

大禹以"六府三事"为主要内容的善政养民原则，揭示了国家治理中的基本规律，不同时空背景下的国家执政者都可以借鉴和参照。经过四千年不断弘扬、传承和赓续，大禹这种以德为政、以善为行的精神得到了不断发展，其内涵得到了不断丰富，显示出创新性传承的鲜明特点。

以德为政，善政养民，是执政者亘古不变的目标，也是一个蕴含着巨大可能性的主题。只要用心把握"六府三事"的能指和所指，就能找到善政的突破口，为民众创造更大的利益。当然，中国共产党领导的事业已远远超出了大禹推行的"六府三事"。

《逸周书·大聚解》载：

旦闻禹之禁，春三月，山林不登斧，以成草木之长；三月遄不入网罟，以成鱼鳖之长。且以并农力执，成男女之功。夫然则有生而不失其宜，万物不失其性，人不失七事，天不失七事，天不失其时，以成万财。既成，放此为人。此谓正德。

党的十八大以来，以习近平同志为核心的党中央把生态文明建设摆在全局工作的突出位置，全面加强生态文明建设，一体治理山水林田湖草沙，开展了一系列根本性、开创性、长远性工作，决心之大、力度之大、成效之大前所未有，生态文明建设从认识到实践都发生了历史性、转折性、全局性的变化。生态文明思想的提出，可看作新时代传承大禹精神和超越大禹"三府六事"的新亮点，赓续了"禹禁"的基本精神，从社会可持续发展的高度做出了理论引领。我们党历来高度重视生态环境保护，把节约资源和保护环境确立为基本国策，把可持续发展确立为国家战略。

总之，德惟善政是对治国者执政的总体要求，"六府三事"是遵循德惟善政原则，突出民为邦本宗旨的大禹时代的行政举措，大禹时代所能认识到和理解到的，并不是德为善政的全部内涵。随着社会的发展，德惟善政的内容日益丰富，远远超出"六府三事"，必须与时俱进。在努力实现中国式现代化和中华民族伟大复兴的征程中，只要始终坚持以民为本，那么无论是大禹时期明确的"六府三事"还是其他一些工作，都会展现出大禹文化精神的重要价值，我们的党和政府一定会更加得到人民群众的拥护和爱戴。

第四节 举贤任能的用人理念

无论是一个国家，还是一个省、一个县市、一个乡镇，甚至是一个村，抑或是任何一个企事业单位，都是人管人的。但是，由什么样的人来管理，是自古以来就受到高度重视的问题，从历史上来看政权的兴衰，王朝的更替与管理者、执政者的个人品行息息相关。夏代之兴，不仅是禹十几年如一日为民造福的"德政"的回报，也是他在管理上注重举贤用能的结果。据《尚书·皋陶谟》载，大禹在与舜帝等人一起讨论治国之事时，明确提出了"知人则哲，能官人"的观点，具有重要的当代价值。

一、五帝时期的举贤任能

国家是由人来治理的，是举贤任能，还是任人唯亲，直接关系到政权建设，这个问题早在五帝时期就颇受重视。帝尧时期的人事安排堪称是举贤任能，各司其职，可圈可点。根据《尚书·尧典》的记载，帝尧先后任命了羲和、羲仲、和仲、和叔制定历法，观察日月星辰的运行，总结经验，区分一年四季，确定耕种与收割的时间节点，保障人民的生产生活有序展开。

帝舜非常重视举贤用能，先后任命伯禹主政务管百官，稷管农业，契管教育，皋陶管刑律，垂管工程，益管山川林泽及畜牧业，伯益管礼，夔管音乐等。《尚书·尧典》记载："帝曰：'咨！汝二十有二人，钦哉！惟时亮天功。三载考绩，三考，黜陟幽明，庶绩咸熙。'"

在尧舜禹时期，被选出的领导人，必须具有担当起联合部族的能力，推选出的首领须经过各方的协商认同之后，才能规定其做何种管理工作。五帝末期，对人才的选拔尤其注重德行。尧传位于舜，是经过长期考察之后的结果，还是舜以"孝""德"赢得天下人赞同的结果。

大禹继位，也是舜帝反复考察选拔的结果。舜帝通过委派大禹治水，既考察了大禹的能力，更考察了大禹的品德。《尚书·大禹谟》载，帝舜高度评价大禹：

禹！降水儆予，成允成功，惟汝贤。克勤于邦，克俭于家，不自满假，惟汝贤。汝惟不矜，天下莫与汝争能。汝惟不伐，天下莫与汝争功。予懋乃德，嘉乃丕绩，天之历数在汝躬，汝终陟元后。

意思是说，大禹啊，上天以洪水警戒了我，你答应去治水，言而有信，实现了诺言，完成治水大业，这是你的贤德。治理国家不辞辛苦，居家生活节俭，不自满，不浮夸，这也是你的贤德。你不自负贤能，因而天下没有人与你比能力；你不自夸功绩，因而天下没有人与你争功劳。我赞美你的德行，嘉许你的功绩。按照上天赐予王位继承的次第，应该落到你的身上了，你登上天子之位吧。可见，大禹是因以能服人，以德感人而继位的。

　　显然，到了大禹时期，人才选拔除了考察其能力或社会影响力外，尤其重视德行。1993 年湖北省荆门市郭店一号楚墓出土的竹简，使我们再次看到禹德事迹以及其时各司其职的情形。其中出土的《唐虞之道》称："唐虞之道，禅而不传……爱亲尊贤，虞舜其人也。禹治水，益治火，后稷治土，足民养生。"这里的记载实际上也反映了品行与能力一并考察的情景。《尚书·吕刑》记载，舜帝以"德威惟畏，德明惟明"的原则任命"三后"——大禹、伯益和后稷时，也将德置于重要地位。司马迁曾经感叹："尧虽贤，兴事业不成，得禹而九州宁。且欲兴圣统，唯在择任将相哉！唯在择任将相哉！"这便是指出任贤使能的效果了。

二、大禹举贤任能的用人制度

　　人才是治国的基础。《贞观政要·崇儒学》云："为政之要，惟在得人。用非其才，必难致治。"大禹建立夏朝后，职官制度更为完备，人才选用的原则也更为严格。大禹选贤任能，形成了选拔人才的基本制度。据《尚书·益稷》载，大禹在给舜帝的建议中，就提出了举贤任能的三条标准：一是"其弼直，惟动丕应"，就是任用正直的人辅佐，命令一经下达，民众就要响应；二是"惟帝时举"，就是惟善是举；三是在《尚书·洪范》中提出了"三德"的要求，即"一曰正直，二月刚克，三曰柔克"。总的来看，大禹选拔人才的标准是比较全面的，十分注重选拔德才兼备的人才。

　　事实上，大禹还是舜帝的臣子时，就曾与皋陶探讨过选拔人才的标准问题。皋陶提出了"九德"的标准，即贤人所具备的九种优良品格。《尚书·皋陶谟》载：

皋陶曰："都，亦行有九德，亦言其人有德，乃言曰，载采采。"

禹曰："何？"

皋陶曰："宽而栗、柔而立、愿而恭、治而敬、扰而毅、直而温、简而廉、刚而实、强而义，彰厥有常，吉哉！"

这里指的是人才既要宽宏大量又要行事谨慎，性情要温和而又有独立的主见，老实厚道而又严肃负责，富有才干而又办事慎重认真，耐心和顺而又刚毅果断，为人耿直而又和气，志向远大而又行为不苟，刚正不阿而又实事求是，能力强又能协调好关系。这种"九德"的标准，对人才有了全面的要求，可以说是几乎达到了求全责备的程度，而这对于大禹的人才选择，是产生了影响的。

大禹治水时，伯益、后稷、大章、竖亥等皆是其得力助手。《荀子·成相》载："禹傅土，平天下，躬亲为民行劳苦，得益、皋陶、横革、直成为辅。"《吕氏春秋·求人》载："陶、化益、真窥、横革、之交五人佐禹。"《列子·汤问》载："大禹行而见之，伯益知而名之，夷坚闻而志之。"《淮南子》载："禹乃使太章步自东极，至于西极，二亿三万三千五百里七十步；使竖亥步自北极，至于南极，二亿三万三千五百里七十五步。"北宋的《大禹治水玄奥录》一书中则大禹有6个助手：黄魔、大翳、虞律、炎璋、童律、鸟木田。大禹在这些精兵强将的辅佐下，治水才得以大功告成。而大禹治理天下，则有7位大臣，《绎史》引《鬻子》云：

禹之治天下也，得皋陶，得杜子业，得既子，得施子黯，得季子宁，得然子湛，得轻子玉。得七大夫以佐其身，以治天下。

当然，舜所举用的八元、八恺和22位贤臣中相当一部分如后稷、伯益等亦为大禹所重用。

大禹举贤任能，在选择接班人的时候，他的第一选择是皋陶。不幸的是皋陶早逝，大禹又选择伯益。出土文献上博简《容成氏》记载：

> 禹亲执耒，以陂明都之泽，决九河之阻……舜有七子，不以其子为后，见禹之贤也，而欲以为后。禹乃五让以天下之贤者，不得已，然后敢受之。禹听政三年，不制革，不刃金，不略矢，田无蔡，宅不空，关市无赋……禹有五子，不以其子为后，见皋陶之贤也，而欲以为后。皋陶乃五让以天下之贤者，遂称疾不出而死。禹于是乎让益，启于是乎攻益自取。

由此可见，大禹选拔人才以贤德为重，不以私害公，不用无德无能之辈。他闻善则拜，礼贤下士。《孟子·公孙丑上》云："禹闻善言则拜。"《吕氏春秋·谨听》："昔者禹一沐而三捉发，一食而三起，以礼有道之士，通乎己之不足也。"大禹如此礼贤下士，因而聚集了人才，堪为后世楷模。

三、大禹用人制度对当代人事制度的启示

大禹举贤任能的人事制度，在中国历史上产生了重要影响，对于当代社会仍然具有重要的价值，对于我国公务员制度的建设也具

有重要的启示作用。在这里，我们可以进一步学习和领会大禹用人的基本精神，继续优化制度，确保选择更多的德才兼备的人才。

正如前文所述，大禹未继位前，就曾与人探讨过如何选拔人才，而皋陶的九德之说，便对他产生了十分重要的影响。至治水时，伯益、后稷、大章、竖亥等得力助手，各司其职，共同帮助禹完成了治水之业。待禹继位，又得皋陶、杜子业、既子、施子黯、季子宁、然子湛、轻子玉等七大夫的辅佐，加之舜时的各能臣贤臣，终得天下安定一统。

举贤用能的人才选拔制度，不仅仅是公务员选拔中要坚持的，在其他公共性服务部门管理岗位人才的任用上，也是需要坚持的。要贯彻举贤任能的原则，继续学习大禹举贤任能的精神和规范，在人才选拔时绝不任人唯亲，以私害公，使中国式的现代化发展更加稳健有效。

第五节　九州一体的全局观念

中华文明历史悠久，发展壮大的主线始终没有改变。从黄帝协同万邦到大禹行使国家权力对域内国土划九州，都展示出国家统领行政区划的能力，中华文明向前发展的步伐不曾停止。禹划九州是在尧舜十二州基础上的调整与创新，充分体现出九州一体的全局意识与时代特色，在远古洪水泛滥的背景中，构建了全域共同治水的命运共同体，为夏朝的建立创造了条件。对大禹时期构建九州一体，共同应对洪水灾难、战胜洪灾的全局观的传承与发展，是新时代人类命运与共、共谋发展的强音。

一、黄帝协和万邦开创国家大一统的全局观

中国古代朴素的全局观产生于新石器时代末期，当时在中华大地上活动着数量众多的氏族群体，史有"万国"之称。随着社会的发展，相当一部分群体或被消灭或被融合，逐渐形成了几大集团："华夏集团""东夷集团"和"苗蛮集团"，而黄帝是"华夏集团"的首领。黄帝首创"大一统"观念并最早实践，通过与炎帝、蚩尤部族的战争与联合，完成了华夏民族的第一次大融合，建立了中华民族的联合体，形成了大一统的局面，"功在当时，利在后世"。中华民族自此开始了新的发展历程。

从历史发展进程考察，全局观是渐进形成的，与国家意识密切关联。历史学家司马迁是大一统观点的倡导者和坚决支持者，也是他首次确立中国历史从黄帝开始。他说："维昔黄帝，法天则地，四圣遵序，各成法度；唐尧逊位，虞舜不台；厥美帝功，万世载之。"司马迁的历史观非常清晰，他以黄帝为中国统一体国家的创建者，核心就在于黄帝建立了与以往不同的国家形态，并且成为后世"遵序"与不可超越的"法度"，所以司马迁称之为"法天则地""万世载之"。《礼记·祭法》保留了《国语》的记载："有虞氏禘黄帝而郊喾，祖颛顼而宗尧。夏后氏亦禘黄帝而郊鲧，祖颛顼而宗禹。殷人禘喾而郊冥，祖契而宗汤。周人禘喾而郊稷，祖文王而宗武王。"国之大事，在祀与戎。在中国古代社会，最能展示民族历史渊源的活动便是祭祀，而其传承至今，也表现出中华民族对黄帝

的认同。

从全局观考察，黄帝构建大一统国家，与他一生联系各地，和谐四方紧密相关。《史记·五帝本纪》记载黄帝：

> 东至于海，登九山，及岱宗。西至于空桐，登鸡头。南至于江，登熊、湘。北逐荤粥，合符釜山，而邑于涿鹿之阿……置左右大监，监于万国。万国和，而鬼神山川封禅与为多焉。

丸山在今山东临朐，距莱州湾80千米；岱山在泰安；空桐又作空峒、崆峒，在甘肃平凉；鸡头山又作空桐山，系一山两名；江，指的是长江；荤粥，即是獯狁，指的是秦汉间的匈奴。釜山，一说在今河北省怀来县境；一说在今涿鹿县东，釜又为鬴，鬴系古量器，鬴山即黄帝时烧制陶量器的地方，为今河北涿鹿县的矾山镇一带。上述地区关于黄帝足迹的记录，正是黄帝与祖国各地不同部族的万邦和谐的历史。

另外，根据出土文献记载，黄帝建邦立国"始有树邦，始有王公。四荒、四尢、四柱、四唯、群祇、万貌焉始相之"。又《清华简·为政之道》称："昔黄帝方四面""四佐是谓"。四佐，即是四方。《尚书·周官》记载："唐虞稽古，建官惟百。内有百揆四岳，外有州牧侯伯。庶政惟和，万国咸宁。"正因为黄帝协和万邦得到四方诸侯的拥护，才当之无愧地成为大一统国家的奠基者。黄帝之后，这种大一统的观念又被传承和发展。《尚书·尧典》记载："克明俊德，以亲九族。九族既睦，平章百姓。百姓昭明，协和万邦。"意思是说，尧是一个了不起的人，他能够弘扬大德，让家族和睦，继而将和睦之风扩展到百姓，实现社会和谐，最后再协调万邦诸侯，使天下各邦和谐合作。

二、禹画九州是国家一体全局观的实践

中华民族五千多年的发展历程，就是一部各民族交往、交流、交融的历史，国家大一统、民族团结融合始终是历史的主流。如果说"黄帝时代属于国家产生之前……颛顼至禹的时代则属于早期国家的形成阶段"，那么当历史进入到大禹时代，面对大洪水，为与洪水对抗，部族之间联盟的强化已然成为大趋势，团队合作的全局观冲击着以往的社会架构，历史朝统一的国家体制迈进也就成为必然。

大禹治水成功后，代舜帝共主于天下，以德治国，施政为民，和谐诸邦。作为大禹上位后的新政之一，就是针对当时十二州区划的弊端，而将之调整为九州。《左传·襄公四年》记载："芒芒禹迹，画为九州，经启九道。"《汉书·地理志》称："尧遭洪水，怀山襄陵，天下分绝，为十二州，使禹治之。水土既平，更制九州，列五服，任土作贡。"禹规范行政范围，分天下为冀、兖、青、徐、扬、荆、豫、梁、雍九州，通过建立统一政令，以国家权力进行国土空间规划和规范，得到各方的认同和支持。

大禹区划行政，分天下为九州，有其原因所在。首先，经过长时间大洪水的浸害，自然环境如水系及流域面积等发生了重大变化。其次，人们在大洪灾期间为了生计背井离乡，大范围流动，原有的人口结构和生产方式也随之发生了变化，不得不进行调整，与之相适应。最后，大禹总结治水经验教训，深知平衡不同利益诉求至关重要。因此，区划九州是各方相互协商融合的结果。作为顺应时代发展的需要，大禹不失时机地进行区划调整，将十二州合并，

重新划分为九州，把权力集中起来，采取扁平化管理，使之更加集中高效。

九州之制起源于大禹，这是一次伟大的创举，禹划九州是共识，在九州大框架的背后，是强化国家理念，推动各民族团结交融汇聚，融合各方积极元素，真正地将共同地域的民众团结起来，这不仅发展了中华民族共同体意识，更是有效推动立国施政的重要举措。所以，大禹区划九州，有其重要目的：从政治上看，是向集中统一推进；从行政上看，是提升域内有效管理的质量。九州尽管被山川隔开，有界限范围，但同属于天下可视的范围，本质上是不可分割的有机统一体。大禹治水从西北甘肃积石山开始，西南到四川，东部到山东禹城、东南到浙江，北到山西尧都，南部过大海，西南到过巫山，南边可能到过越南等地，广泛地掌握了各地的情况，这为其划分九州做了充分准备。大禹在平覆水患之后，重建美好家园，并以国家地域范围规划，凸显出大一统国家的全局观念。

作为五帝以来最重要的革故鼎新，禹划九州重点在于恢复生产秩序，促进国家稳步发展，这也表明大禹的德政和因地制宜的赋贡得到各方的支持。从深层文化层次考察，通过选择自然数中最大的"九"为尊，包括空间概念的代入，彰显的是国家与执政者个人的权威。此后，九州便成为国家政权和中国国家的代名词，并且一直流传至今，其意义之重大不言而喻。

三、构建人类命运共同体的历史展望

九州一体的全局观，是大禹建立夏王朝后国家观的成功实践，具有强烈的中华民族共同体意识，与人类命运共同体密切相关。人类命运共同体理念是为当代全球发展和治理提供的蕴含中国智慧的有效方案。源远流长、博大精深的中华优秀传统文化是当代中国最深厚的文化软实力，为人类命运共同体理念注入了文化基因，彰显出强大的文化自信。人类命运共同体理念"为中国式现代化道路提供了先进的理论支撑，为当代世界的和平发展、共赢共享贡献了中国智慧"，这是立足人类命运共同体，解决世界发展中难题的良方，在当代具有越来越重要的现实意义。

大禹构建的九州一体的全局观，为宏大的人类命运共同体理念提供了深厚的文化积淀与不竭的思想资源，从国家到地方，从机关到企业，从集体到个体，都可以从中吸收营养。在习近平新时代中国特色社会主义思想的指导下，培养共同体意识，在服从国家大局的前提下，可以构建局部的共同体，激活机制，形成共生共荣的景象，积极推进中国式现代化建设，从而为中华民族的伟大复兴做出更大的贡献。

参考文献

〔汉〕司马迁：《史记》，中华书局 2013 年版。

〔汉〕刘安：《淮南子》，陈广忠译注，中华书局 2023 年版。

〔汉〕赵晔：《吴越春秋译注》，薛耀天译注，天津古籍出版社 1992 年版。

〔宋〕施宿：《嘉泰会稽志》，李能成点校，安徽文艺出版社 2012 年版。

〔魏〕何晏集解，〔宋〕邢昺疏：《论语注疏》，北京大学出版社 2000 年版。

郭沫若：《中国古代社会研究》，科学出版社 1954 年版。

黎澍主编：《马克思、恩格斯、列宁、斯大林论历史科学》，人民出版社 1980 年版。

徐旭生：《中国古史的传说时代》，文物出版社 1985 年版。

吴语江撰，孙诒让点校：《墨子校注》，中华书局 1993 年版。

绍兴市社会科学院编，陈瑞苗、周幼涛主编：《大禹研究》，浙江人民出版社 1995 年版。

浙江省社会科学院、绍兴市社科院编，史济垣、陈瑞苗主编：《大禹论》，浙江大学出版社 1995 年版。

李学勤：《论遂公盨及其重要意义》，《中国历史文物》2002 年 6 期。

连横：《台湾通史》，生活·读书·新知三联书店2011年版。

绍兴市政协文史资料委员会编：《绍兴大禹陵》，中国文史出版社2011年版。

王世舜、王翠叶译注：《尚书》，中华书局2012年版。

李步嘉校释：《越绝书校释》，中华书局2013年版。

高津孝，陈捷主编：《琉球王国汉文文献集成》，复旦大学出版社2013版。

杨伯峻：《春秋左传注》，中华书局2016年版。

李大钊：《史学要论》，北京出版社2016年版。初版由商务印书馆于1924年5月出版发行，署名李守常。

刘家思主编：《大禹与中国传统文化研究》第1辑，安徽文艺出版社2017年版。

范祥雍订补：《古本竹书纪年辑校订补》，上海古籍出版社2018年版。

孙庆伟：《鼏宅禹迹：夏代信史的考古学重建》，生活·读书·新知三联书店2018年版。

刘家思主编：《大禹与中国传统文化研究》第2辑，安徽文艺出版社2018年版。

张炎兴：《大禹传说与会稽山文化演变研究》，中华书局2018年版。

邱志荣等主编：《浙江禹迹图》，中国文史出版社2019年版。

杨栋：《夏禹神话研究》，中华书局2019年版。

刘家思主编：《大禹与中国传统文化研究》第3辑，安徽文艺出版社2020年版。

刘家思：《大禹文化学导论》，安徽文艺出版社2020年版。

中央党校采访实录编辑室:《习近平在浙江》(上),中共中央党校出版社2021年版。

陈桥驿译注,王东补注:《水经注》,中华书局2022年版。

本书编写组:《干在实处 勇立潮头——习近平浙江足迹》,浙江人民出版社2022年版。

[日]植村善博等著:《日本禹王事典》,古今书院2023年版。

[韩]朴现圭:《中韩金石文献研究》,肖大平译,中山大学出版社2023年版。

李伯谦:《在考古发现中寻找大禹》,《光明日报》2018年8月5日。

郭长江、李晓阳、凡国栋、陈虎:《嬭加编钟铭文的初步释读》,《江汉考古》2019年第3期。

徐日辉:《论大禹治水与中华民族共同体的实践》,《渭南师范学院学报》2023年第9期。

后 记

　　本书是浙江省文化研究工程重大课题"浙江文化印记"系列重点丛书之一《大禹文化》重点课题的最终研究成果,在中共浙江省委宣传部和浙江省社会科学界联合会的坚强领导下,我们认真开展了研究工作,几次参加课题论证和书稿评审会议,认真听取了专家和领导的意见,对整部书稿从框架到内容进行了多次修改,力保课题研究质量。当我再次集中一个月时间对整本书稿进行系统全面的修改,今天可以"勉强"定稿交差时,作为课题负责人,按照惯例,我要写几句话,做一些交代。

　　这是一项充满集体智慧的成果。因为时间紧、任务急,我邀请全国在大禹文化研究领域中有一定成就的学者组成了课题组,进行集体攻关,成员包括刘家思、丁新、董克义、刘丽萍、常松木、赵宏艳、邱子玲、肖大平、徐日辉等。全书的框架体系由我提出并确定,然后课题成员各自分章撰写初稿,我负责统稿和修改。具体分工如下:刘家思撰写引言、丁新撰写第一章、董克义撰写第二章、刘丽萍撰写第三章、常松木撰写第四章、赵宏艳撰写第五章、邱子玲撰写第六章第一节、肖大平撰写第六章第二节至第五节、徐日辉撰写第七章,王珏教授审阅了部分初稿,都用力不浅,感谢大家的通力合作!

　　然而,有必要说明的是,因为这是省级重点课题研究成果,是省级重大课题的系列重点课题之一的成果，必须符合重大课题的规范要求和质量要求。中共浙江省委宣传部和浙江省社会科学界联合会多次组织专家论证和评审，提出了许多宝贵意见。因此，我在统稿中，虽然想更多地保持初稿的基本面貌，但又不得不根据总课题的要求、多次专家论证和评审的意见进行补充、修改和完善，以致有的章节进行了大范围的修改，甚至可以说是重写。这是很遗憾的事情，特向相关撰写者告罪。

本成果突出了通俗性、普及性和创新性交融的要求，在做到学术创新的同时，力争做到表述通俗。同时，本成果在突出浙江地方性特色的同时，尽力呈现全国乃至东亚、东南亚大禹文化的普遍性特点，在论述中与时俱进地吸收了最新的研究成果，使论述恰当而又不落俗套，尽力避免炒现饭。自然，因为时间仓促，也因为总课题对篇幅有严格的限制，有的问题尚未展开深入的探讨和再三的斟酌，这只能在今后的日子里继续努力。

本成果在研究过程中，参考了许多文献资料和研究成果，原书定稿都一一做了详细的注释，并在书后列出了各种参考文献，总计300多种。因出版社为使该丛书适应更广泛的读者，便于一般读者阅读，所以删除了脚注，并对原书后的参考文献进行了精简，仅列出主要参考文献。这要请学界同人理解。在出版过程中，编辑部从图书的出版要求出发，对书稿有的内容进行了斧正，确保了本书质量和顺利出版，令人感动。同时，本课题在研究中，得到了浙江越秀外国语学院科研处和中国语言文化学院的大力支持，令人难忘。因此，在本书出版之际，我诚挚地感谢课题组成员的辛勤付出！感谢中共浙江省委宣传部理论处、浙江省哲学社会科学工作办公室和浙江人民出版社的大力支持！感谢参加论证和评审的专家认真评审！尤其是感谢浙江省社会科学界联合会刘东巡视员、课题总负责人——浙江省社会科学院哲学所研究员张宏敏同志的悉心指导！同时也要感谢浙江越秀外国语学院的大力支持！

刘家思

2024 年 8 月